高等院校创新创业与经济管理系列

U0888261

公共管理

案例与实务

陈丽琴◎主　编

张新政　齐　燕◎副主编

企业管理出版社
ENTERPRISE MANAGEMENT PUBLISHING HOUSE

图书在版编目（CIP）数据

公共管理：案例与实务 / 陈丽琴主编；张新政，齐燕副主编．—北京：企业管理出版社，2023.8
ISBN 978-7-5164-2692-0

Ⅰ．①公… Ⅱ．①陈… ②张… ③齐… Ⅲ．①公共管理 Ⅳ．① D035-0

中国版本图书馆 CIP 数据核字（2022）第 163309 号

书　　名：公共管理：案例与实务
书　　号：ISBN 978-7-5164-2692-0
作　　者：陈丽琴　张新政　齐　燕
责任编辑：徐金凤　黄　爽
出版发行：企业管理出版社
经　　销：新华书店
地　　址：北京市海淀区紫竹院南路 17 号　　**邮　　编**：100048
网　　址：http://www.emph.cn　　**电子信箱**：emph001@163.com
电　　话：编辑部（010）68701638　　发行部（010）68701816
印　　刷：北京环球画中画印刷有限公司
版　　次：2023 年 8 月第 1 版
印　　次：2023 年 8 月第 1 次印刷
开　　本：787 毫米 ×1092 毫米　1/16
印　　张：16
字　　数：320 千字
定　　价：59.00 元

前言

PREFACE

“用脚步丈量祖国大地，用眼睛发现中国精神，用耳朵倾听人民呼声，用内心感应时代脉搏，把对祖国血浓于水、与人民同呼吸共命运的情感贯穿学业全过程、融汇在事业追求中。”习近平总书记为广大青年大学生奋进新征程指明了方向，也指明了高校的专业教学要理论和实践相结合，要将祖国大地的社会现实案例融入理论教学中。

《教育部关于加强专业学位研究生案例教学和联合培养基地建设的意见》中指出，案例教学以学生为中心，以案例为基础，通过呈现案例情境，将理论与实践紧密结合，引导学生发现问题、分析问题、解决问题，从而掌握理论、形成观点、提高能力。加强案例教学，是强化专业学位研究生实践能力培养、推进教学改革、促进教学与实践有机融合的重要途径，是推动专业学位研究生培养模式改革的重要手段。

高校专业研究和教学来源于社会，也要服务于社会。社会治理的综合性和复杂性、新一轮科技革命和产业变革对公共管理专业教学内容设置提出了新要求。将课堂教学和学术研究扎根在中国大地，用社会现实问题和新时代国情启迪学生深入思考，是中国共产党领导下的坚持以人民为中心的根本目标导向、以构建和完善政府治理体系的核心价值导向对公共管理专业教学内容设置提出的根本要求；促进建设人民满意的服务型政府，推进国家治理体系和治理能力现代化，是时代赋予公共管理专业教学的新使命。公共管理专业教学要从中华优秀传统文化中汲取力量，公共管理创新实践要以文化自信为指导。“博大精深的中华优秀传统文化是我们在世界文化激荡中站稳脚跟的根基”，中国优秀传统文化为专业教学内容提供了“精神之钙”，成为中国特色公共管理专业教育教学的宝贵基因。传播中国话语，讲好中国故事，在立德树人上彰显公共管理专业教学内容的中国文化内涵，这是新文科建设赋予公共管理专业教学内容的新内涵。

“纸上得来终觉浅，绝知此事要躬行。”已学到的理论知识要在实践中应用，才能发挥知识的最大作用，理论也因此得到检验和深化。作为高等院校实践教育的重要组成部分，大学生专业案例教学的目的在于弥补课堂理论教育和思想政治教育的不足。所以，公共管理专业必须加强案例教学才能提升教学质量。一是在专业实践课程中，学生把课堂知识运用于社会实践，这不仅巩固和深化了学生在课堂上学到的理论，而且锻炼了学生的专业技能运用能力；二是作为课程思政的重要组成部分，专业案例教学有助于提高大学生的社会责任感、国家荣誉感和时代使命感。同时，实践的检验能让学生发现自身理论知识和能力结构的缺陷，可以在以后的学习中主动补充知识和优化能力结构。案例教学带来的深层次思考能够潜移默化地激发学生在学术研究道路上的兴趣，能够培养学生不断追求新知识的科学精神。同时，案例教学能够实现教学相长。教学中，教师不仅是教师，也是学习者。一方面，教师是整个案例教学的主导者，引导学生思考、组织讨论研究，进行总结、归纳；另一方面，教师在案例教学中通过与学生共同研讨，也能从学生研讨中获得启发。

2020 年 11 月，教育部新文科建设工作组在山东主办了新文科建设工作会议。会议研究了新时代中国高等文科教育创新发展举措，发布了《新文科建设宣言》，对新文科建设做出了全面部署。新文科建设主要是在现有文科专业的基础上赋予文科专业新内容，以及在文科人才培养模式上实现跨学科专业的新突破，从而推进哲学社会科学与新一轮科技革命和产业革命的交叉融合。公共管理案例教学是响应新文科教学的应有之义，是培养当代大学生分析问题和解决问题能力的有效途径。从中国本土的公共管理实践中寻找案例、分析案例，让学生更好地理解中国特色的公共管理，以此培养学生的家国情怀，是编写本书的目的。

本书第一章由海南大学公共管理学院徐华鸿编写，第三章由海南大学公共管理学院秦嘉懿编写，第四章由中南大学公共管理学院朱营营编写，第八、九、十章由洛阳师范学院法学与社会学院齐燕编写，第二、五、六、七、十一章由海南大学公共管理学院张新政编写。本书由陈丽琴和张新政统稿。对本书中的案例来源单位和作者表示感谢！

本书编写难免有所疏忽，请各位读者批评指正。

陈丽琴

2022 年 8 月 28 日

目 录

CONTENTS

第一章
公共管理环境

20 世纪 80 年代初，我国公共管理开始起步，这一时期公共管理主要体现在两次政府行政机构的精简和改革上。20 世纪 80 年代末至 90 年代初，我国的公共管理在建设社会主义市场经济体制背景下进行，无论是公共管理的理论研究还是实践发展，都处于一个过渡时期。在 1992 年邓小平南方谈话后，我国的公共管理理论研究和公共管理体制改革都得到很大程度的发展。进入 21 世纪后，我国的公共管理理论开始吸纳西方公共管理理论的最新成果，进入全面深化阶段。在内容上开始关注以“治理”为手段、以“善治”为目的的政府改革、治理模式、政府绩效，以及公共管理中的公民参与等问题，在研究方法上开始尝试多元的研究途径和分析方法。①

公共管理环境分为内部环境和外部环境：内部环境主要是指公共管理机构内部的各种关系和要素组合；外部环境主要是指公共管理机构之外的影响因素，如政治、经济、地理、人口、文化、民族、宗教等。内部环境更侧重于影响公共管理的运行过程本身，而外部环境主要制约公共管理的运行方向。通常所说的公共管理环境指的是外部环境，即公共管理主体系统赖以存在和开展的外部条件的总和，或者说是直接或间接作用于公共管理主体及其活动方式、活动过程的外部要素的总和。总的来说，公共管理环境是公共管理活动的依据和出发点，公共管理环境制约着公共管理的职能发挥和改革。

任何一个国家或社会的公共管理系统，都是其国家上层建筑的重要组成部分。它建立在一定的经济基础之上，并与上层建筑的其他部分密切相关；而公共管理的环境则有的属于经济基础的范畴，有的与公共管理系统一同属于上层建筑领域。一般来说，有什么样的公共管理环境，就有什么样的公共管理。但公共管理不仅仅是被动地适应环境，而是在适应环境的同时，能动地利用和改造公共管理环境。公共管理与公共管理环境是一种相互依赖、相互作用的互动关系，共同构成了公共管理生态。

① 王海燕. 我国公共管理发展的历程、成就与经验教训 [J]. 中共山西省委党校学报，2011，34（2）：78-80.

对公共管理而言，公共管理环境决定、制约了公共管理。一方面，公共管理环境决定、制约公共管理的根本性质、原则和职能内容，以及公共事业管理的体制、方式、决策等。公共管理要适应公共管理环境的性质，最主要的是要适应国家的政治制度和社会制度，并建立与之相适应的公共管理目标、体制，形成相应的公共管理思想与理论。社会主义国家的公共管理与资本主义国家的公共管理存在着共同的规律、方法与手段，但其性质则是根本不同的。资本主义是建立在私有制基础之上的社会制度，其公共管理必然是为资产阶级、为金钱特权服务的；社会主义是建立在生产资料公有制基础之上的新型社会制度，公共管理是人民当家做主、人民享有广泛民主权利的公共管理，为人民服务、人民的充分参与是社会主义公共管理的根本特征。另一方面，公共管理环境的变化，决定和影响着公共管理的变化与发展方向。公共管理环境在不同的国家和地区是不相同的，即使是同一个国家和地区，在不同的时期，公共管理环境也是不断发展变化的。不同的公共管理环境对公共管理提出的要求是不相同的，因此，公共管理也就必然会随着环境的变迁而不断地发展变化。公共管理本身没有严格的好坏之分，只有适应其环境现状并能促进社会公共利益发展才是最理想的。

对公共管理环境而言，公共管理会对公共管理环境进行利用和改造。可以从三个方面进行理解：首先，公共管理并非只能简单、被动地去适应公共管理环境，而是在具体的环境中，公共管理主体可以凭借对公共管理环境在政治、经济、文化、技术、心理等各方面条件的了解，加以选择与利用，从而订立公共管理目标，在实施有效的管理方法后，高效率地进行公共管理。其次，在明确公共管理目标后，实施公共管理的主体在一定的程度上能够创造有利环境，以促成公共管理目标的最终实现。最后，在公共管理目标得以实现后，促使社会达成更好的秩序状态，该状态也为下一阶段的公共管理提供开展的基础。

关于公共管理环境，党的十八大提出了包括经济建设、政治建设、文化建设、社会建设、生态文明建设在内的“五位一体”总体布局。2021 年 11 月 8 日召开的党的十九届六中全会，用“十个明确”对习近平新时代中国特色社会主义思想的核心内容作了进一步概括，其中“第四个明确”也强调了中国特色社会主义事业总体布局是经济建设、政治建设、文化建设、社会建设、生态文明建设五位一体。基于此，公共管理环境根据其领域的不同内容，主要划分为经济环境、政治环境、文化环境、社会环境、自然环境等。

纵观 20 世纪 80 年代以来我国公共管理的改革与成果，我国公共管理环境也在不断地发展和完善。本章将选取公共管理环境相关案例，以期通过案例分析，加深学生对公共管理环境的认识和了解。

案例 1

厦门经济特区发展的公共管理环境

材料 1　厦门经济特区建设四十周年发展纪实[①]

厦庇五洲客，门纳万顷涛。

1980 年 10 月，国务院批准设立厦门经济特区。一年后，随着湖里工地上一声爆破巨响，厦门经济特区建设大幕正式拉开。“大厦之门”从此开启翻天覆地的变化，实践着中国共产党领导下的经济特区伟大创举，成为中国特色社会主义在一张白纸上的精彩演绎。

40 载岁月峥嵘，40 载筚路蓝缕。以两岸融合为特色，以改革开放为动力，以高质量发展为追求，厦门经济特区建设 40 年来充分发挥体制改革“试验田”、对外开放重要窗口和现代化建设排头兵作用，曾经风高浪急、发展受限的海防前线，不断向高素质、高颜值、现代化、国际化城市迈进。

因台而设，探索海峡两岸融合发展新路

海峡相望，鼓浪如歌。在我国首批 4 个经济特区中，厦门最突出的特点就是“因台而设”。40 年来，厦门经济特区凭借对台区位优势全面拓展两岸交流合作，以先行先试服务对台工作大局。

作为首批到大陆投资的台商，建霖集团董事长吕理镇 1987 年来到大陆，在考察了几个城市后，他最终选择了厦门。

“厦门离台湾很近，有着相同的乡音、文化习俗、风土人情。更为重要的是，厦门作为经济特区，有政策支持。”吕理镇说，刚起步时，公司盖 6 万平方米的厂房，只花了 18 个月的时间。“这在当时，很了不得。”

依靠大陆市场，加上当地政策、人才的加持，建霖集团 2020 年正式登陆 A 股。“厦门是一个很好的投资目的地，也是两岸合作的典范。”吕理镇说。

40 年来，厦门在两岸“三通”直航、经贸合作、人员往来、文化交流、基层政党交流等方面不断有“破冰”之举，持续深化两岸交流合作综合配套改革，建设两岸新

---

① 案例来源：《新华每日电讯》，记者康森、董建国、付敏、张华迎、秦宏、颜之宏，2021 年 12 月 20 日。

兴产业和现代服务业合作示范区、两岸金融中心、东南国际航运中心、对台贸易中心等“一区三中心”，厦台集成电路、平板显示等产业合作结出硕果。

如今，厦门已成为两岸经贸合作最紧密的区域，引进了友达、宸鸿等20多家台湾百大企业，累计实际使用台资117亿美元，台企工业产值约占厦门规上工业总产值的1/4。厦门口岸的台湾水果、食品、酒类、图书、大米等进口量稳居大陆第一，厦门是大陆最大对台贸易口岸。

2021年，一年一度的海峡论坛因疫情影响延至岁末登场，两岸各界依然表现出很高的热情。作为两岸交流交往最活跃的平台，厦门已重点打造了海峡论坛、工博会、文博会、图交会等50多个大型两岸交流活动，成效不断提升。

两岸合作的未来在青年。来自台湾桃园的青年创业者范姜锋把厦门比喻为“逐梦之地”。2016年，范姜锋与大陆合伙人共同创办了厦门启达台享创业服务有限公司，如今成果斐然：协助7000多名台湾青年来闽交流，帮助超过300名台湾青年、150个项目在闽落地。

“在厦门，我看到了在台湾从来没看过的风景。”范姜锋说，厦门已成为许多台湾青年到大陆发展的首选地。

厦门推出多项惠台利民举措，创新设立台胞服务中心、台胞驿站、两岸青年创业基地等涉台服务机构，积极为台湾青年追梦、筑梦、圆梦创造更好的条件，搭建更大的舞台。

越来越多的台湾新生代走进并融入厦门，成为一道靓丽的青春风景线。厦门已有20多个两岸青年创业基地，其中7个获批国台办“海峡两岸青年就业创业基地（示范点）”。

据不完全统计，目前超过12万名台胞在厦门工作、生活，享受与本地居民同等待遇。众多台胞主动当义工，参与社区治理，融入本地生活。

“台胞和大陆同胞已成为社区共同体。”厦门市湖里区兴隆社区主任助理熊麒说，在他们社区，两岸同胞已经从“陌邻”变为“友邻”，真正实现了具有共同情感体验的“两岸一家亲”。

厦门台商协会会长吴家莹表示，厦门经济特区的发展，广大台商台胞既是参与者、亲历者，也是受益者。台商台胞助力厦门发展，也搭上了改革开放高速发展的“列车”，幸福指数年年升高。

多区叠加，构建开放型经济新体制

向开放要动力，向改革要活力，在国家发展大局中谋划高水平对外开放，是厦门经济特区成立以来始终坚持的发展逻辑。

厦门经济特区设立之初，基础设施几乎为零，一张白纸上搞建设，资金更是紧巴巴。百业待兴，如何破题?

没有现成经验，没有标准答案，经济特区的使命，就是要冲锋探路，“杀出一条血路来”。利用特区政策优势，厦门在全国率先利用外国贷款建设机场、港口、通信等基础设施，率先推进税利分流改革，率先改革国有资产管理体制，率先推行土地有偿转让和政府采购公开招投标，率先成立中外合资银行……厦门经济特区成立之初，一系列开放举措激起了发展活力，形成了外引内联的良好开局。

1984 年 2 月，改革开放总设计师邓小平亲临厦门视察，奋笔题写“把经济特区办得更快些更好些”，激励着厦门进一步扩大改革开放。

1985 年，国务院批准厦门经济特区扩大到全岛。此后，中央又相继批准设立海沧、杏林、集美三个台商投资区和象屿保税区。2010 年，中央又批准厦门经济特区扩大到全市。一系列政策叠加，厦门形成了全方位、多层次的对外开放格局。

栽好梧桐树，引来凤凰栖。戴尔、通用、ABB 等世界 500 强企业纷纷“抢滩”厦门。“厦门是 ABB 在中国扬帆远航的起点。从 1992 年落户厦门火炬高新区至今，厦门已成为 ABB 全球最重要的产业基地之一。”ABB 电气中国总裁赵永占说。2018 年 ABB 厦门工业中心投入运营，致力于打造现代化研发基地，实现从生产制造基地到创新研发基地的转变。

厦门市统计局的数据显示，截至 2020 年年底，共有 63 家世界 500 强企业在厦门投资了 114 个项目，合同外资 41.21 亿美元，实际使用外资 36.3 亿美元。

既要“引进来”，也要“走出去”。截至 2021 年，厦门累计登记境外投资项目 1581 个，投资分布在 74 个国家和地区，投资领域涉及批发零售、制造业等领域。

党的十八大以来，随着自贸试验区、“海丝”核心区、金砖国家新工业革命伙伴关系创新基地等一系列国家战略相继落地，厦门正在从更高层面探索多层次、全方位、综合性经济开放格局。

国际贸易“单一窗口”建设、商事登记“一照一码”改革、设立国际商事仲裁院、建设“海丝”中央法务区……据厦门自贸片区管委会经济发展局局长代斌介绍，自 2015 年挂牌以来，厦门自贸片区累计推出 498 项创新举措，共有 30 项“厦门经验”在全国复制推广。

融入国家全新的对外开放格局，厦门视野愈加广阔。2015 年首列中欧班列（厦门）开行，这趟离台湾最近的中欧班列线路如今已开行逾 1000 列。3 年后，首开于厦门港的“丝路海运”也开行，“海丝”和“陆丝”在厦门实现了完美的交汇。

“丝路海运”是首个面向“一带一路”沿线国家的国际综合物流服务品牌和平台。福建丝路海运运营有限公司副总经理李南说，经过 3 年发展，“丝路海运”已拥有 80

条命名航线，通达 27 个国家的 99 座港口，联盟成员超过 200 家，累计运输集装箱超 670 万标箱。

跨陆连海的厦门，主动融入“一带一路”建设，持续为“一带一路”发展注入活力。与此同时，厦门紧抓“金砖”机遇，构建金砖合作的重要平台。

继 2017 年金砖国家领导人第九次会晤在厦门成功举行后，厦门在 2020 年年底又落地金砖国家新工业革命伙伴关系创新基地。创新基地正式建设一年来，发布了两批 60 项重点任务清单，开展了 20 期金砖专题培训，建设了 7 个新工业革命领域赋能平台，推出了首批 39 个新工业革命领域示范标杆项目，签约了 33 个金砖合作项目。

多项国家战略汇集、多区叠加的优势，推动厦门深度融入全球经济体系，在打造开放型经济新体制方面始终走在前头。

质量变革，激发产业创新力

创新创业是厦门经济特区的鲜明特征。正是靠着创新驱动发展，厦门克服了地域空间狭小、经济腹地不足等弱点，走上了产业高质量发展的新路。

展厅内，工作人员通过大屏幕演示最新的视讯调度解决方案，应急指挥、交通调度、可视检修、远程监控都能在这套系统中轻松实现——走进厦门亿联网络公司，各种新技术新产品让人大开眼界。

作为国际领先的企业通信与协作解决方案提供商，亿联网络的自主品牌产品销售到美国、英国、澳大利亚等国家，SIP 话机市场占有率全球第一。受疫情影响，公司云视频业务迎来风口，订单激增。

“近两年，公司年均申请专利 100 多件，平均三天申请一件。”公司副总经理张惠荣介绍，公司研发人员占员工人数六成以上，每年研发投入占销售额的比重超过 8%。

亿联网络所在的厦门火炬高新区，是首批国家级高新区之一。投入建设 30 年来，厦门火炬高新区从岛内不到 1 平方千米的“试验田”起步，发展为“一区九园”，支撑起厦门市工业经济的“半壁江山”。目前火炬高新区聚集各类企业超 1 万家，其中国家级高新技术企业 1000 多家。

火炬高新区的鲜明特色折射出厦门因地制宜谋划产业布局的路径。相比全国其他副省级城市，厦门经济体量偏小，全市仅 1700 平方千米的土地面积，近六成又被划入生态控制区。厦门火炬高新区管委会负责人说，立足自身资源禀赋，因地制宜紧盯产业链和价值链高端，走“小而精”的精细化发展之路，是激发厦门比较优势的正确选择。

精，是指产业布局的高精尖。特区成立之初，厦门以“三来一补”加工制造为主，电子、机械、轻工、化工等企业曾一度是厦门的支柱产业。此后厦门有取有舍，摆脱发展路径依赖，逐步放弃粗放型产业，以高端制造业和现代服务业为重点，串点成链、集链成群，在转型发展中重塑产业格局，目前已形成平板显示、计算机与通信设备等 9 条千亿产业链。

40 年来，厦门经济总量年均增长 15%，财政总收入年均增长 18.1%。2020 年厦门 GDP 达 6384 亿元，财政总收入达 1351 亿元，人均 GDP 突破 2 万美元，达到国际通用的发达经济体“门槛”。

厦门以占全省 1.4% 的土地面积，创造出全省 14.5% 的 GDP、26.2% 的财政收入和近 50% 的外贸进出口额，土地产出率、财政收入占地区生产总值比重、每度电创造生产总值等指标位居全国前列。

乘着经济特区发展的东风，大批高新技术企业在厦门集聚、发展，演绎着创新驱动、转型升级的生动故事。

位于海沧区的厦门生物医药港，5.67 平方千米的“袖珍”之地聚集了 300 多家生物医药公司。万泰沧海生物医药项目工程二期建设快马加鞭，项目建成后将主要用于生产国产九价宫颈癌疫苗，并和葛兰素史克合作开发新一代宫颈癌疫苗。

“历经无数次试验，我们坐热了冷板凳，疫苗产业化生产终于实现突破。”据厦门万泰沧海生物技术有限公司董事长李世成介绍，公司和厦门大学展开科研合作，成功研制出全球首个戊肝疫苗和国产首支、世界第三支二价宫颈癌疫苗。其中，国产二价宫颈癌疫苗于 2020 年 5 月成功上市，国产九价宫颈癌疫苗已进入三期临床试验。

位于海沧的艾德生物是国内外知名的肿瘤精准检测细分领域龙头企业，公司总经理罗捷敏说，公司拥有 60 多项国际领先的自主专利，产品已进入全球 60 多个国家和地区，每年让 60 多万肿瘤患者从精准医疗中受益。艾德生物植根于厦门的创新沃土，也是经济特区创新驱动发展的产物。

推陈出新天地宽。“10 多年前，我们开始逐步退出石化、钢铁等传统支柱产业，为生物医药、集成电路等产业崛起赢得发展空间。”海沧台商投资区管委会副主任张善美说。

高处谋势，新处落子。紧扣产业发展方向，厦门近年来精准发动招商引擎，着力培育新材料、新能源、集成电路等战略性新兴产业。

2021 年，总投资 480 亿元的厦门天马第 6 代柔性 AMOLED 生产线项目主厂房封顶；全球动力电池龙头企业宁德时代在厦门投资成立子公司，并与厦门大学共建厦门时代新能源研究院……

随着一批龙头项目入驻，结构优化、价值高端、效益突出的新兴产业集群正在厦门加快形成。

协调并重，擦亮高质量发展的民生底色

在保持经济发展“高素质”同时，厦门统筹推进区域、生态、民生、文化等协调发展，实现了成色十足、内外兼修的“高颜值”。

置身于厦门“特区·1980”湖里创意产业园，随处可见各种老工厂和老式录音机、黑胶唱片等老物件。独特的怀旧气质，让这里成为游客打卡、剧组取景的网红地标。

这块小小的土地，曾是厦门经济特区的原点。从昔日众多工业企业云集之地到今天的时尚高地，湖里创意产业园转型重生的过程，正是厦门“提升本岛、跨岛发展”的生动缩影。

2002年，厦门提出“跨岛发展”战略决策，此后便将发展目光从岛内扩至厦门全域。跨岛发展拉开了城市格局与框架，厦门产业转型升级有了施展拳脚的更大空间。

站在集美新城体验馆，整个新城一览无余。十余年来，伴随着跨岛发展，集美新城从最初的一张白纸到如今的一派生机，逐步形成集城市CBD、大学城、高科技研发、影视拍摄等多功能于一体的综合性新城。

跨岛发展，关键在产业。从岛内的一期、二期，拓展到岛外的三期，厦门软件园跨岛而来。位于集美的软件园三期，过去是一片“农田滩涂”，如今变身为创新创业沃土，3000多家企业、4.6万软件人才汇聚于此。

随着产业园区拔地而起，产业跨岛升级有了肥沃的土壤，产业跨岛升级又反过来推动岛外新城建设。如今，海沧新城、集美新城、同安新城、环东海域新城建设全面提速，数字经济、平台经济、智能经济等在岛外优先布局。厦门市还大力推动优质教育、医疗资源，文体设施，基础设施等布局岛外，厦门新机场、东部体育会展新城等片区加速推进。

岛内岛外区域协同发展加快推进，厦门经济发展与生态建设、民生保障等领域协调推进力度也进一步加大。

筼筜湖，厦门市中心的城市湿地公园，被誉为厦门“城市会客厅”。这里花团锦簇，飞鸟翔集，游人如织。很难想象40年前，筼筜湖杂草丛生、污水乱排，湖水又黑又臭。

经济特区投入建设以来，厦门市打响了筼筜湖环境整治的硬仗。经过多年持续综合治理，如今的筼筜湖彻底改头换面，筼筜湖综合整治工程被联合国开发计划署评为“东亚海域污染防治和管理”示范工程。

筼筜湖之变折射出厦门久久为功谋划生态文明建设的生动实践。多年来，厦门市坚持生态优先、绿色发展，高标准建设国家生态文明试验区，持续打造“在花园里盛开的城市”。厦门制定全国首部生态文明指标体系，率先以地方立法形式出台环境保护

条例。城市开发建设中，为保护中华白海豚，厦门市不惜将跨海通道方案由大桥改为隧道，成本大幅增加；为保护白鹭专门保留大屿岛。

在经济特区建设的道路上，厦门始终不忘实现共同富裕的初心，大力解决发展不平衡的问题，让改革开放的成果普惠于民。

海拔900多米的军营村和与之毗邻的白交祠村地处厦门、泉州、漳州三市交界处的高山上，是厦门市海拔最高、最为偏远的村子。在20世纪80年代，由于山高路远、交通不便，高山两村是远近闻名的贫困村，与日新月异的经济特区格格不入。

在厦门市各级党委政府的支持和引导下，高山两村兴产业、美生态，“山上戴帽、山下开发”，因地制宜走上了摆脱贫困、振兴乡村的致富路。如今走进军营村和白交祠村，层层梯田环抱群山，郁郁葱葱的茶园格外“养眼”。

“曾经村里夜晚黑漆漆、山顶光秃秃，逢雷雨天常断电，出行只有泥巴路。”军营村返乡创业大学生高志云说。现在，村里环境越来越好，日子越过越红火，村民人均收入超过4万元。

面向未来，新起点上再扬帆

四十载风华正茂，九万里风鹏正举。站在经济特区建设40周年的历史新起点上，厦门迎来了新的发展时期，新征程上面临新的发展方向和路径选择。

——在两岸形势严峻复杂的背景下，厦门如何发挥对台优势更好地服务国家工作大局？

厦门经济特区因台而特，因台而兴。厦门市台港澳办主任刘金柱说，作为大陆距台湾最近的城市之一，厦门与金门隔海相望，是两岸直接往来和区域融合的枢纽。在两岸交流合作受阻的情况下，厦门更要努力打造两岸融合发展示范区，全面探索两岸融合发展新路，努力把经济特区建设成台胞台企在大陆发展的“第一站”。

目前，为回应台胞需求，厦门正加快厦金通电、通气、通桥等项目厦门侧建设，先行推进厦金基本公共服务均等化、普惠化、便捷化，打造“厦金共同生活圈”。

——在“城市群”崛起、区域协调发展提速的时代洪流中，厦门如何发挥辐射带动作用，在区域经济布局中有更大作为？

厦门进一步发展面临空间狭小、经济腹地有限等因素的制约。“厦门应当在厦漳泉区域经济一体化中扩大其发展空间和辐射带动作用。”福建社科院教授严正说。

厦漳泉都市圈位于长三角和粤港澳大湾区之间，是我国东南沿海重要的经济区域以及对台合作的前沿门户。三地语言相同、文化同源、空间相邻，是台胞的主要祖籍地，也是闽南文化发祥地和核心区。严正教授说，应从更高层面推进厦漳泉协同发展，深度整合厦漳泉优势资源，从而形成更有厚度的发展腹地，让厦门在更高水平上建成高素质高颜值现代化国际化城市。

——在以国内大循环为主体、国内国际双循环相互促进的新发展格局下，土地资源稀缺、外向型经济特征突出的厦门，如何进一步突围破局，让开放之路越走越宽？

目前，外资企业贡献了厦门约 70% 的工业产值、60% 的经济增长和 40% 的进出口额。“开放包容是厦门发展的软实力，今天更需要通过深化改革、持续开放释放发展活力。”厦门大学经济学院教授周颖刚说。厦门要更加积极地融入国家“一带一路”建设，特别是探索“金砖 +”的拓展模式，塑造陆海联动立体开放新格局。

“深化海丝战略支点城市建设，深度对接区域全面经济伙伴关系协定（RCEP），这些都为新形势下厦门建设更高水平开放型经济新体制提供了方向。”福建师范大学经济学院教授黄茂兴说。

借力扬帆天地阔，击鼓催征正当时。福建省委常委、厦门市委书记崔永辉说：“站在‘两个一百年’奋斗目标的历史交汇点上，厦门经济特区将乘势而上、砥砺奋进，再次鼓起改革开放风帆，以高起点、高素质的竞争态势探索更高水平开放型经济新体制，全方位推进高质量发展超越。”

材料 2　守护青山十六载，翻山越岭不畏难①

拎着工作箱，一身迷彩服，这是王翠红日常工作时的装备和行头。作为一名“森林医生”，王翠红已经在现在的岗位上奋斗了 16 年。

今年 52 岁的王翠红，如今是江西省南昌市湾里管理局农林办灾害预防股股员、森防站站长。16 年来，王翠红始终以保护森林资源为己任，不辞辛苦、兢兢业业，16 年如一日调查监测森林虫情，她走遍了辖区的每一片山林。日复一日地巡山，摔了多少次跤，崴了多少次脚，她早已经记不清了。

努力耕耘，只为守护湾里绿水青山

湾里拥有国家级森林公园，是南昌的“天然氧吧”“绿色之肺”，当地的森林保护工作极为重要。王翠红在湾里长大，对这里的山山水水很有感情。

刚调来森防站时，王翠红因为不懂森防知识和专业术语不敢说话，怕随便乱说被别人笑话。为了尽快熟悉业务知识，她利用业余时间孜孜不倦地学习，又在熟记书中知识的基础上频繁进入林区开展实践。

功夫不负有心人，凭借高度的责任心和事业心，王翠红积累了丰富的业务知识及

---

① 资料来源：光明网，记者袁晴，2022 年 6 月 29 日。

实践经验，提供了大量翔实可靠的测报基础数据。

2014 年，湾里管理局招贤镇首次发现松材线虫病，作为老森防员的王翠红深知病情的严重性，必须“防早、防小、防了”。多年来，她一直坚守在松材线虫病防控的第一线，以瘦弱的肩膀担负起除治害虫和安全生产的双重责任，带领全站人员深入山头地块开展疫情普查和除治工作。在王翠红及其同事的共同努力下，这几年湾里松材线虫病的防治取得了一定成效。

“做我们这个工作比较辛苦，哪里有病虫害，我们就要到哪里去。但是每当看到工作取得的成绩时，我们也蛮开心的，很有成就感。”王翠红说。

步履不停，只因热爱可抵岁月漫长

每年六月，是森林病虫害的高发期，也是“森林医生”们最忙碌的时候。王翠红将树木比作自己的孩子，她说看到树木生病了就像看见自己的小孩生病了一样心疼。她会想方设法把它们治好，看到它们长得郁郁葱葱，她很开心。

治虫，守林，寒来暑往，四季更迭，循环往复。这项工作要吃得了苦、耐得住寂寞、经得起考验，王翠红用自己的双脚走遍每一片林子，用勤劳的双手与各类病虫“斗智斗勇”，她凭借多年积累下来的经验和专业知识，阻止了一次次森林灾害的发生。

因为经常爬山，山路陡峭，王翠红的小手指受伤并弯曲变形。

“我在湾里长大，对这里的山山水水很有感情，这几年湾里的游客越来越多，生态越来越好，感觉自己的付出非常值得，也非常有意义。”王翠红说，每个星期她都要到这里来监测松褐天牛的羽化情况，这对防治松材线虫病可以起到关键作用。她也会把自己学到的、积累的业务知识毫无保留地传授给年轻同志，让更多人来保护湾里的绿水青山。“她工作认认真真、勤勤恳恳，手把手地教我业务。我要努力向她学习，加快成长，争取将来也像她一样成为一名优秀的森林医生。”同事焦挺说。

近年来国家对林业越来越重视，林业的科学化管理水平不断提升，工作工具也不断迭代更新。对 52 岁的王翠红来说，学习电脑、GIS（地理信息系统）难度不小，但她没有退缩，迎难而上，通过学习现在已能熟练操作各类软件；她还积极参加培训学习，掌握新知识。此外，她经常召集当地镇处农技站技术人员、林农等，耐心讲解防治森林病虫害的知识，现场指导他们掌握防治技术，十几年来开展讲座 80 余场。

王翠红在林业有害生物防治工作战线上工作了 16 年，这 16 年是忙忙碌碌的 16 年，也是硕果累累的 16 年。作为一名普通的林业工作者，她在平凡的岗位上干着不平凡的工作。同时，她又是一个不甘平凡的人，她用对森防事业不倦的热情和饱满的责任感，成为森防战线上的一名忠诚卫士。

“人虫大战”每年都在上演，森林病虫害防治永远在路上。王翠红感慨自己快退休了，希望更多的年轻人加入保林护林的队伍中来。

案例思考

1. 什么是公共管理环境？公共管理环境有哪些表现形式？

2. 将材料 1 按照公共管理环境的基本类型进行划分，并简单归纳。

3. 思考生态文明建设在公共管理环境中的重要性。

4. 根据材料，说说不同时期的公共管理环境分别有哪些功能特征。

5. 为什么说“绿水青山就是金山银山”？这是否意味着我国的发展开始以“生态优先”为重心？

案例 2

医疗发展的公共管理环境

材料 1 县域紧密型医共体破解镇村群众看病难①

5 月 10 日一大早，家住重庆市綦江区石壕镇石泉村的村民杨志连，来到习水县人民医院温水分院（习水县温水镇卫生院）门诊挂中医科看颈椎病。两个小时后，扎完针灸的他一脸轻松地走出医院。

“綦江区石壕镇距离习水县温水镇 10 多千米，现在那边有很多群众都到我们医院看病，这种情况在 5 年前却恰恰相反。”习水县人民医院副院长、温水分院院长侯明强说。

在侯明强看来，现在乡镇医院医疗服务能力大幅提升，基本实现了“小病不出镇村、大病不出县、疑难重病市内解决”的目标，这种转变得益于近年来县域紧密型医共体建设的医改成效。

医改是世界性难题，而对优质医疗资源不足、分配不均衡，尤其是对镇村群众“看病远、看病贵、看病难”等问题仍显突出的内陆山区人口大市来说，破解的难度和挑战更大。然而，遵义市持续深化医改工作，一个个县域紧密型医共体应运而生，其体量虽不大，但发挥着大作用。

① 资料来源：《遵义日报》，记者王胜旺、李培松、徐飞，2022 年 5 月 20 日。

连日来，记者走进习水县温水镇卫生院、赤水市官渡镇卫生院，不仅看到了基层医院的显著变化，而且听到了当地群众从不满意向满意转变的心声。

从“试点”到“示范”的医改之路

时间回溯到2010年，遵义市与广东深圳、江苏镇江、云南昆明等16个城市，被确定为全国首批公立医院改革试点城市。至此，遵义开启了医改之路。

“群众的需求在哪里，医疗改革的触点就不断延伸至哪里。”分管副市长明岩认为，自试点工作开展以来，遵义勇于改革创新、敢于先行先试，推进市县乡“三级”联建医共体，强化医疗、医保、医药“三医”联动改革，制定政府、部门、医院“三方”权责清单，实施了系列重大改革举措。

特别是在财政投入上，“十三五”期间，全市财政卫生健康支出累计达407.12亿元，占一般公共预算支出的12.19%。在人才保障上，将市属6家公立医院比照正县级单位管理，创新全市公立医院编制管理方式，实施人员控制数管理改革。2020年以来新增人员控制数15360人、增长62.2%，走好了从“试点”到“示范”的医改之路。

历经十年的改革实践，2021年6月，遵义市被确定为“公立医院综合改革第二批国家级示范城市”。

更具体的医改成效是百姓得实惠：目前，全市有42家医疗机构已设立一站式服务中心，2021年服务233.60万人次，群众通过手机、网络等方式预约完成诊疗239.22万人次，手机、自助机结算费用704.17万人次，群众满意度不断提升。

2021年，遵义成为国家DIP（指区域点数法总额预算和按病种分值付费，是用一个模糊数学的办法来解决医保支付的问题，包括了按病种付费和总额预算管理）支付方式国家试点，10月份进入实际付费阶段，医保支付方式改革步入新阶段。遵义医改工作在贵州省做到了“四个率先”：率先实现公立医院改革全覆盖，率先实现县级公立医院二甲全覆盖，率先在市县级公立医院全面推进去行政化改革，率先启动薪酬制度改革。

打通医疗服务的“任督二脉”

“乡镇卫生院是全市深化医改工作的重要一环，其服务质量越好、保障能力越强，越有利于分级诊疗的实施，越有利于解决群众看病远、看病难、看病贵的问题。”市卫生健康局相关负责人说。

县域紧密型医共体建设是持续深化医改的重要内容之一，通过有效整合市、县、乡（镇）三级医疗机构资源，真正打通了医疗服务的“任督二脉”，让优质医疗资源上下贯通、高效运转，让广大镇村群众在家门口就能享受到高质量诊疗服务。

2017 年前，习水县温水镇卫生院只有一栋老旧楼房，设备简陋，当地群众生病都到县城或去邻近的重庆綦江看病。

侯明强对县域医共体建设的重要性、必要性体会深刻。他回忆道，2020 年自己第一天到温水镇卫生院上班，一位接受剖宫产手术的患者大出血并出现休克，但高度紧张的医务人员未能及时给予应急处置。接到报告后，侯明强飞速赶到手术室，立即采取应急措施，并同步通知习水县人民医院 120 救护车迅速备血赶来救援。在大家齐心协力的抢救下，生命垂危的患者从死亡线上被拉了回来，未造成不可挽回的后果。

短短几年时间，习水县温水镇卫生院发生了巨变，从曾经的门庭冷落，到现在的业务量快速增长。如今医院占地近万平方米，设有 23 个科室，拥有螺旋 CT、呼吸机、心电图机等先进医疗设备，可开展骨科、胃肠外科等微创手术。现在，该院覆盖了温水、良村、大坡、寨坝、仙源等周边乡镇 10 多万群众的就医。

视线再转到赤水市官渡镇卫生院。2022 年 5 月 13 日，正逢当地的赶场天。广东省人民医院珠海医院普外科医生彭威也要来"赶场"。东西部对口帮扶以来，彭威已在赤水市工作近一年，在这个镇卫生院定期坐诊。

就在前几天，彭威带领官渡镇卫生院的外科团队，成功为当地一名乳腺癌术后患者实施了标准的 TC 方案化疗及西妥珠单抗靶向治疗。这不仅填补了该院恶性肿瘤患者不能化疗及靶向治疗的空白，还让辖区群众不出镇就能完成术后化疗，为当地群众带来了便利。

"今年一季度医院门诊 15432 人次，同比增长 20.14%。"官渡镇卫生院院长詹利春说。通过县域紧密型医共体建设，该院在赤水市党委、政府的大力支持下，投入 2000 万元改造升级基础设施、医疗设备，并给予医保政策支持，让基层医院收治大病成为可能。当地外出就医的人大幅减少，从 86% 下降到 34%，群众就医满意度达 97%。

近年来，遵义市持续推动县域医疗卫生服务资源提质增效。目前，全市已组建县域紧密型医共体 27 个，规划布局县域医疗次中心 51 个。

值得一提的是，《遵义市推动县域医疗卫生服务资源提质增效的探索和实践》入选《医改蓝皮书：中国医改发展报告（2021）》地方典型案例。

从病有所医到全民健康

纵览黔北医改，微观县域典型，习水县温水镇、赤水市官渡镇卫生院昨与今的嬗变，都印证了持续深化医改的目标方位：健康是幸福生活最重要的指标，要着力推动以治病为中心转向以人民健康为中心，提供预防、治疗、康复、护理等一体化服务。

"三根神针针穴疗经，一双妙手手到病除。"在习水县温水镇卫生院中医科候诊大堂的墙上，挂着患者赠送的多面锦旗。正在值班的梁雕医师告诉记者，科里当天住院患者有 37 人，多的时候可达 60 人。如今，设在镇村群众家门口的中医理疗科，突出辨证施治、内外兼治、“治未病”及多种中医疗法的综合运用，拥有多功能一体煎药机、中药熏蒸仓、中药雾化仪等诊疗设备，加上针灸、拔罐、推拿、穴位注射等综合治疗，正好适应山区寒湿气候、群众体力劳作过度等特点，成了乡镇医院的热门科室。

在赤水市官渡镇卫生院，记者也观察到，中医科的诊疗环境，充满了古色古香的中国传统文化氛围，如康养中心，确实是患者治疗康复的理想选择。

近年来，遵义市按照“行政、人员、财务、业务、药械、绩效”六统一的要求，稳步推进县域医共体建设，已逐步形成了基层首诊、双向转诊、急慢分治、上下联动的有序就医格局。同时，发挥市级公立医院在城市医疗集团中的牵头作用，带动基层医疗机构服务、管理能力提升。2021 年年底，全市县域内就诊率 94.18%，基层门急诊人次占比达 49.38%；51 家县域医疗次中心门急诊人次达 246.41 万，较上年增长 22.77%，住院人次达 17.03 万，同比增长 2.54%。

“我市县域紧密型医共体建设，有效破解了基层群众‘看医难’，为全省、全国推动公立医院综合改革提供了‘遵义方案’。”市卫生健康局局长、市医改办主任刘勇说。2022 年 4 月，遵义市成为贵州省唯一一个入围 2022 年中央财政支持公立医院改革与高质量发展示范项目公示名单的城市，这将为遵义打造西部医改示范区带来强劲支撑和动力。

材料 2 “大手”拉“小手”，下沉优质医疗资源[①]

大病到大医院，小病也到大医院，医院最优质、最稀缺的医疗资源解决的恰恰是大量常见病和多发病，这不仅使真正需要得到服务的重症患者看病难，也使大医院人满为患、资源严重透支，而小医院却门可罗雀。如今这一情况在山东省滕州市得到了根本改变。

山东省滕州市始终坚持以人民为中心的发展思想不动摇，以国家紧密型县域医共体建设为抓手，以信息化建设为重点，以优势资源下沉为突破口，着力破解患者看病难、看病贵这一“痛点、堵点、难点”问题，改善服务质量，改善就医体验，为患者提供便利的就医服务，不断提升全市医疗卫生服务整体水平，引领带动全市医疗服务水平提档升级，老百姓的就医获得感明显提高。目前，滕州市形成了以县级医疗卫生机构为龙头、乡镇卫生院为主体、村卫生室为基础的三级卫生服务网络体系，分级诊

① 赵连君.“大手”拉“小手”下沉优质医疗资源——山东滕州市紧密型县域医共体建设提升人民群众健康获得感幸福感 [J]. 人口与健康，2022（5）：50-52.

疗体系基本建成，县域就诊率在 95% 以上，高于全省平均水平。

“医”个设计：牵头带动，夯实医共体建设机制保障

“县域紧密型医共体建设是新一轮基层医改的重要举措，也是当前综合医改纵深推进的主要载体和抓手，是一项系统工程，也是一项艰巨任务，如何让更多患者获得更好的看病就医感受，加快提升人民群众健康获得感、幸福感，医共体建设机制保障必不可少。”滕州市卫生健康局党组书记、局长孟祥磊说。

自滕州市被确定为全国紧密型县域医共体建设试点以来，滕州市委、市政府高度重视工作的开展，多次召开专题研究会议，市人大常委会将其作为惠民工程予以密切关注，组织市卫健、医保、财政等有关单位，先后赴福建尤溪、安徽天长等国家确立的先行试点地区考察学习，最终确定了以市中心人民医院为牵头单位、21 镇街医疗机构为成员的县域紧密型医共体，制定了紧密型县域医共体建设实施方案，召开了紧密型县域医共体建设工作会议，成立由市长任主任，组织、编办、人社、财政、卫健、医保等部门及县域医共体成员单位等职责相关方代表参与的医共体管理委员会。制定实施方案，建立工作例会和专题会议制度，明确医共体建设的责任和任务“两个清单”，形成高效推进医共体建设的工作机制。2021 年 8 月份，在以中心人民医院为龙头、纵向联合 21 家基层卫生机构的基础上，横向联合市妇幼保健院，形成了具有滕州特色的紧密型医共体。同时，市中心人民医院医共体不断健全内部治理结构，成立医共体理事会，科学制定医共体章程，明确医共体发展规划、资源调配等重大事项的决策管理机制，确立了医共体以信息化建设互通共享和专家帮扶为“双支撑”的发展规划、总体工作思路和工作路径，夯实组织领导的支撑作用，确保医共体开局良好、运转顺畅。

“医”项支撑：信息建设，实现优质医疗卫生资源共享

医疗信息化建设是实现县域医共体互联互通的重要基础，可为医共体内各成员单位提供链接和反馈的纽带。滕州市以国家紧密型县域医共体建设为契机，通过互联网技术整合各级医疗资源、统筹医疗卫生信息平台建设，强化信息支撑作用，促进优质医疗卫生资源下沉，有效缓解了群众看病难看病贵的难题，满足了人民群众对高质量医疗服务的需求。

滕州市立足互联网技术，整合医学影像、远程心电、远程诊疗等共享技术中心，稳步推进全市统一的医共体信息平台。远程影像、远程会诊系统已部署 21 家镇街卫生院（社区卫生服务中心），转诊会诊系统运行顺畅，电子病历和电子健康档案实现单位间优化融合，区域远程心电网络会诊平台高效运转，目前已部署镇街卫生院和村卫生室网点 100 个，累计会诊病例 8 万余例，其中危急病例 500 余例。加快市胸痛中心、卒中中心等“六大中心”建设，形成上下联动、信息联通、综合诊疗、多科联合、防治康复全链条的立体化医疗服务体系，构建市（县）镇村三级联动、上下互通的就医格局，从技术层面为医共体运行打下了坚实基础。同时，在就诊流程的“智慧、便捷”上下功夫，积极推进医共体预约诊疗制度建设，借助掌上医院App、微信、支付宝等移动医疗终端，将医院预约挂号时段精确到20分钟以内，实现挂号、缴费、化验结果查询等网上服务。医共体成员单位均打通了社保卡、银行卡、微信、支付宝等多渠道支付方式，满足了不同层次人员的就诊需求，提升了群众的就医感受。

“医”道定位：资源下沉，提升医疗卫生服务能力

医共体建设重要任务是推进县域内医疗资源有效共享，把医共体建设为服务、责任、利益、管理、发展共同体，这就需要相互协作和紧密联结。滕州市医共体改革坚持“强保障、沉资源、提能力、建机制”，整合医疗服务和公共卫生服务资源，重构医疗卫生体系，促进医疗和预防有效融合，整体提高资源配置和使用效能，一大批医生专家忙时坐诊，闲时带教，让群众更好地就近享受优质医疗服务。

滕州市加强硬件设施提档升级，有序推进市中心人民医院新院区、东沙河社区卫生服务中心等一系列医疗卫生建设项目，强化了基本医疗服务能力。目前，市中心人民医院顺利通过三级甲等综合医院复审，成功创建国家高级卒中中心、省级胸痛中心，并成为山东省创伤救治联盟常委单位。大坞中心卫生院成为山东省枣庄市范围内唯一一家通过省级验收的推荐标准医院，5处基层卫生院被评为全国群众满意乡镇卫生院，3家基层卫生院在全国2021年“优质服务基层行”活动中被通报表扬。

医疗资源下沉，专业人员是核心。滕州市全面落实专家下沉，选派优秀医疗骨干担任镇街卫生院“业务院长”，实行技术人员“组团式”驻点支援，落实“卫生支农”“千名医护下基层”等项目；结合慢病管理等项目，下派45名中级以上职称医师在基层医疗机构进行精准帮扶，组建21支由121名中级以上职称医护人员组成的医共体技术帮扶团队到基层医疗机构开展带教查房、专家坐诊等形式的精准帮扶；遴选32名基层医疗机构医师到牵头医院培训学习，形成双向人才交流机制，不断提升基层医疗机构服务能力。加强国家基本药物制度综合试点工作，调整基层药品配备使用政策，遴选中心人民医院400余种品规的慢性病、常见病基本药物下沉基层，医共体成员单位药品重合率平均达63%，促进上下级用药衔接，为慢病患者康复期在居住地基层医疗机构用得上药奠定了基础。同时，健全分级诊疗制度，根据医共体内县乡两级各类医疗卫生机构功能定位，研究制定医共体县乡两级疾病诊疗目录，以及医共体内部和县域向外转诊管理办法，细化各专项工作县域管理和服务流程，建立基层首诊、双向转诊、急慢分治和上下联动的分级诊疗制度和整合、连续、有序的医疗健康服务模式，开创了市中心人民医院医共体“强强互联、优势互补、双院带动、资源下沉”的良好局面，积极探索形成具有滕州特色的紧密型县域医共体，全力提升群众就医的满足感、获得感和幸福感。

“医”种驱动创新“双院”，激发建设内生动力

滕州市探索从输血式联合到造血式联合，让牵头医院从“让我做”转变到“我要做”，立足市医疗卫生工作实际，充分发挥市中心人民医院人才、技术、管理、服务等方面的优势，在纵向联合21家基层卫生机构的基础上，横向联合市妇幼保健院，全面强化“双院区”优势带动作用，深度优化市医疗卫生资源配置，群众通过市中心人民医院、市妇幼保健院的公众号均可同步预约、就近就诊、享受同质化的医疗保健服务，开启了市中心人民医院医共体服务新模式。

滕州市将妇保院纳入医共体建设，提升群众就医体验，充分发挥市中心人民医院人才、技术、管理、服务等方面的优势，通过推进两院区优势学科建设，强强联合、优势互补，着力打造一批省市级重点学科，推进区域医疗保健服务中心建设，力求逐步建成产前医学诊断、新生儿疾病筛查、生殖助孕医学、围产医学、新生儿救治、高危孕产妇救治、妇科腔镜及肿瘤治疗七大中心。2021年11月中旬，市中心人民医院妇科、产科、儿科等七大科室专家到妇幼保健院院区常态化坐诊。2021年12月底，市中心人民医院妇产科门诊和病房的主体医护力量转移至市中心人民医院医共体妇幼保健院院区，两院区实现医护人员、技术、设备、信息等要素资源的全方位优化融合，全面推进区域医疗保健服务中心建设。

材料3 医保基金不是“唐僧肉”，打击骗保并非一蹴而就[①]

医保基金不是“唐僧肉”。“盯”紧每一分钱，确保医保基金用在关键处，才能更好地推动“健康中国建设”。

医保基金是群众的“救命钱”，能大大缓解人们的后顾之忧。与此同时，由于公立医疗机构补偿机制不完善、民营医疗机构不当逐利，一些医疗机构想方设法通过吸引患者就诊、提高人均就诊费用、增加就诊次数等方式提高营收。如何打击欺诈骗保，越来越成为医保工作的重要事项。

骗保行为之所以发生，一方面是由于套取医保基金的花样繁多，诸如收买病人、虚假住院、多记虚记费用等，令人防不胜防；另一方面是由于定点医疗机构重要的收入来源是医保资金，但对医保基金“出水口”的管理仍比较落后，加之医疗行业信息

① 资料来源：《人民日报》，记者李红梅，2019年5月29日。

不对称，患者的需求往往由医生的引导决定，这使得骗保的可能性长期存在。

医保基金不是“唐僧肉”。堵住监管漏洞，需要加大打击力度，加大检查力度，加大曝光力度；从长期来看，更需转变医保领域的治理理念，用健康大数据甄别合理、必要的医疗行为，“识别”欺骗行为，减少骗保现象，看牢“救命钱”。

健康大数据是指居民全方位全周期的健康信息大数据，包括医保、基本公共卫生服务、就诊医疗服务信息、药品、电子健康档案等数据。有了这些数据，可以结合当地人群疾病特点、就医习惯等，对每位参保居民进行健康“画像”，“算”出其可能的就诊行为，使医保能精准识别合理、必要的医疗服务行为，杜绝“假住院”“过度医疗”等怪现象。

从疾病前端入手管控费用支付，将带来医保领域治理理念的变化。如果能通过医疗、药品、医保大数据的连通，撬动“三医”联动改革，共同维护居民全生命周期健康，那么医保将不再是简单的付费，而将成为健康保障的重要一环。比如，实现医保的监控与支付智能化，将倒逼医师的临床诊疗、用药行为更加规范，有利于医疗机构管控成本，从而为薪酬制度改革、服务价格改革腾出空间，也可以为患者提供更加精准、个性化的医疗服务，三方的积极性都将得到充分调动。

目前，我国正在用大数据进行医保智能监控，努力破解骗保难题。2018 年我国印发的《关于促进“互联网 + 医疗健康”发展的意见》提出，大力推行医保智能审核和实时监控，将临床路径、合理用药、支付政策等规则嵌入医院信息系统，严格医疗行为和费用监管。2019 年 4 月国家医保局公布的《医疗保障基金使用监管条例（征求意见稿）》，明确“构建本地区医疗保障智能监控信息系统”。天津、上海等地已经开始运用大数据来监管基金的使用，用大数据分析和筛查疑点。用大数据推动靶向监管，这必将让骗保行为无处遁形。

打击骗保并非一蹴而就。用大数据监控的技术手段，辅之以重拳打击的惩戒措施，并发动每个参保人自觉守护“救命钱”，将有助于形成“不能骗”“不敢骗”的氛围。“盯”紧每一分钱，确保医保基金用在关键处，才能更好地推动“健康中国”建设。

案例思考

1. 我国的公共管理环境在医疗保障改革中扮演了怎样的角色？你认为公共管理环境与医疗保障改革的关系如何？

2. 假如你是一名基层公务员，请从我国当前政府职能转变的角度，谈谈你对优质医疗资源下沉的看法，思考其可能的发展方向。

3. 你认为医保基金从“救命钱”变成“唐僧肉”的症结何在？思考可能的解决路径。

第二章

公共管理伦理

伦理是调整人与人之间及个人与社会之间关系的行为准则和规范总和，是借助社会舆论、人们内心的信念和习惯力量来维系的一种特殊的社会意识形态。作为人类社会生活的一种组织化或制度化过程，公共管理研究的是管理行为、权力运行、政策制定及制度安排等问题，但它离不开社会行为基本规范的一般规定性。随着西方公共管理理论与实践的深刻变化，声势浩大的公共部门改革和政府改革浪潮，逐渐打破了公共管理和伦理之间的“隔阂”，使两者走上了“共生”的道路。①

公共伦理是服务型公共管理模式下的伦理形态，是社会公共领域中的基本伦理维度，是规范公共领域中所有公共行为的价值准则，具有公共性、开放性、平等性、服务性等特征。公共伦理的价值取向是公共利益，并拥有公益至上的公平正义、道德责任、合作与信任的时代精神。②

许多学者把公共伦理视为公共管理伦理，其中有代表性的说法有：陈振明认为，公共伦理是“以公共管理系统为主体或以公共管理者为主体，针对公共管理行为和政治活动的社会化角色的伦理原则和规范”；③ 王家峰认为，“公共伦理是公共管理行为应遵循的准则与规范体系，其功能在于有效调节、规范和引导公共管理行为，促进公共管理目标的实现”。④

公共管理伦理是指与公共管理行为相关的基本伦理要素及道德规范的总称，是公共管理领域的基本伦理维度、公共管理行为的基本道德规范，以及通过公共管理行为与公共事务所集中体现出来的社会公共伦理精神。公共管理伦理所涉及的范围基本上是公共管理领域，而不是社会公共生活领域的全部；规范的对象是作为公共管理者的公共行政人员或公共组织管理者，以及一些承担着公共责任的非政府组织成员及其公

① 严新明. 公共管理学 [M]. 北京：科学出版社，2007.

② 谢治菊. 公共伦理：概念辨析、价值取向、时代精神 [J]. 天府新论，2011（3）：94-98.

③ 陈振明. 公共管理学 [M]. 北京：中国人民大学出版社，2004.

④ 王家峰. 公共利益：公共伦理的价值基础 [J]. 伦理学研究，2006（3）：80-83.

共管理行为。而最重要的一点是，公共管理伦理通过公共管理行为和公共事务特殊的示范效应表达出了公共伦理的基本精神。

公共管理伦理蕴含了公共管理的基本价值理念：公共效率、正义秩序、公共责任和和谐社会。它们具有不同的价值层次和不同的规范维度，密切联系、相互补充，共同构成了现代公共管理的伦理标准，即效率、正义、责任和和谐。①

公共管理伦理的效率原则要求，一方面以政府组织为主导的公共管理部门或机构应当而且必须为公共社会提供足够丰富的公共产品，以满足全体公民对社会物质生活条件不断增长的需要，另一方面还要建构公正、稳定、良好的社会公共秩序。没有公共社会的长治久安和良好秩序，没有良好的社会风气和公共文明水平，以及强大的社会组织能力和社会动员能力，公共管理伦理的效率就不可能真正实现。

正义是公共管理最基本的价值目标，也是公共管理伦理的最基本原则。作为人类追求理想政治体制的核心价值和行为准则，正义是人类社会永恒的行为规范和价值范畴。它要求公共管理主体在谋求公共利益的过程中必须以正当的、合乎理性的方式来行使公共权力，必须在制度设计、安排、执行及公共决策与公共政策实施等方面体现出普遍公正的理念。

公共管理并不是单纯的管理，也是履行责任的一种方式。但是，公共管理伦理的责任并不是一般意义上的社会义务或个体道德责任，而是公共管理者在公共事务和公共行为中承担的基本责任要求，是对权力者制定政策和执行政策的一种限制。公共管理者享有多大权力，就相应地负有多大责任，这是管理上职、责、权统一原则的要求。透视民主政治的发展历程，责任行政已成为现代民主政治的一个基本价值理念，在一个民主的社会，公共权力的行使必须直接或间接地对人民负责，实行责任行政；公共管理主体必须回应社会和民众的基本要求，并积极采取措施予以满足，承担起道义上、政治上、行政上和法律上的责任。责任表明政府、社会对于违法或不合理行使行政权力者的否定性评价，是遏制权力拥有者滥用权力冲动的有效形式。没有责任约束的公共权力必然会失去行使权力的界限，从而导致公共权力的滥用。另外，责任原则还要求包括公共管理者和全体社会公民在内的所有社会成员共同承担起维护社会公共秩序、促进社会发展的伦理责任。责任原则不应仅仅限于政府的职责或政治责任，也必须成为一种社会公共精神。建立并维护良好的社会公共秩序，是现代公共管理伦理的首要价值目标。在现代社会，公共管理行为的发生与伦理目标的实现主要是通过供给社会秩序来完成的。社会秩序的供给一方面体现为一系列行为规范和规则体系的形成，另一方面则体现为一种价值理念的塑造。因此，公共管理伦理不仅关注外在的社会秩序

---

① 胡鸣铎，牟永福. 论公共管理之伦理要义 [J]. 云南行政学院学报，2010，12（6）：117-121.

结构，而且注重所供给的社会制度、社会规则是否符合社会普遍的道德伦理以及社会大众对所处的制度规则体系是否有认同感和归属感；公共管理伦理不仅要对公共行为和公共事务实施技术化控制，而且要有效协调社会公共行为和公共关系，合法公正地处理公共事务，建立公正良好的社会秩序，以实现整个社会的和谐发展。能否造就健康、和谐的社会状态是衡量公共管理伦理是否有效、是否合理以及是否公正的最有力证明，也是一个终极的价值判断标准。

公共组织的职能，包括以政府主导的公共组织和以公共利益为指向的非政府组织（NGO），为实现公共利益，为社会提供公共产品和服务的活动的道德行为和规范评价的标准。

无论研究的主题是公共管理系统还是公共管理者，都可视为社会化角色。具有接受伦理约束的一般性要求，也有特殊的必要，同时也需要具备为自己行为承担后果的责任能力。

公共管理由于自身所固有的特殊性质和地位，决定了它必然在伦理上有自己的特殊要求和内在的规定性。公共管理伦理与个人伦理原则是不同的，主要表现在以下几个方面：

第一，主体不同。公共管理伦理的主体是公共管理系统或公共管理者；而个人伦理的主体则是个人。公共管理系统虽然是人建立的，管理者也是人，但它本身却是非人格化的，它代表的不是个人的意志。公共管理伦理糅合了多种人的动机，它代表的是公共利益。

第二，影响不同。公共管理伦理与很多人甚至是社会的所有人发生关系，它与整个社会、所有人都关系甚大；而个人伦理是某一个人和其他人、社会发生关系，一般情况下实际受其行为影响的只是少数人。

第三，评价标准不同。公共管理伦理与个人伦理处在不同的领域，因此评价标准也不同。对公共管理伦理的评价，主要看这一公共管理系统的实际功能和作用，看它实际指向什么基本价值，遵循什么原则，实际上在禁止什么、提倡什么、保护什么；而对个人伦理的评价则主要看其行为的动机与结果的善恶。

伦理通过个人的良心、社会舆论和政治信念对社会行为进行道德判断和评价，从而实现对各种利益关系的调整。公共管理的结构性特征决定了它具有规范、选择、导向和维系四大功能。

第一，规范功能。作为公共管理伦理核心的道德规范本身就是对公共管理者行为的界定和约束，而公共管理者自身的角色意识和人格追求又直接对其自律品质的形成起指导、监督和评价作用。在公共管理组织行为进行过程中，公共管理伦理对符合要求的情感、信念和行为，予以激励和强化；对不符合公共管理伦理要求的情感、欲念则予以纠正或弱化。

第二，选择功能。该功能是指公共管理主体在一定的伦理意识支配下，以社会或公众的利益为标准，在不同的价值准则或善恶冲突之间做出的自觉、自主、自控的抉择，是对自己行为动机、意图、目的和行为方式、过程、结果的选择。这一作用源于公共管理伦理所具有的选择功能。

第三，导向功能。公共管理伦理的导向功能，是指这一伦理对公共管理活动具有引导作用，进而对整个社会产生引导，反过来提高公共管理人员行为的合法性和合理性。公共管理伦理通过公共管理人员的遵行具有了示范性，公共管理人员的行为和形象不仅为社会大众所关注，而且渗透到社会生活的各个方面，形成巨大的影响，直接对社会大众具有示范效应和导向作用，使民风和舆论发生相应的转变。

第四，维系功能。维系功能是指公共管理伦理将公共管理主体的多元化价值观凝聚成一个整体，从而强化公共管理主体内在本质力量的功能。良好的社会秩序离不开法律的支持，但是，法律有其自身的局限性，它并不能激发人们追求卓越，也不会成为榜样行为的准则，甚至不会成为良好行为的准则。道德却不一样，除了对违法者予以谴责之外，它可以对虽不违法但不道德的行为进行批评和惩戒，而对道德的行为，尤其是高尚的行为，可以予以鼓励和褒奖。因此，相对于法律而言，伦理对社会秩序的维系作用可能更具有普遍性和持久性。公共管理伦理作为一种应用伦理，能够在公共管理系统中的个人与个人之间创造一种广泛的信任关系，架起公共管理主体与管理对象之间的沟通桥梁。

总之，公共管理伦理是特殊领域中的角色伦理，以公共管理系统为主体，或以公共管理者为主体，是针对公共管理行为和政治活动的社会化角色的伦理原则和规范。

案例 1

公共管理——守卫底线伦理

材料　辽宁金融反腐风暴：63 名中小银行一把手缘何被查①

“2021 年以来，在金融风险重灾区的辽宁，已有 63 名中小银行‘一把手’被采取留置和刑事强制措施。”2022 年 5 月中旬，银保监会对外披露的这则消息引发金融圈关注。

据银保监会 2022 年 3 月下旬公布的银行业金融机构法人名单，截至 2021 年 12 月末，辽宁至少有 100 家银行，其中城商行 14 家，农商行 25 家，村镇银行 60 家，民营银

① 资料来源：《中国新闻周刊》，作者佟西中，2022 年 5 月 27 日。

行 1 家。此外，辽宁省农村信用社联合社及分支机构有 32 家，农信社属于银行类金融机构。

在城市商业银行中，盛京银行、锦州银行、大连银行三大城商行的资产，分别为 1.02 万亿元、8300 亿元、4500 亿元，其余的城商行总资产一两千亿元至数百亿元不等。农商行资产规模更小。据央行 2008 年的统计口径，资产小于 2 万亿元的均属于中小银行。

目前，银保监会和辽宁地方都在积极处置金融风险，加强对金融机构的监管。除辽宁中小银行 63 名“一把手”被查，党的十九大以来，银保监会系统内部共立案 630 件，留置 83 人，已移送司法机关 73 人。

辽宁金融反腐背后

辽宁中小银行金融反腐风暴有着深刻的背景。2020 年 4 月，银保监会在一次新闻发布会上曾提到，由于中小银行自身管理能力和经营实力有限，特别是它的客户群体有一定的特殊性，在当时疫情状态下，受到的冲击比较明显。

当时银保监会表示，全力推动深化中小银行改革和化解风险工作，大家会陆续看到，中小银行改革重组的力度会比较大，特别是市场化重组方面的措施会比较多。

2020 年 7 月，中国银行业协会发布的《2020 年度中国银行业发展报告》指出，中小银行受到疫情冲击较明显，未来改革重组力度会进一步加大。

事实也是如此，2020 年掀起的中小银行合并重组热潮在 2021 年得到延续。以辽宁省为例，2021 年 1 月底，辽宁省政府发布文章，称有效推进“省内城市商业银行整体改革”，新组建 1 家省级城市商业银行，合并辽宁省内 12 家相关城市商业银行。

在中小银行合并浪潮中，金融风险不容忽视。2021 年 4 月，央行发布的《2020 年四季度央行金融机构评级结果》显示，农合机构（包括农村商业银行、农村合作银行、农信社）和村镇银行风险最高，高风险机构数量分别为 285 家和 127 家，资产分别占该类型机构的 8%、10%。

从地区看，辽宁、甘肃、内蒙古、河南、山西、黑龙江、吉林、山东、广西等省区高风险机构数量较多。2022 年 3 月底，央行发布的《2021 年四季度央行金融机构评级结果》显示，农合机构和村镇银行风险仍是最高，但高风险机构数量明显下降，分别为 186 家和 103 家。这次央行并未公布具体省份，只是表述“存量高风险机构主要集中在四个省份”。由于 2020 年四季度基数大，业内认为，在 2021 年四季度央行评级中，辽宁高风险机构数量仍然不会少。另外，截至 2021 年 10 月末，全国 20 个中小银行专项债发行地区中，辽宁发行规模居前，仅次于河南。专项债发行规模与各地中小银行的信用情况有关。

这一点也有佐证。2022 年 4 月，中国债券信息网披露的数据显示，辽宁省财政厅拟于 4 月 14 日发行 135 亿元中小银行发展专项债券，为丹东银行、营口银行、阜新银行、朝阳银行、葫芦岛银行“输血”。上述银行是辽宁中小银行中资产规模比较大的银行，其他资产规模更小的银行日子更难熬。

2022 年年初，辽宁省政府公布《辽宁省“十四五”金融业发展规划》，指出 2020 年辽宁金融业不良贷款率为 5.11%，要在 2025 年回归合理区间。不良贷款率被视为银行信贷风险高低的核心指标。商业银行不良贷款率警戒线是 2%。

多位金融领域重要官员被查

面对金融风险，辽宁省纪委书记刘奇凡曾在地市调研中表示，“一体推进惩治金融腐败和防控金融风险”。

随着金融反腐深化，辽宁省内多位金融领域重要官员被查。个别人员在辽宁金融领域举足轻重。

从公开报道看，中小银行方面众多人员亦接连被查，涉及本溪银行、阜新农村商业银行、铁岭银行等众多中小银行，以及辽宁省农信社联合社旗下众多分支机构。

63 名中小银行“一把手”为何被查

2022 年 5 月中旬，银保监会在对媒体披露信息时，提到部分原因。银保监会表示，“一批官商勾结、利益输送、违法侵占的腐败分子被绳之以法，其中一部分就是‘监守自盗’的金融管理部门工作人员”。

北京大学经济学院教授曹和平向《中国新闻周刊》表示，在金融领域，监管机构相当于监管体系正常运行与否的第三只“眼睛”，当监管机构官员与金融机构利益不独立时，监管这只眼睛将“受到蒙蔽”。监管部门自身要廉洁，对银行要有效监管。他认为，中小银行“一把手”大批落马，技术变量也是重要因素。随着数字经济的发展，信息的可追溯性越来越强，经济犯罪越来越有迹可循。

官方通报中，这些人多涉及信贷违规。从已经落马的人员看，他们的犯罪行为有窝案串案特征。

一位银行从业者向《中国新闻周刊》表示，其实中小银行自身也有弱点：相比于大银行，中小银行贷款流程短、操作空间大，行内“一把手”权力得不到制约，所谓的行内监督就会流于形式。

2022 年 5 月，银保监会在接受媒体采访时也提到了中小银行的弱点。银保监会表示，农村中小银行股东“小、散、弱”情况普遍，一些机构仍然存在内部人控制、外部人操纵、违规关联交易等问题。

上述银行从业者提到，在实际运作中，中小银行受地方政府影响较大。如果地方政府向中小银行施压，风险比较大的贷款也会贷出。

中关村互联网金融研究院首席研究员、复旦大学金融研究院兼职研究员董希淼也向《中国新闻周刊》提到，在部分地方，尽管地方政府未持有中小银行股份或持股比例较低，但会干涉中小银行的内部治理。

对于金融治理，董希淼建议，地方党委、政府推荐中小银行高管人选时，应把从业经历、专业素质放在第一位，切勿将缺乏金融从业经验的政府官员推到中小银行。监管部门应用好任职资格核准等制度，对中小银行高管特别是“一把手”人选进行严格把关。

案例思考

1. 该案例反映了公共管理伦理的哪些内容？
2. 结合案例思考：为什么金融领域“一把手”频频被查？
3. 结合案例谈一谈应该如何提升公职人员的公共管理伦理。

案例2

公共管理伦理——让工作更富有价值

材料 “坐标人物”何鲁丽：老友眼中的何大夫、“何大妈”①

“以何鲁丽的资历和能力，当时能够担当起民革中央主席一职的，只有她了。”中国留学人才发展基金会理事长陆宇澄告诉《中国新闻周刊》。他指的是1996年，民革中央主席李沛瑶去世。当时陆宇澄和何鲁丽同为北京市副市长，他记得自己去了隔壁的何鲁丽办公室，对她谈到自己的预测：她很快就要成为国家领导人了。他与何鲁丽1988年一同当选为北京市副市长，共事越久越了解和欣赏她，觉得她性格开朗热情，谦虚又爽快，群众关系很好，为人不功利，待人真心诚意，认为她会是接任民革中央主席的合适人选。

1996年，何鲁丽果然成为民革中央主席，同年成为全国政协副主席，1998年被选

① 资料来源：《中国新闻周刊》，记者宋春丹，2022年4月7日。

为全国人大常委会副委员长。直到 2007 年，她才卸任民革中央主席职务，次年卸任全国人大常委会副委员长职务。

何鲁丽的“鲁”意指其籍贯山东。2001 年她应《菏泽人在北京》一书的编辑之约，写了题为《我是一个在北京踏实工作的菏泽人》的文章。

她说，自己的籍贯是山东菏泽，但是她从未在菏泽生活过，初二时随父亲从济南移居北京，从此在北京生活了半个多世纪，从一个学生成长为一名医生，再到国家的公务员。她想借此机会提笔写一个自我介绍，算是向故乡的汇报，告诉乡亲：“我是一个在北京踏实工作的菏泽人。”

弃医从政

中共十二大以后，从中央到地方开始有序进行第三梯队的选拔和培养，提出干部要“四化”，即革命化、年轻化、知识化、专业化，领导班子配备要考虑“女性”“党外人士”“知识分子”等方面的代表性。

1984 年，北京市各区县政府改选。时年 49 岁的北京市第二医院儿科主任何鲁丽接到通知，区里要调动她的工作，她将作为西城区副区长候选人参选。

她 1957 年从北京医学院毕业，因成绩出众被北京儿童医院院长、著名儿科专家诸福棠指名调到儿童医院，后又被北京市第二医院院长高崇基指名调去创办儿科，她当时已是拥有高级职称的儿科专家。

选举前夕，西城区区长找她谈话。她说感到很突然，舍不得放弃 27 年的专业，当然受共产党这么多年的培养，这个觉悟还是有的，会服从组织上的决定，不过她觉得自己没有干过相关工作，不是合适人选。区长说：你已是科室主任了，也有行政能力了。她说：那才多大呀？算上护士科里才 37 人。区长说：你总比革命初期的干部文化强吧？看文件总比别人给你念的快吧？

最终，她脱下了白大褂，成为西城区副区长。

西城区拥有 70 余万人口，何鲁丽分管科技、外事、市容、卫生、计划生育和民政。刚上任时，她乘公共汽车上班会迷路，找不到区政府大门。批示文件，她像医生开处方那样把“何鲁丽”几个小字签在右下角。办公室主任提醒她，签署意见要写在最上边。

为了真正让她有职、有权，区长亲自带她到卫生局等下属机构，把她介绍给局长、书记等，告诉他们：“以后有什么事找老何，解决不了的，她会找我的。”她很快进入了新角色，并显露出行政领导能力和深入泼辣的工作作风。她很怀念儿科专业，就任副区长后仍利用业余时间坚持出诊两年多。

1983 年，曾任北京市第四医院副院长的佘靖当选为北京市崇文区副区长，在市政府召开的会议上与何鲁丽相识。两位女副区长开会时经常被安排住同一房间，由于专业背景和分管领域相似，两人相谈甚欢。

佘靖告诉《中国新闻周刊》，那时她们面临的棘手工作之一是医疗机构、中小学和托幼机构的危房改建和城市环境卫生整治。北京老城区有很多危房，下雨时极易垮塌，她们经常奔波在街道胡同，奋战在一线。何鲁丽善于学习，能够攻克难关，总是能快速理解政策要求，经过调查研究后“对症下药”。

危房改建涉及规划、资金筹措等多方面问题，她们经常交流经验。何鲁丽说，要取得区主要领导的支持，多与区城建、计委、财务、卫生、教育等业务主管领导沟通，请他们一同到现场，取得共识，根据业务情况分清轻重缓急，逐步完成，还要取得群众的理解和支持。

何鲁丽面临的最棘手工作是二环路的拆迁。这条环线有 11.6 千米的路段在西城区，由前门到鼓楼，呈马蹄形，占二环路总长的 49%，要搬迁 516 户人家，市政府限时完成，大家都替何鲁丽捏把汗。

她不辞辛苦，挨家挨户反复做工作。西便门最后剩下几十户“钉子户”，她每家都去了不止一次，耐心磨合，解决了不少扯皮的事，终于按期完成了任务。二环路拆迁工程让她名声大震。

“我是个坐标人物”

中共十三大之后，1988 年年初，各省市陆续召开人民代表大会，进行换届选举。

在北京市市长和副市长的 10 名候选人中，中新社北京分社社长徐泓对何鲁丽产生了很大兴趣。候选人介绍材料显示，何鲁丽是民主党派成员，其父何思源曾在民国时期任原北平市市长，其母是法国人，何鲁丽的身世让徐泓好奇心陡增。她提出采访申请后，很快获得同意。

她如约来到何鲁丽的办公室，只见一位中年女性麻利地从办公桌旁站起来，大嗓门儿的京片子扑面而来：“呦，是记者同志吧，快请坐，快请坐。”与徐泓先前的想象不同，何鲁丽衣着普通，从面容上也不大看得出外国血统。以后她从不少人那里得到证实，他们第一次见到何鲁丽都有类似的意外之感。“我知道为什么选我，女同志、无党派人士、知识分子，我是个坐标人物。其实比我能干的人多得是，但既然组织上信任我，我一定努力干好。”何鲁丽快人快语地说。

几天后，北京市第九届人民代表大会第一次会议通过无记名差额选举，产生了由市长和 7 位副市长组成的北京市新领导班子，何鲁丽以接近全票当选副市长，另一位当选的女副市长是吴仪。新闻媒体称，新班子中出现了两名女副市长，这在北京市历史上还是第一次。

何鲁丽当选副市长几天后，徐泓再次采访了她，这次的地点在何鲁丽位于朝阳区建国门外永安西里的家中。这是一套两居室的单元宿舍，狭窄的过道里堆满了杂物。何鲁丽和丈夫住里间，两个儿子住外间。徐泓看到何鲁丽1957年大学毕业时的照片，浓眉大眼，梳着两条粗粗的大辫子；接着又看到何鲁丽高一时的一张小照，她俨然是一个地道的外国女孩。穿越流逝的岁月，她终于清晰地看到了何鲁丽那一半法兰西血统。

被媒体聚焦的传奇女副市长何鲁丽也引起了北京师范学院（今首都师范大学）中文系副教授张建业的注意。张建业向《中国新闻周刊》回忆，当时他有感而发，写了一首诗，题为《地位观念及其他——以诗与新任北京市副市长何鲁丽对话》，先后投给两家报社。

诗中写道：有的人观念像弹簧，随着地位升降而缩张；筒子楼中的阴暗与浓烟，踏上栽绒地毯就化为灿烂阳光。你从白大褂走来，跨进了市府大厦的厅堂；要问市长与市民有何区别？心中应惦着更多的病人、病房。

但两家报社都退了稿，理由也近似：意思很好，有韵味，但涉及领导，不适合刊用。他失望之下，将诗直接寄给了何鲁丽，同时附信一封：这首小诗应该说只是表达了一个普通市民对新任副市长的信任与期望，难道就因为是“与副市长对话”，就要避讳吗？看来我们的“观念”还真有进一步改变的需要。现在只好把诗直接寄给您，料想您不会拒收的。

很快，他收到何鲁丽回信：“张教授，来函及赐诗均已拜读，对您向我提出的希望，定当引以为戒。到市里工作后由于能力经验有限，除尽力而为外，望多加监督指正。顺致，敬礼，何鲁丽上，1988年8月23日。另：诗已请人用毛笔书写出。”后来，两人的通信登在了《北京晚报》上。此后，张建业每次致信，何鲁丽都会亲笔回复。

专家型副市长

何鲁丽上任伊始，上海甲肝大流行；不到三个月，红眼病在北京流行。尽管北京市流动人口日复一日猛增，卫生防疫压力加大，但由于措施得力，北京市传染病感染率持续下降。在她分管期间，北京市连续3年荣获“全国十佳卫生城市”称号。

时任北京市政府副秘书长的俞晓松向《中国新闻周刊》回忆，何鲁丽为人谦虚友善，她对俞晓松说：“我不是中共党员干部，对政府工作不熟悉，你得多多帮我，多多提示。”她不止一次去俞晓松的办公室，向他咨询接下来的调研工作该怎样安排、在走访单位用午餐是否妥当等问题。

朱祖朴1985年到北京市政府担任办公厅副主任，1988年开始担任市政府副秘书长，协助何鲁丽工作。他告诉《中国新闻周刊》，何鲁丽很尊重他人意见，即便和下级谈工作也是用商量的口吻。那时群众来信反映，北京一些教堂早年间曾被占用，影响了正常的宗教活动，要求腾退恢复使用，何鲁丽一一协调解决。

新班子上任一年后，在北京市第九届人民代表大会第二次会议上，有记者提出，希望班子成员讲讲工作一年的感受。

何鲁丽说，这一年，时时觉得自己是坐在一个火山口上，每办成一件事都觉得事非经过不知难，但身心是愉快的，尤其作为一个非共产党员的副市长，特别体会到北京市政府在实行党和非党合作方面是非常诚恳的，自己在体力和脑力方面感到辛苦，但充满信心。

1993年，她再次当选为北京市副市长。

徐泓1995年再次采访她，原以为高级干部的岗位会把她受中西两种文化熏陶的名门闺秀风度激发出来，没想到七年过去，江山依旧。她的工作作风几乎没什么改变，还是那么泼辣，大嗓门，说话冲，爱讲大白话，除了参加外事活动，衣着依旧朴素，款式甚至有点过时。市政府大院里的人们私下亲昵地叫她“何大妈”。她保留着当大夫时养成的两个习惯：一是足下长年累月一双平底鞋；二是五分钟就能打个盹儿，工作一来，睁开眼睛就干，一般人的精力都熬不过她。

何鲁丽接任的，是此前陈昊苏的职务。陈昊苏1984年至1987年担任北京市副市长，分管卫生口。他对《中国新闻周刊》回忆，那时何鲁丽作为西城区副区长，要直接面对医院、学校等基层单位，落实北京市的方针政策，而基层的事都是真正严重的事，如发生大规模食物中毒事件，不仅要调动医疗资源组织抢救，还要对食品安全问题进行处理、整顿。

陈昊苏1987年调任广播电影电视部副部长，何鲁丽接替了他分管的工作。他说，北京市的领导不好当，如果有问题处理不当，会受到中央问责，人民群众也会表示不满。那时北京市虽已开始了急救中心等方面的建设，积累了初步的经验，但医疗水平仍然较低，设施和人手缺乏，医疗资源与群众需求差距很大。

时任北京市卫生局局长的朱宗涵那时几乎每个月都要随何鲁丽去农村基层调研。他告诉《中国新闻周刊》，北京市1988年成立初级卫生保健委员会，何鲁丽担任主任，领导重建了县、乡、村三级卫生服务网。她很善于与市计划发展委、财政局等综合部门协调，并争取市委和市政府的支持，经过几年的努力，北京市几乎所有区县医院、妇幼保健院所和防疫站以及乡卫生院和村卫生室都得到新建或改扩建，在全国起到了示范作用。

1994年全国医改拉开了序幕，何鲁丽主持了北京市第一周期的医疗服务体制改革，设立了首都医疗事业发展基金、医学重点学科发展基金等基金，扩大国际交流。神经外科、器官移植、干细胞移植、微创手术、内窥镜检查、辅助生殖技术和冠心病治疗新技术等大量新技术得到应用，呈现改革开放的新局面。有了资金支持，北京派出了妇产医院的团队出国学习试管婴儿技术，派出安贞医院的团队出国学习心肺移植。朱宗涵说，当时建立的这些重点学科以及培养的学科带头人，至今还发挥着重要的作用。

李世绰时任北京市卫生局副局长，经常向何鲁丽汇报工作。他告诉《中国新闻周刊》，那时医疗管理涉及很多困难和敏感问题，何鲁丽总是与他们密切沟通和配合。例如器官移植问题是国际关注的敏感问题，何鲁丽提醒李世绰，要注意国际国内影响，予以妥善处理；因为一些医疗事故的争议事件，北京市医疗事故鉴定委员会得以建立。

在何鲁丽牵头下，北京市卫生局进行了一系列医疗管理机构建设，设立了北京市精神卫生领导小组、慢性非传染病防治领导小组、公民义务献血委员会等管理部门。

案例思考

1. 从何鲁丽的事例中，我们可以看出公职人员需要具备哪些公共管理伦理规范？

2. 结合案例，谈一谈我们应该如何规范自己的公共管理伦理？

3. 结合案例和生活实际，思考一下，公共管理伦理有没有明确的标准？好的公共管理伦理的标准是什么？

第三章
公共组织

组织是由两个以上的人按照一定的目标和特定的人际关系等要素构成的人群体系，是人们参与社会生活的重要载体。无数组织相互联系、有机排列构成人类社会的总体结构，使社会中各项事务稳定运行，达到社会整体的动态平衡。基于不同的目的、任务和形式可分为不同的组织，但不同的组织也可能会具有相同的特征和要素。

丹哈特认为，公共组织是指为谋求实现公众的社会价值而对社会变革进程进行管理的合作人群①。因此我们可以给公共组织下一个定义：公共组织就是国家为实现一定的目标，以管理公共事务、提供公共产品、保障公共服务、协调公共关系、维护公共利益等为目的，根据《中华人民共和国宪法》(以下简称《宪法》)及法律所组成的拥有公共权力的组织实体。

在我国，公共组织的运作可总结出如下特征。

第一，公共组织为公众服务并受其监督。公共组织由“公共”与“组织”组成，故公共性是其核心特性，公共组织以提供公共服务、解决公共问题、实现公共利益为目标。具体而言，公共组织要协调与沟通社会各产业的组织与流通、建立市场规则、稳定经济秩序、管制企业暴利欺诈等不良行为、保障公民生活等，公共组织是社会和公众利益的权威保障。此外，公共组织的活动受公众监督，故其必须完善自身的责任机制，设定明确的监督制度，同时确保政务信息公开制度的真实有效实施，使公民能够充分发挥其监督主体的作用。

第二，公共组织具有政治性。公共组织为公众提供服务，执行国家意识，受《宪法》和法律的指导与监督，是我国组织机构的重要组成部分，故公共组织具有政治性。国家通过一定程序制定出公共政策交由公共组织执行，为解决国家问题、达成目标规划的政治环节之一；且公共组织虽直接面向社会公众，更多实现社会板块的需求，但

① 董晓倩，魏依娜. 试论丹哈特的公共组织理论 [J]. 辽宁行政学院学报，2010，12（12）：41-42+45.

社会问题、经济问题、政治问题三者无法完全分割，故公共组织在运作中一定会带有政治属性。

第三，公共组织根据《宪法》及法律组成并具有权威性。公共组织中组织机构设置、组织人员选拔、组织目标、组织运行机制、组织成员应遵守的规章制度、组织能够掌握的权力等都要根据我国《宪法》总体章程及地方法律具体要求来制定，公共组织的活动也受我国立法机关及监察机关的监督，故公共组织具有合法性，公众愿意听其指挥，受其管理。而公共组织也具有公共管理的一定权力，有权处理社会公共事务，有权约束公民的行为，对各种社会组织和个人施加影响。对拒不服从的被管理者，公共组织可按照制度要求，在国家强制力保障实施的背景下对其施以惩罚。

第四，公共组织具有多样性。其多样性主要表现在两个方面，一是组织类型的多样性，二是管理内容的多样性。实现公共利益，进行公共管理的主体并不是唯一的，包括政府组织、政府公司、非政府组织等多种管理主体。更具体的分类，可根据具体工作内容分为领导机关、职能机关、辅助机关、直属机关、派出机关等，各机关组织也可进行进一步划分来履行公共组织职能。公共组织管理的范围非常广，可以涉及政治、经济、文化、社会、生态等各个方面，在社会多种事务中发挥作用，故公共组织常具有完善的组织系统来灵活调动、处理各类事件，却也因为事务的多样与交叉使得严格、确切、刻板的制度存在难以落实的问题。

根据不同的划分标准，公共组织可划分为不同的类型，如按照组织管理的权力性质，可分为政府组织与非政府组织；按照组织职权范围大小可分为中央型公共组织和地方型公共组织；按照组织职能的不同可分为外交、人事、国土资源等各类公共组织。但通俗意义上，公共组织最常被划分为政府组织与非政府组织。政府组织是社会公共事务管理的最主要的公共组织，狭义上来说就是政府，其决定和决策受国家强制力保障实施；非政府组织是进行公共管理的另一大主体，在公共危机管理中也发挥着重要作用。政府组织与非政府组织两者协同合作，共同建立良好的公共秩序，建立完备的公共管理组织体系。

公共组织体制是国家根据实际的管理需要，通过法定程序将公共组织所拥有的行政权责归属于不同层级、不同部门、不同人员的各种行政关系制度化的表现形式。常见的公共组织体制有以下几种。

一是首长制与委员会制，即根据公共组织最高决策人数的不同来划分的公共组织体制。

首长制是指公共组织的最高决策权力和责任赋予行政首长一人单独承担，组织内部的其他领导人都是首长的下属和助手，在决策时只负责向首长提供信息和建议，但只有首长有权做出决策。首长制权力集中、责任明确，可以统一指挥、统一领导组织成员，从而提升组织效率，减少冲突和矛盾；首长独自掌握决策权，也使得决策灵活便捷，对外部环境反应快。但首长制对行政首长的个人能力要求严格，不利于调动下属的积极性，同时存在滥用职权、一人独裁的隐患。

委员会制是指公共组织决策和管理权力由若干人组成的委员会共同行使，按少数服从多数或协调一致的原则集体决定、共同负责的组织体制。委员会制可以广泛听取各方意见，实现民主决策，提升决策质量和可行性；也可避免家长制和徇私舞弊，组织内部互相监督，权力制衡；对提升组织内部成员积极性也有一定的作用。但委员会制由于事权分散，难以及时应对外部环境的突发变化，成员内部也容易产生推诿扯皮的现象，使组织效率低下。

二是集权制与分权制，即依据公共组织上、下级职权的大小来划分的公共组织体制。

集权制是指行政权力集中在上级政府或行政首长手中，上级政府或行政首长有决策、指挥、监督的权力，下级处于服从命令、听从指挥的被动地位，一切行政行为按照上级政府或行政首长的指令来行动，自主权很少。在集权制下，上级政府或行政首长可以统一领导、统一指挥，进行灵活、及时的行政决策，提升组织运行效率；有利于维护组织的整体利益，统筹全局，集中力量，增强团队的凝聚力。但集权制也存在着结构僵化、下属自主性和积极性不强等问题，使得组织整体缺乏活力；首长或上级政府易因本位主义或考虑不周全等原因造成决策失误，浪费组织资源；集权制也无法避免腐败、专政独裁等问题。

分权制是指公共组织中的下级机关在其管辖范围内有自主权，能自行解决、处理问题，不必事事请示上级，上级对下级权限范围内的事不加过多干涉的组织体制。分权制体制反应灵活，各级、各部门、各地区依其自主权，结合实际情况进行管理，可充分调动组织成员积极性，可提高组织效率，及时应对外部环境变化；职能分工明确的背景下也利于专业化管理。但若权力过于分散，会破坏政令统一，导致指挥失灵、控制不力，下级各自为政，形成本位主义，不易于集中资源，统筹全面发展。

三是完整制与分离制，即依据同一层次上的各个公共组织所受上级指挥和控制的异同来划分的公共组织体制。

完整制是指同一层次的各公共组织或同一公共组织各机构中受同一上级组织或同一首长的统一指挥、控制与监督的组织体制。完整制指挥统一、权力集中，组织内部易于沟通，方便协调；同时可调动本地区或本部门的积极性，因地制宜确定行政目标，也能做出灵活反应。但完整制资源有限；且各部门、各地区高度自主，易出现推诿扯皮、各自为政的现象，缺乏全局观念；监督制约机制的缺乏也易滋生官僚作风。

分离制是指同一层次的各公共组织或同一公共组织各机构受两个以上的首长或上

级机关的指挥、控制与监督的组织体制。分离制利于整个组织系统的资源整合、统筹兼顾，也有利于各部门的专业化管理，强调部门职能；分离制的设置也集中了分权与集权的优点。但分离制相较于完整制而言，易使下属在多头领导、多头指挥中无所适从，使组织内部管理混乱；人与事的分离也难以协调组织成员，易造成政出多门、互相推诿的问题。

四是层级制与职能制，即依据公共组织内部各机构功能与性质来划分的公共组织体制。

层级制是指公共组织纵向分为若干个层级，每个层级的工作性质和基本职能相同，各对其上一层级负责，但管辖范围从上到下依次缩小的组织体制。层级制责任明确，层级节制，利于监督、领导和指挥，利于提升组织效率，且完善的组织制度设置使组织成员的绩效考评有效进行，能够有效推动组织运行；层级制明确的层级划分也有利于决策的推行。但层级制若设置过多级别，会降低信息传递效率，打击成员积极性；各级主管事务繁多，也使得自身压力过大，指令过多，易降低工作效率。

职能制是指公共组织同一层级横向划分为若干个部门，每个部门业务性质和基本职能相同，但互不统属、相互分工合作的组织体制。职能制按专业分工，利于专业化管理，提高效率，提升组织成员专业化水平；分权管理也利于调动专业人员的工作积极性。但职能制会带来各职能部门各自为政或权力交叉的隐患，不利于公共组织管理及工作效率提升。对政府组织而言，政府机构过多，会对市场干涉过多，不利于社会经济的稳定运行。

除公共组织体制之外，根据权力或职能的分配方式，公共组织结构也可分为以下类型。

一是直线制结构。直线制组织又称“军队型组织”，是最常采用的一种组织形式，按照垂直系统建立组织机构，各级领导执行统一的指挥和管理职能，不设专门的职能机构。在这种结构中，公共组织的各种机构或职位按照直线垂直分列于不同的组织层级上，每一个机构或职位都只有一个直接上级，层级之间的关系是直线的指挥与服从、命令与执行的关系，同级之间不发生任何领导关系。直线制结构的优点是权力链清晰，利于政令统一；权力集中、层层节制和隶属的上下级关系利于信息传递和监督；领导隶属关系清晰，决策速度快，办事效率高。缺点是组织权力高度集中，缺乏专业化的管理分工，上级压力过大，不利于重大问题的研究和解决。

二是职能制结构。职能制组织又称“参谋型组织”，是在行政主管的领导之下，按专业分工设置、管理职能部门，各职能部门直接对行政首长负责，并在其业务范围内对下级有指挥、协调、监督的权力的组织形式。在这种结构中，公共组织的各部门或机构在水平方向上按不同职能进行分工，分别指挥和监督下级部门或人员的工作，各职能部门沿一条水平线处于同一层级上，并按其职权形成公共组织在各个职能方向上的指挥与服从、命令与执行的管理关系。职能制结构的优点是利于整体协调，结合实际，能够突出行政管理的专业特点；对行政环境的反应灵敏，信息流通快，应变能力强，有利于调动下属的积极性和创造性；可以扩大行政管理职能，提高行政效率；能够集中精力处理比较复杂的专业问题，培养行政人员专业化技能。缺点是多头领导带来推诿扯皮隐患，令出多门妨碍统一指挥；管理人员容易缺乏整体观念，不利于综合性管理问题的解决。

三是直线职能制结构。直线职能制组织是以直线制为基础，在行政首长领导之下设立相应的职能部门，分别从事专业管理，作为该级领导的参谋的组织形式。这种组织形式的运行机制由职能专业化程度决定，是一种集权度较高的组织形式。参谋部门只充当助手，对下级不能发号施令，没有决策权。直线职能制组织吸收了直线制和职能制组织结构的优点和长处，试图扬弃它们的缺陷和不足，是前两种组织形式的综合与发展。一方面，直线管理者的部分职责和任务由职能机构的管理者承担，因此他们可以集中精力处理本职权范围内的主要业务，更有利于提高组织的工作效率；另一方面，由于职能机构的管理者没有直接的指挥权，而是要通过最高领导参与决策和监督，因此有利于着眼全局和统一领导。但直线职能制也存在局限性，参谋机构人员如果权力过于集中，会将其意图强加于直线管理者，干扰直线管理者的工作；直线管理者的权力如果过大，自行其是，将使参谋机构处在可有可无的状态。参谋机构之间横向联系不密切，容易产生脱节和冲突，增加协调成本。

四是矩阵制组织结构。矩阵制组织又称“专案组织”，是由纵向的职能系统和横向的项目系统交叉形成的组织形式，是由专门从事某项工作的项目组形式发展而来的。矩阵制结构是以完成某项工作为核心，从有关职能部门抽调人员组成临时机构履行工作任务的结构，其成员既接受项目负责人的指挥，又接受职能部门的指挥。矩阵制结构中垂直领导与水平领导并重，能够加强职能部门之间的联系，也有利于各种专业人员取长补短，更好地发挥综合优势，提高工作效率；同时，由于参谋机构直接参与具体的管理过程和管理活动，具有较多的主动性和积极性；不同部门的专业人员组织在一起，也可更好地发挥综合优势，提高工作效率。但领导之间出现矛盾时会使得专业人员陷入矛盾、无所适从；矩阵制结构要求管理者具有高水平的协调、合作、沟通的技能，组织成员也需要有高水平的人际交往能力。

随着技术经济、信息革命快速发展，组织面临的不再是一个一成不变、封闭的环境，而是一个日新月异的动态环境。只有进行组织变革，才能使组织适应新环境，并获得持续性的生存与发展。提高组织的适应能力，有赖于组织整体能力和素质的提高，有赖于组织内部所有成员全身心投入并且不断学习。于是，学习型组织应运而生。学习型组织与传统组织相比，更强调组织环境变化和自身适应性进化，具有较强的学习和转化能力，重视组织效能提升。组织通过持续学习、创新来适应环境变化，形成学习型组织文化，实现组织目标和员工价值。①学习型组织是指通过培养弥漫于整个组织的学习气氛、充分发挥员工的创造性思维能力而建立起来的一种有机的、高度柔性的、扁平的、符合人性的、能持续发展的组织。这种组织具有持续学习的能力，具有高于个人绩效综合的综合绩效。学习型组织对人性的假设是"自我超越人"，把组织成员看作不断成长的、可以通过学习而不断提高的，学习型组织成为组织发展的一种基本模式和生存哲学。②

Bennett 提出，学习型组织是一种能够将学习、调适和变迁等能力转化为组织文化的组织，而其所拥有的价值、政策、实践、体制及结构等均能支持组织成员进行学习③。学习型组织发展的最高目的，是在内部组织成员个人价值得以体现的同时，使组织绩效大幅度提高。④学习型组织的本质特点是实现心灵的转变，这也是学习的深层含义。通常意义上的学习是指接收信息和知识，而真正的学习是开发人们自身的学习力。具体而言就是让人们不断看清自己与外部世界的联系，认清我们所面对的问题其实是由我们自己的某种行为导致的，不断发现自己如何创造现实、如何再造自身、如何开发自身能力、如何培养创新能力。⑤学习型组织可分为个人学习、团队学习和组织学习三个层次。个人学习要提升组织内个人的学习能力和学习水平，使其具有运用知识、控制行为的智慧并提高思想境界，这也是学习型组织的基础。团队学习的基本途径是信息的交流和共享，为使交流共享成为可能，组织应改革为扁平化的组织结构，使组织各部门可双向沟通，建立沟通基础。组织学习是最终的目标，核心是整合团队学习，提高组织的整体实力、整体运作能力和整体应变能力。

学习型组织必须具备五项技能，即系统思考、自我超越、改善心智模式、建立共同愿景、团队学习。系统思考强调组织将自身看作一个系统，并将它融入社会这个大系统中，用整体的观念、全面的智慧看待当下及未来，同时追求连续的组织变化过程。自我超越需首先建立个人愿景，正确认识组织目标和自身定位，在此基础上超越现状达成愿景。改善心智模式要求组织上下成员用全新的眼光看待世界，形成在个人心中的认识问题和解决问题的思维方式。建立共同愿景要求将组织成员的个人愿景转化为

---

① 郝英奇，曾靖岚，留惠芳. 学习型组织是怎么炼成的——基于加特可（广州）的扎根研究 [J]. 当代经济管理，2021，43（6）：58-63.

② 冯静颖，孙健敏. 中国背景下学习型组织构念的测量模型 [J]. 中国青年政治学院学报，2012，31（6）：103-108.

③ Bennett J K. Blocks of the Learning Organization [J]. Training，1994，31（6）：41-49.

④ 石磊，邬志辉."学习型组织"视阈下高校教师发展新路径探析 [J]. 东北师大学报（哲学社会科学版），2015（4）：230-233.

⑤ 严运锦. 学习共同体、实践共同体、学习型组织概念辨析 [J]. 上海教育科研，2019（8）：28-32+43.

共同愿景，建立组织生命共同体，使每人价值观相一致，从而激发成员热情。通过团队学习可以获得高于个人智力的团队智力，超越个人力量的团体力量，要求组织成员学会相互学习，形成共同思维。

作为学习型组织理论的应用之一，学习型政府是指在政府进行组织变革与管理创新，进而提升自身公共管理能力的过程中，把学习者（主体是政府公务员）与政府管理工作系统地、持续地结合起来，通过培养弥漫于整个政府组织的学习氛围，充分发挥学习者的创造性思维能力而建立起来的一种扁平网状的、不断提升学习力的、人性化的、持续创新发展的政府组织。具有学习方式的多样性、学习的开放多元性、学习的持续性等特征。学习型政府建设是我国政府为了适应社会和经济发展所提出来的客观要求，学习型政府要求公务员具备强烈的学习意识，政府结构要呈现出开放性、团队协作性和全局性系统思维方式等的特征。①

学习型政府既是一个理念，更是一个需要各方积极配合的行为。在建设学习型政府、优化政府组织能力的具体的流程中，需要遵循以下原则：系统性、动态性、协同性和人性化原则。②

案例 1

中国 70 年政府机构改革历程回顾与成效③

政府机构是国家治理体系的重要组成部分，是中国特色社会主义制度运行的载体和保障。作为上层建筑，政府机构需要不断适应经济基础的要求，进行有效的改革，从而促进经济发展、社会进步和人民生活改善。中华人民共和国成立 70 年来的政府机构改革，尤其是改革开放 40 多年来的 8 次政府机构改革，精简了政府机构，降低了行政成本，提高了政府行政效率，适应了社会主义市场经济体制建设的需要，取得了非凡的成就。

政府机构改革的历程回顾

中华人民共和国政府机构改革历程，以中央政府机构改革为例，按照机构改革的主要特征和目标来划分，可大致分为 4 个主要的阶段。

以精简机构、克服膨胀为主要特征和目标的政府机构改革阶段：中华人民共和国

① 施养正. 我国建设学习型政府的思考 [J]. 管理世界，2011（7）：171-172.

② 田穗. 打造学习型政府路径探索 [J]. 中学政治教学参考，2013（18）：4-6.

③ 资料来源：《学习时报》，作者赖先进，2019 年 11 月 11 日。

成立后到1982年政府机构改革。1949年，中央人民政府下设政务院，新中国的政府机构框架初步建立。1949年9月27日，中国人民政治协商会议第一届全体会议通过了《中华人民共和国中央人民政府组织法》。10月1日，中央人民政府下设人民革命军事委员会、最高人民法院、最高人民检察署和政务院，其中政务院下设35个委、部、署、院。随着1954年第一届全国人大召开和1954年《宪法》通过，国务院正式成立，标志着我国政府机构设置进入正轨。

1954年后，随着各级机关的相继建立，政府机构开始增设，到1956年，国务院机构总数达81个。为此，从1956年到1959年，进行了较大规模的体制改革和机构改革。1958年撤销合并了国家建设委员会等10多个单位，1959年国务院工作部门又做了进一步调整和撤并。从1960年到1964年，为贯彻国民经济调整方针，政府进行了较大规模的机构改革，主要以事业单位为重点，对行政部门和事业单位同时进行精简。

到1981年，国务院部委达52个，国务院工作部门达到100个，数量达到新中国成立以来的高峰。1982年，改革开放后的第一次机构改革启动。这次改革对政府部门和机构进行了撤并，国务院各部委、直属机构和办事机构由100个减少为61个，国务院所属部委由52个裁并为42个。

从中华人民共和国成立后到1982年政府机构改革（不含1966—1976年），该阶段改革的主要目标和特征是改变由于权力收放导致的政府机构数量增长和膨胀，精简机构和人员。

以改革工业经济管理部门、推进政府职能转变为主要特征和目标的政府机构改革阶段：1988、1993、1998、2003年政府机构改革。1987年，党的十三大提出“社会主义有计划商品经济的体制”反映经济体制改革开始逐步走向深入。由于原有的政府机构体系主要是在计划经济体制下建立的，难以适应转轨发展需要。1988年的国务院机构改革明确提出，转变政府职能是机构改革的关键，对政府经济管理部门进行了改革，调整了专业管理部门和综合部门内的专业机构，撤销12个部委，新组建9个部委。1992年，党的十四大提出建立社会主义市场经济体制的改革目标。为了建立起有中国特色的、适应社会主义市场经济体制的行政管理体制，1993年的国务院机构改革对宏观调控和监督部门进行了调整，撤销7个部委，新组建6个部委。

到1998年，传统管制型行政管理体制与经济发展不相适应、深层次矛盾日益尖锐。因此，为消除政企不分的组织基础，1998年对专业经济管理部门进行了大刀阔斧的改革，将煤炭、冶金、机械等9个工业部先后撤销。2003年，为适应加入世贸组织的需要，重点推进了相关经济、金融管理机构改革，撤销经贸委和对外经贸部，建立国资委、银保监会等。

该阶段的4次机构改革与以往改革相比，在目标和特征上有明显的不同，就是以工业经济管理部门为改革对象，力图改变计划经济时代管理模式，以机构改革推进政府职能转变。

以实施大部制、推进政府职能转变为主要特征和目标的政府机构改革阶段：2008、2013 年政府机构改革。2007 年，党的十七大报告指出，要探索实行职能有机统一的大部门体制。因此，2008 年的国务院机构改革加强与整合了社会管理和公共服务部门（将劳动与社会保障部、人事部合并，组建人力资源和社会保障部），整合完善了工业和信息化、交通运输行业管理体制。2012 年，党的十八大报告提出稳步推进大部门制改革。2013 年的国务院机构改革对卫生和计划生育、食品药品、新闻出版和广播电影电视、海洋、能源管理等机构进行了整合，构建了一些具有大部制特点的政府部门和机构，国务院正部级机构减少 4 个。

这两次机构改革依然以推进政府职能转变为目标，但在方法论上采用了大部制模式，在改革对象上拓展到了非经济管理部门。第二阶段的四次政府机构改革在推进政府职能转变方面主要关注经济管理部门，对经济管理部门进行调整。但 2003 年发生的"非典"事件，凸显了政府强化公共服务职能的重要性，构建服务型政府被提上日程。以政府职能转变为导向的机构改革开始逐步转向非经济管理部门，例如社会管理和公共服务部门。

以推进国家治理现代化为主要特征和目标的政府机构改革阶段，即 2018 年深化党和国家机构改革至今。随着中国特色社会主义进入新时代，党和国家机构设置和职能配置同统筹推进"五位一体"总体布局、协调推进"四个全面"战略布局的要求还不完全适应，同实现国家治理体系和治理能力现代化的要求还不完全适应。"两个不适应"要求进一步深化机构改革。2018 年 2 月，党的十九届三中全会专题研究机构改革，审议通过《中共中央关于深化党和国家机构改革的决定》和《深化党和国家机构改革方案》。深化党和国家机构改革，是推进国家治理体系和治理能力现代化的一场深刻变革。这次机构改革不再是单纯的行政机构改革、政府机构改革，而是以治理现代化为指向的党和国家机构改革，被纳入国家治理体系现代化中整体考虑和统筹推进。2018 年深化党和国家机构改革涉及党的领导体系、政府治理体系、武装力量体系、群团工作体系等多个方面，把政府机构改革推向新的历史发展阶段。机构改革体现出前所未有的广度、强度和深度，对政府机构体系进行了系统性重构。

历次政府机构改革的主要成效

中华人民共和国成立 70 年来，随着经济和社会的不断发展，推进政府机构改革是让政府机构体系有效适应环境和目标变化的过程。机构改革增强了政府机构应对环境和目标变化的弹性和韧性，助推了国家的改革和发展进程。

政府机构数量得到精简、优化，政府机构“精简—膨胀—再精简—再膨胀”的“怪圈”现象得到遏制。如何有效控制政府机构膨胀和扩张是行政管理的难题。在党的领导下，推进机构改革，精简机构和人员，是我国克服政府机构膨胀扩张的有效手段。从历史上看，精兵简政既是革命战争年代机构设置和改革的原则，也是中华人民共和国成立后机构改革的目标。纵观政府机构改革历程，在前期，多次机构改革都把精简机构作为改革目标，实现了机构和人员精简。尽管后期机构改革不再把精简机构作为直接目标，但在客观结果上也实现了机构和人员的精简。1982 年，国务院所属部委由 52 个裁并为 42 个；1988 年，国务院部委由原来的 45 个减为 41 个；1993 年，国务院组成部门由 42 个调整为 41 个；1998 年，国务院组成部门由 40 个精简为 29 个；2003 年，除国务院办公厅外，国务院组成部门精简为 28 个；2008 年，除国务院办公厅外，国务院组成部门精简为 27 个；2013 年，除国务院办公厅外，国务院组成部门精简为 25 个。2018 年机构改革后，国务院正部级机构减少 8 个，副部级机构减少 7 个。政府机构数量和规模在改革中不断得到动态调整和优化。

政府机构改革围绕政府职能转变而深入推进，行政效能有效提升。70 年来，尤其是改革开放 40 多年来，围绕政府职能定位和转变深化机构改革，是我国政府机构改革在方法论上取得的重大成就。政府职能转变是政府机构改革的核心和关键。70 年来的政府机构改革历程表明，要跳出政府“精简—膨胀—再精简—再膨胀”怪圈，关键是优化政府职能，这是我国政府机构改革的一条重要经验。政府机构与职能是结合体，政府机构是“表”，政府职能是“里”，不能为机构改革而改革，机构改革深度推进，需要围绕政府职能优化这个“里”来进行。在社会主义市场经济条件下，市场在资源配置中起决定性作用，政府更好地发挥作用就需要重塑政府职能、推进政府职能转变。

经过改革开放以来的探索和实践，市场经济条件下的政府基本职能定位得以明确，包括经济调节、市场监管、社会管理、公共服务、环境保护等。随着政府基本职能定位的明晰和拓展，政府机构改革也从聚焦经济领域走向了其他领域，有效地促进了政府履行基本职能，支撑了“五位一体”建设。与此同时，长期以来，机构管理与改革坚持的“精简、统一、效能”原则，已转向“优化、协同、高效”。在实现机构优化、协同、高效的原则下，该精简的就精简，该加强的就加强，不为了精简而精简，不单纯追求精简。相比而言，优化、协同、高效，更加注重机构改革中行政效能的提升。

2018 年机构改革重构健全了政府治理体系，为提高政府执行力、推进国家治理现代化打下坚实基础。2018 年深化党和国家机构改革是一次以国家治理现代化为导向的重构性、系统性变革，谱写了新中国机构改革史上光辉的篇章。2018 年深化党和国家机构改革，对于进一步推进政府机构改革、优化政府机构设置具有重要的作用和意义，集中表现在重构健全了政府治理体系，提高了政府执行力。通过统筹党政群机构改革，政府机构与其他机构之间在治理体系中的职能配置和职责关系更加清晰完善。通过合理配置宏观管理部门，政府履行宏观调控职能更加科学。通过改革自然资源和生态环境管理体制，政府履行环境保护职能更加顺畅。通过完善市场监管和执法体制，政府履行市场监管职能更加有力。通过改革政府社会治理与公共服务有关机构，推进事业单位改革，政府履行社会治理和公共服务职能更加强化，公共产品和服务供给更加高效。通过优化地方机构设置和职能配置、构建简约高效的基础管理体制，政府服务基层群众的资源和能力更加充分。

党的十九大报告指出：到 2035 年，国家治理体系和治理能力基本实现现代化；到 21 世纪中叶，实现国家治理体系和治理能力现代化。2018 年深化党和国家机构改革是推进国家治理体系和治理能力现代化的一次集中行动。改革后，适应新时代要求的党和国家机构职能体系主体框架初步建立，为完善和发展中国特色社会主义制度、推进国家治理体系和治理能力现代化提供了有力的组织保障。

展望未来，应进一步加强党对机构改革的全面领导，在巩固现有机构改革成果基础上，瞄准国家治理现代化建设面临的重大问题，完善制度机制建设，优化政府职责体系和政府机构，推进机构、职能、权限、程序、责任法定化；提高机构履职尽责能力和水平，既保持政府机构设置的总体稳定和延续，又不断适应国家治理现代化建设的需要，以政府治理现代化助推国家治理现代化。

案例思考

1. 结合材料看，影响政府机构改革的因素有哪些？
2. 回顾政府机构改革历程，谈谈政府机构改革的意义。
3. 思考现阶段我国政府机构设置有何问题。
4. 结合材料，谈一谈未来我国政府机构改革的方向是什么。

案例 2

国家机构改革重塑：以人民为中心提升国家治理能力①

2022 年六五环境日前夕，生态环境部发布的《2021 年中国生态环境状况公报》首次出现“生态质量指数”全新评价指标，补齐了生态质量监测短板，与传统的水、气、

① 资料来源：《中国青年报》，记者刘世昕，2022 年 6 月 15 日。

土、声等监测指标一起，更加完整地描绘全国生态环境状况。

“生态质量指数”不仅是美丽中国“体检”报告多了一个指标，更折射出 2018 年生态环境部亮相以来，我国生态环境治理体系和治理能力不断完善、提升的鲜明轨迹。从之前的环境保护部到如今的生态环境部，机构名称的两字之变，意味着美丽中国画卷的铺陈不只是污染治理，更是按照“山水林田湖草是一个生命共同体”的理念进行全方位谋篇布局，标志着我国生态环境保护进入全新阶段。

2018 年，我国开启改革开放后的第八次国家机构改革。国家机构减少了 8 个正部级机构和 7 个副部级机构，更趋精干高效。这一轮力度大、规模大的机构改革以国家治理体系和治理能力现代化为导向，凸显了以人民为中心、进一步自我革命、简政放权、打造服务型政府的价值理念。一些专家认为，本轮国家机构改革的目标是推动政府加强公共服务职能，尤其着眼于解决群众身边的急难愁盼问题，在幼有所育、学有所教、劳有所得、病有所医、老有所养、住有所居、弱有所扶上取得新进展，让人民群众拥有更多获得感、幸福感。

满足人民过上美好生活的新期待

2022 年“六一”儿童节，北京市卫生健康委发布消息称，今后北京市新生儿的疾病免费筛查从 3 项增加到 12 项，筛查出的患儿能申请医疗救济，早发现早治疗。

让孩子们健康成长，成为我国卫生健康部门更加关注人口质量、提高妇女儿童健康水平的缩影。2022 年 5 月，国家卫生健康委员会披露了一组数据，2021 年，我国孕产妇、婴儿、5 岁以下儿童死亡率均降至历史最低水平，已被世卫组织评定为全球十个“妇幼健康高绩效国家”之一。

国家卫生健康委员会设立的妇幼健康司、老龄健康司、职业健康司贯穿着“健康中国”的清晰理念，这既是适应国家新的人口政策，也是满足百姓提高健康保障水平的新需求。

党的十九届三中全会通过的《中共中央关于深化党和国家机构改革的决定》明确指出，把坚持以人民为中心确立为深化党和国家机构改革的基本原则。

中共中央印发的《深化党和国家机构改革方案》中对一些新设机构的表述体现了鲜明的人民性，如组建文化和旅游部，意在“满足人民过上美好生活新期待，必须提供丰富的精神食粮”；新组建国家市场监督管理总局，意在“让人民群众买得放心、用得放心、吃得放心”。

2022 年 6 月，第二轮中央生态环保督察工作全部结束，已实现两轮对各省区市的全覆盖。第二轮环保督察更名为生态环保督察，与国家机构改革中生态环境部“保障国家生态安全”的职能一脉相承，变的是名字，不变的是对老百姓身边环境问题的关注。第二轮督察共受理转办群众举报 28.7 万件，已办结或阶段办结 28.5 万件。中央财办分管日常工作的副主任韩文秀评价说，这 10 年，我国扎实推进绿色发展，生态环境状况实现了历史性转折，雾霾天气和黑臭水体越来越少，蓝天白云、绿水青山越来越多。

服务型政府事事与民生息息相关

给新生儿办理出生证、登记户口、办理医保和缴费、申领社保卡……这一系列事项通常需要家长跑若干个办事窗口，一遍遍递交相同的证明材料。在北京，从 2022 年起，上述事项或将实现一次办结。

这背后是一场各职能部门的大整合：由卫健部门联合公安、社保、医保、税务等部门，打破各部门数据孤岛，实施业务流程再造。市民只需一张表单、一套材料、一次提交，就可以让多个部门复用，减少了材料，压缩了办理时限，给老百姓提供了极大便利。

新生儿相关事项打包办理，是北京市正在推进的改善营商环境 5.0 版的一个细节。为进一步深化“放管服”改革，持续优化营商环境，北京市围绕企业、群众反映强烈的问题，推动部门业务协同，打造“一次告知、一表申请、一口受理、一网通办”集成化服务。目前，首批 37 个场景建设清单包括市民出生、医疗、入学、就业、救助、住房、退休等事项的办理，以及企业开办、信贷、不动产登记等，事事与民生息息相关。

近年来，以“打造服务型政府”为牵引，从中央到地方致力于加强“社会管理和公共服务”，全面提高政府效能，增强政府公信力和执行力。

在中国政府网“放管服改革”专栏中，国务院各部门和各省级政府简政放权政策“指南”涉及经济、社会发展的方方面面，旨在为市场主体进一步松绑，激发市场主体活力。

通过简政放权改革，我国营商环境得到明显改善，各类市场主体活力持续激发，新增市场主体数量井喷式增长。数据显示，截至 2021 年年底，我国市场主体总量已突破 1.5 亿户，近 10 年新增 1 亿户。个体工商户数量突破 1 亿户。政府简政放权释放了经济新动能，亿万市场主体的磅礴力量推动我国经济总量突破百万亿元大关，国家财力和社会财富稳定增长，承载了 7 亿多人就业的基本盘，仅个体工商户就带动了近 3 亿人就业。

2022 年全国两会上，李克强总理做的《政府工作报告》中提到的“试点电子身份证”冲上当天热搜，加强数字化政府建设成为新期盼。2021 年，公安部全面推行电子驾照的申领，截至当年年底，已有 6300 多万名群众享受在线申领，满足了群众信息化时代“掌上办事”新需求。

我国将继续加强数字政府建设，推动政务数据共享，进一步压减各类证明事项，扩大“跨省通办”范围，基本实现电子证照互通互认，便利企业跨区域经营，加快解决群众关切事项的异地办理问题。

以国家治理体系和治理能力现代化为导向

2022 年年初，国务院办公厅发布《关于加强入河入海排污口监督管理工作的实施意见》（以下简称《实施意见》），这是我国首次从国家治理层面为规范入河入海排污口出台文件。

长期以来，入河入海排污口管理呈现“九龙治水”的局面，岸上由环保部门管，水里由水利部门管，入海的则又由海洋管理部门管。大江大河究竟有多少个排污口几乎是一笔糊涂账，不少排污口找不到负责的主体。水污染治理亟待明确清晰的责任主体。

2018 年新组建的生态环境部整合原环境保护部的全部职责以及国家发展和改革委员会、原国土资源部、水利部、原农业部、国家海洋局、国务院南水北调工程建设委员会办公室等六个部门的相关职责。按照机构改革方案，将入河入海排污口的管理职责划转至生态环境部，为打通岸上和水里、陆地和海洋一体化管理奠定了基础。

从 2019 年起，新组建的生态环境部下足力气摸排入河、入海排污口。用生态环境部相关负责人的话来说，“是下了笨功夫的”，通过无人机航测、人工徒步排查、专家质控核查的工作方式，坚持“有口皆查、应查尽查”。

近年来，我国基本摸清了长江、渤海等试点地区的排污口底数。其中，长江入河排污口 60292 个，渤海入海排污口 18886 个，相比此前各地及各有关部门掌握的数量分别增长了 30 倍和 25 倍。

摸清底数为科学整治夯实了基础，各方力量拧成一股绳，《实施意见》围绕现存排污口“怎么治”、新设排污口“怎么审”、日常“怎么管”等问题对排污口监督管理工作进行了系统部署。

生态环境部组建时，该部的一位负责人曾表示，这个新部门有助于实现“五个打通”，即：打通地上与地下，打通岸上和水里，打通陆地和海洋，打通城市和农村，打通一氧化碳和二氧化碳。

“十三五”时期，我国生态环境质量改善尤为突出，治理效率的提升功不可没。在专业人士看来，生态环境部这次“真刀真枪”的机构改革，解决了以往“环保不下水、不下海，海洋不登陆、水利不上岸”的痛点，打通了责任主体堵点，让水、气、土、海领域一系列的治理行动计划得以深入实施，让“查、测、溯、治”等关键环节的治理真正奏效。

生态环境部职能转变的主动作为和责任担当，正是“构建系统完备、科学规范、运行高效的党和国家机构职能体系”改革目标的真切体现。

案例思考

1. 试总结案例中提到的组织体制与组织结构。

2. 组织建设的内外部影响因素有哪些？案例体现了哪些解决方法？

3. 结合案例思考，国家机构改革的方向与意义是什么？

4. 我们在生活中享受了国家机构改革带来的哪些便利？未来还能在哪些方面进行改革？

案例 3

S 市“局区合一改革”[①]

“李总监，您好，我是芯谷产业功能区项目投资科的小罗，从今天开始，我就是你们公司的项目专员，以后有什么问题您都可以找我。”W 光学有限公司总务部总监李晓枫接到小罗的电话时，既意外又暖心。

近期，S 市进行了“局区合一”改革，小罗的岗位也从芯谷产业功能区规划建设部职员变成了项目投资科专员。小罗所在的项目投资科有二三十人，在一个开敞办公室集中办公。坐在她斜对面的是部门首席，他原来是芯谷产业功能区规划建设部部长，坐在她旁边的是原市发改局政策法规科的工作人员。

“改革之后，我们探索了‘首席 + 专员’岗位设置方式，减少了管理层级。现在有问题您提出来，我可以和大家直接沟通交流，问题会很快得到解决的。”小罗进一步对李晓枫说。

时光转到一年前。那时候，W 光学有限公司刚刚与市政府签订协议，投资 5.2 亿元建设新基地，落在芯谷产业功能区。李晓枫负责新基地项目建设。

“基地建设涉及很多专业事项，对标高、航空限高，我都一头雾水。”李晓枫说，“项目需要更新坐标系，我咨询功能区管委会，被告知要去自然资源局。去了之后，发现还要再去找测绘队。申报一个事项要跑很多部门。最后我招了 5 个办事员，专门负

① 资料来源：2021 年国家公务员考试（副省级）《申论》第二题。

责到各部门跑材料。办事员告诉我，由于不清楚办事流程，他们要一次次到管委会咨询，工作人员态度特别好，就是解决不了问题，只能当信息的‘二传手’。”李晓枫提起往事，皱起眉头。

可是现在呢，李晓枫很快跟小罗敲定了一场设计交流会。房子的外形、色彩、标高有什么要求，大门怎么开，道路怎么建，水电气的接点在哪，申报手续怎么办……40 分钟时间里，有关新基地建设设计问题，相关部门都一一做了解答。这个效率让李晓枫倍感惊讶："感觉‘二传手’一下子变身为‘主攻手’了。"

S 市某领导说："我们要想改变过去产业功能区‘协调办’‘二传手’的角色，就要解决产业功能区职能太弱、功能不齐备的问题。因此，我们要思考，如何发挥产业功能区对主导产业的支撑保障？如何给产业功能区赋能？"

最终的答卷是"局区合一"改革，也就是把市政府职能部门和产业功能区管理机构整合到一起。

S 市首先把发改局、航空经济局等与产业功能区关联度最高的市级部门作为主体局，通过与功能区管委会合署办公，实现整体职能覆盖功能区。目前，S 市发改局的职能定位与芯谷产业功能区的建设阶段特征相契合，与城市发展、产业发展、项目落地等事宜联系最紧密。改革后，S 市发改局黄局长多了两个职务：芯谷产业功能区管委会主任、党工委书记，办公地点也由 S 市的机关大院搬到了管委会。"我们按照‘局区合一’改革的要求，把‘两个班子、两套人员’变为‘一个班子、一套人员’。"黄局长介绍，目前发改局和管委会在事项申报、项目促建、招商引资等方面已实现职能整合，可以更好地聚焦企业服务和经济发展。

与此同时，S 市把行政审批局、自然资源局、住建交通局、生态环境局等与产业功能区发展要素保障紧密相关的部门作为职能局，通过设立园区服务机构，实现核心职能下沉功能区；文体旅游局、国资金融局、人社局、教育局等部门作为事项局，通过设立投资促进机构，实现涉企服务职能延伸功能区。

黄局长介绍，"局区合一"改革后，市发改局和功能区管委会合并，原来的 21 个下设机构调整为 6 个；同时，精准定岗定责，探索"首席 + 专员"岗位设置方式，形成了管理运行新格局。"我们希望以组织再造促进流程再造，以内部放权推动整体赋能。"

目前，174 项涉企市级部门审批服务事项已全部下沉功能区办理，一般性企业开办时间由 20 天缩减至 0.5 天，建设项目开工前审批时间从 197 天缩减至 60 天。产业功能区的资源也得到有效整合，产业规模加速壮大。2019 年，已有 17 个项目建成投运，42 个项目正在加快建设中，航空经济、电子信息、生物产业三大主导产业经济规模近 2000 亿元。

案例思考

1.S 市进行了“局区合一”改革，请概括这项改革的背景、措施和成效。

2. 结合材料，思考“局区合一”的意义和前景如何。

3. 针对案例所提到的问题，试思考更多改革方案。

案例 4

社会组织与社会治理

材料 1　发挥社会组织在社会治理中的作用①

2019 年《政府工作报告》提出“引导支持社会组织、人道救助、志愿服务和慈善事业健康发展”。这是自 2011 年以来，连续九年在“加强和创新社会治理”部分将社会组织写进《政府工作报告》。

政府、企业、社会组织是国家治理体系的有机组成部分，是社会治理的重要主体，都具有自己的独特优势。社会组织的非政府性、非营利性、公益性与独立性等特征，决定了社会组织在社会治理体系中必然占据着重要地位。社会组织具有提供公共服务、化解社会矛盾、保障社会稳定性、扩大社会参与等作用；有利于弥补国家政权组织治理资源不足的情况，有利于迅速、灵活回应社会问题，有利于实现社会治理理性化、专业化，有利于促进社会源头治理等。

2019 年的《政府工作报告》政治站位高，再次提出要“加强和创新社会治理”，同时从国家层面对 2019 年社会治理工作进行了总体部署，为社会组织发展指明了方向，也给黑龙江省 18000 多家社会组织参与社会治理带来了新的机遇，提出了新的要求。

社会组织在基层社区治理中要有新举措。社区治理是社会治理最基本的单元，社区是社会组织参与社会治理的主战场，新时代“枫桥经验”的重要内容之一就是发挥社区社会组织的基层治理作用。因此要推动社会治理重心向基层下移，推广促进社会和谐的“枫桥经验”，构建城乡治理新格局。2016 年，黑龙江省在全国率先出台《关于完善社会服务体系，提升社会治理水平，实施社区、社会组织、社会工作“三社联动”的意见》，该《意见》极大促进了“三社联动”工作机制在全省的普及推广。“三社联

① 资料来源：《黑龙江日报》，作者黄红，2019 年 3 月 21 日。

动”的开展，有效促进了社区居民更多民生问题的解决，化解了社会矛盾，更重要的是让社区居民、社会组织更广泛地参与到社区治理中来，成为社区治理的主体。但在实践中，还存在“三社联动”机制不完善、社会组织服务能力弱等问题。要实现“三社”真联真动，一要搭建好社区平台，相关干部要树立服务型治理理念；二要利用公益创投等方式，培育社区社会组织参与社区服务、社区建设；三要补齐专业社会工作发展滞后短板，积极鼓励社区工作人员参与社会工作职业考试，通过政府购买服务的方式，引入社会工作服务专业机构，培育社会工作专业人才。

社会组织在养老领域要有新思路。目前，我国60岁以上人口已达2.5亿，养老问题已经是一个社会性的问题。在机构养老、社区居家养老、家庭养老三种养老方式中，政府将着重支持社区养老服务业。就黑龙江而言，老龄化问题、财政收支平衡压力大的问题突出，因此更需要支持社会力量增加非基本公共服务供给，满足群众多层次、多样化需求。在养老服务领域中，社会组织有很大的发展空间，尤其是在社区提供日间照料、康复护理、助餐助行等社区居家养老服务方面，社会组织更有其不可替代的优势。黑龙江省应在税费减免、资金支持、水电气热价格等方面给予大力支持与优惠，新建居住区应配套建设社区养老服务设施，制定医养结合、长期护理保险制度，提高养老服务的专业化水平。黑龙江省除发展民办养老机构外，还要加大力度引导社会组织参与到发展社区养老产业中来。一要加大加快社区养老驿站等日间照料中心的建设，交由社会组织运作；二是加大政府购买服务力度，规范社会组织参与养老服务项目，加大评估监督，保证服务成效；三是补齐农村养老短板，加大农村社区互助养老试点工作。

社会组织在脱贫攻坚中要有新作为。我国正处于脱贫攻坚的关键阶段，如何巩固脱贫成果，确保脱贫有实效、可持续尤为重要。社会组织在当前的精准脱贫工作中及“后扶贫时代”大有可为，将社会组织纳入脱贫攻坚工作体系，激活扶贫的社会力量，可以增加扶贫资源来源，还可以发挥社会组织在扶智、赋能、帮助弱势群体等方面的特殊优势，发挥社会组织在产业扶贫、智力扶贫、教育扶贫、医疗扶贫、公益扶贫等领域的专业特长。在实现模式上，一是可以通过政府购买服务模式购买社会组织优质的扶贫服务；二是可以通过PPP模式，吸纳社会力量共同出资，在精准扶贫的基础设施建设、产业扶贫、非物质救助、留守儿童代际贫困切断等领域有所作为；三是通过培育农业合作社或农业专业协会等农村社会组织，发展农村产业经济。

社会组织在灾害应急领域要显身手。在应急管理中，发挥社会组织的作用，不仅可以降低政府应急管理的成本，而且可以使应急管理能力大为提高。一是应确立应急管理多元主体意识，发挥社会组织的社会动员和社会组织作用，实现多元化社会主体的共同有效参与，提高应急管理的有效性。二是建立有社会组织参与的综合应急体系，包括危机干预、社工介入等功能，明确职责，发挥联动作用。三是培育专业的社会组织，发挥其在防灾减灾救灾中的专业能力。蓝天救援已经成为专业化较高的救援社会组织；壹基金也已成为推动弱势群体防灾减灾救灾能力提升的基金会，其“平安小课堂”等一系列防灾减灾救灾项目已经成为基金会的品牌项目，在各地的防灾减灾救灾中总能出现穿着蓝色标识服装的壹基金志愿者。

社会组织在教育领域有新机遇。社会组织在教育领域的发展方向，一是要针对实施全面两孩政策后的新情况，加快发展多种形式的婴幼儿照护服务，支持社会力量兴办托育服务机构，加强儿童安全保障。社会组织作为 0 ～ 3 岁学龄前儿童重要的教育力量，国内很多公益性社会组织已经有了很多尝试，取得了一定成效。婴幼儿教育尤其是弱势群体的婴幼儿教育其公益性决定了社会组织介入的优势。二是要“实施职业技能提升行动”。黑龙江省一些社会组织尤其是行业协会发挥社会组织优势，对城镇和农村各类就业困难人员进行了卓有成效的帮助。如黑龙江省女企业家协会就通过免费为女性就业困难人群开展各种职业培训，并整合企业家资源为她们提供就业岗位，充分发挥了社会组织的公益作用。三是支持企业和社会力量兴办职业教育，这无疑给黑龙江省教育类社会组织带来新的机遇。

各级政府应主动作为，加强制度建设、加大培育力度；社会组织要勇于担当，自身强化内功，培育人才，拓宽思路，共同推动社会组织健康有序发展，更好地发挥社会组织在社会治理中的作用，提高社会治理水平，实现“不断满足人民日益增长的美好生活需要，不断促进社会公平正义，形成有效的社会治理、良好的社会秩序，使人民获得感、幸福感、安全感更加充实、更有保障、更可持续”。

材料 2　社会组织参与基层社会治理的路径[①]

基础不牢，地动山摇；基层不稳，天下难安。基层社会的有效治理事关整个国家和社会的长治久安。党的十八届五中全会明确提出：加强和创新社会治理，推进社会治理精细化，构建全民共建共享的社会治理格局。社会组织作为群众共建、公民共享的重要平台和载体，为活跃地方经济、发展民主政治、推进社会建设等发挥了重要作用。但我们也注意到，社会组织参与基层社会治理正面临一些挑战：一方面，我国社会组织的发展尚处于初级阶段，社会组织的社会认知度不高、公信力不足、治理经验缺乏等问题在一定程度上影响了其基层社会治理功能的发挥；另一方面，社会组织参与社会治理创新的体制机制尚不健全，比如创新动力不足、与政府衔接不到位、监督

① 资料来源：《光明日报》，作者朱全宝，2016 年 4 月 13 日。

管理缺乏细则等均是导致治理低效的制约因素。新形势下社会组织参与基层社会治理需要正视不足、找准方向、明确路径，以实现社会组织发展与社会治理有效之双赢。

合作与激励：社会组织参与基层社会治理的总体思路

合作是导向。中外社会治理的经验表明：合作治理是社会治理的核心元素和基本趋势。当前，有的地方政府“视权为命”“惜权如金”，从根本上说是理念创新不够、观念转变不强的缘故。因此，应充分认识到社会组织的优势，奠定合作治理的思想基础。应当看到，社会组织在发展基层民主、化解社会矛盾、完善公共服务等方面均有用武之地和精彩表现。社会组织能够协调政府与公众之间、政府与法人之间、人与人之间、利益群体之间等各种关系，以避免摩擦、减少矛盾、消除对抗，最终达到双赢及整个社会的安定和谐。政府应以“小政府、大社会”为目标，加快推进行政体制改革，把一部分行政权力剥离给社会，由社会组织来承担，并划定合作治理的领域和范围。

激励是动能。政府一旦把权力下放，社会组织是否愿意“接手”？应着力构建激励机制，提供合作治理的动力源泉，增强社会组织参与合作治理的积极性、主动性和创造性。实践中，一些地方政府通过“项目带动、政府购买”等方式，不仅使社会组织得以快速成长和发展，也大大提高了社会组织参与基层社会治理的兴趣和动力。因此，我们可以改变传统单一的资金供给模式，构建一个以项目驱动为基础、资金协助为补充、激励标准层级递进的激励机制。通过激励机制和平台的搭建，既能提供合作治理的物质保障，也可提升社会组织的治理能力。

创新与法治：社会组织参与基层社会治理的核心路径

创新是灵魂。一要创新参与模式。社会组织如何参与社会治理创新？美国、德国、日本等有成功的经验，国内北京市东城区、徐州市云龙区、宁波市北仑区等有优秀的案例，“项目承接”“公益创投”“红领之家”等均是社会组织参与基层社会治理创新的有益探索。通过参与模式的创新进而推动社会组织治理创新，让社会组织的桥梁纽带作用进一步增强，使社会组织的社会责任和社会价值得以凸显。二要创新监管模式。可建立专门的社会组织评估机构，打造专业的评估人员队伍，对社会组织实行动态的监督评估。同时，政府可实施公众满意度的问卷调查和实地访谈，运用群众的口碑、投票等方式对社会组织进行实时监督。

法治是保障。社会组织参与基层社会治理既要依法进行，也需要法治保障。首先，加快推进社会组织立法。从国内外实践来看，我国宜采取“统一立法＋专门立法”相结合的方式，通过统一立法，明确社会组织的社会治理职能，对社会组织的运行机制、衔接机制、监管机制等予以统一规定；同时，针对不同性质和类型的社会组织进行专门立法，有利于各种类型的社会组织保持自身优势，实现多样化发展和创新性治理。其次，创新要依法，政府应尽快对社会组织参与社会治理创新的活动以立法形式予以明确保护，用法律的权威捍卫其正当权利，让创新治理不偏离法治轨道，始终符合法治的精神和原则。最后，政府应出台配套措施和办法，加强对相关法律制度的宣传和教育，使社会组织尽快达到参与社会治理所需要的社会认同度。

信任与扶持：社会组织参与基层社会治理的实现机制

信任是治理网络得以维系的基本要求。社会组织只有获取政府与社会的信任，才能真正嵌入社会治理网络之中，才能减少集体行动的阻碍，进而维系社会组织与政府良性互动的局面。为此，政府须坚持两大原则：一是以信息公开作为立信之基。“阳光是最好的防腐剂”，社会组织的运行状况和治理情况只有让社会了解、受公众监督，社会组织才能赢得政府和社会公众的合理评价和有力支持，社会组织的公信力和美誉度才会随之提升。二是以能力建设作为守信之本。信任源于实力，社会组织没有治理能力，又如何赢得政府和社会的信赖？社会组织的自律能力、治理能力、服务能力等均是能力建设的重要方面。实践中，一些社会组织通过参与社会救助、维权维急、公益慈善等社会治理活动，治理能力得以增强，社会公信力大幅提升。

扶持是社会组织参与治理的重要支撑。当前，各级政府对社会组织的扶持涉及政治、经济、文化等多个领域，出台了多项扶持政策，产生了积极效果。但总体来看，政府对社会组织的扶持范围较为狭窄、扶持机制尚未完备。为此，一要顶层设计，实施系统的政治扶持。如出台相关政策、转变政府职能、下放行政权力、简化登记审批等，打出政治扶持的“组合拳”。二要多方筹措，提供充分的经济扶持。政府可以设立专项扶持资金，实施“精准帮扶”，根据新出台的《中华人民共和国慈善法》，重点加大对公益慈善类、行业协会商会类、城乡社区服务类社会组织以及为社会治理做出突出贡献的社会组织的扶持力度。三要统筹兼顾，建构综合的培育体系。地方政府可以建立若干个社会组织孵化基地，让社会组织得到专项培育，此外，要加大对社会组织成员的业务培训，打造专业化的人才队伍，为社会组织参与社会治理提供持续的智力支持和人才保障。

案例思考

1. 结合案例，你认为政府与社会组织的关系是怎样的？公共组织应如何作为？
2. 联系生活，社会组织在我国各方面发展中发挥了怎样的作用？
3. 结合案例，你认为政府与社会组织建设的共性和特性在哪里？

案例 5

北京市学习型城市建设行动计划（2021—2025 年）①

为贯彻落实习近平总书记关于教育的重要论述，加快构建服务全民终身学习的教育体系，依据《关于构建服务全民终身学习的教育体系的意见》《北京市“十四五”时期教育改革和发展规划（2021—2025 年）》，结合北京市实际，构建首都学习型城市建设新格局，特制订本行动计划。

一、指导思想

以习近平新时代中国特色社会主义思想为指导，坚持创新、协调、绿色、开放、共享的新发展理念，牢牢把握首都城市战略定位，立足首都城市治理体系和治理能力现代化，坚持以人民为中心，立足新发展阶段、贯彻新发展理念、构建新发展格局。不断凝聚人心、完善人格、开发人力、培育人才，健全服务全民终身学习的教育体系，大力提升市民素质和城市文明程度，以首善标准建设高水平学习型城市，为北京建设中华民族伟大复兴的大国首都、国际一流的和谐宜居之都做出新贡献。

二、建设目标

强化城教融合，全面提升服务首都经济社会发展能力。紧扣“七有”“五性”需求，持续加强学习型城市基础能力建设，不断提高服务全民终身学习水平。深化学习型组织建设，促进城市管理精细化和社会治理创新。到 2025 年，建成理念先进、体系完备、质量优良、环境优越、保障有力的现代教育体系；形成教育事业发达、学习资源丰厚、学习氛围浓厚、学习条件优越、优势人才集中、充满创新精神和发展活力的学习之都；成为世界领先、可持续发展的学习型城市典范。

三、建设任务

（一）促进城教融合，示范城区建设工程

1. 目标与任务

以学习型城市示范区建设推动学习型城市高质量发展。将示范区建设与区域经济、社会、文化、生态文明建设相结合，与推进区域社会治理能力现代化相结合。深化各

① 资料来源：北京市人民政府官网，发布者为北京市政府，2021 年 12 月 7 日。

类学习型组织建设，促进区域内教育功能全面发挥和特色发展，依学治理、以文化人。“十四五”期间，学习型城市示范区达到 12 个，在全国发挥示范引领和辐射带动作用，并在世界友好城市推进可复制的北京模式和方案。

2. 实施与管理

积极推动市区各部门之间的协同合作，构建多方参与的建设格局，将学习型城市示范区创建作为区域发展和治理创新的重要体现。加强对示范区建设全程的培育和指导，认定 100 个左右示范性学习型组织、15 个学习型城区示范项目，以评促管、以评促建。发布学习型城市监测报告，对各区创建成效进行评价。举办学习型城市创建展示活动，促进各区创建过程中经验分享与交流，提炼学习型城市建设北京模式。

（责任单位：市教委、市发展改革委、首都文明办、市财政局、市农业农村局、市民政局、市人力资源和社会保障局、市国资委、市总工会、市妇联、北京教科院）

（二）服务基层治理，社区教育提质工程

1. 目标与任务

持续完善社区教育的综合服务功能，统筹社区教育管理体系建设，强化以社区学院或区社教（成教）中心为龙头的区、街（乡镇）、社区（村）三级社区教育管理和服务支撑体系。创新社区教育载体和形式，构建全方位、全领域、全过程的社区教育。将社区教育纳入全市教育统计监测和教育督导内容，推动社区教育高质量发展。

2. 实施与管理

统筹社区教育资源，创新社区教育传播形式，以党建引领，结合新时代文明实践活动，将社会主义核心价值观、民主与法治、可持续发展、生态文明、优秀传统文化、公民道德等方面教育融入社区建设，持续提升居民参与率和满意度，促进社区治理。打造 100 个京韵特色社区教育示范项目，加强社区工作者、社区党员、社区志愿者队伍建设和培训能力提高，加快社区教育内涵式发展。

（责任单位：市教委、市民政局、市财政局、北京教科院、北京开放大学）

（三）助力乡村振兴，乡村头雁培育工程

1. 目标与任务

提升乡村各领域人才素质，加快推进乡村人才培养，提高农民、乡村干部的学历层次和技术技能。继续推进“引智帮扶”低收入村工作，形成“一村一品”“一镇一特”的发展格局。广泛开展生态文明、科技素养、乡风民俗教育，提高教育供给精准度，满足乡村人才振兴多元化需求，增强农民持续增收致富能力。

2. 实施与管理

实施乡村“头雁”培育计划，遴选一批优秀中青年农民，引导一批毕业生、退役军人、科技人员，挖掘一批乡村工匠和文化能人，发挥增收致富带头作用。建设 100

所示范性农民田间学校，培育100个现代家庭农场主，打造50个“服务乡村振兴能人坊”。促进农科教、产学研一体化，利用职业院校办学资源，送教下乡、开设“田间课堂”，建设一批通识课程和“三农”特色课程，培养1500名大专以上层次的乡村治理人才和2000名新型职业农民，推进高素质农民的培育。

（责任单位：市农业农村局、市教委、市科委、中关村管委会、市财政局、市人力资源和社会保障局、市文化和旅游局）

（四）建设美丽北京，生态文明教育工程

1. 目标与任务

加强生态文明学校教育，全面推进首都大中小幼绿色学校创建行动，培育青少年生态文明素养；创新生态文明社会教育，提升首都市民生态文明意识，促进生产生活方式绿色转型；构建学校、家庭、社区、企业等多维度生态文明教育实践网络，突出区域推进特色，全面助力北京建成天蓝水清、森林环绕的生态城市。

2. 实施与管理

立足生态校园与文化建设，推动绿色学校建设，鼓励大中小学生参与课内外生态环境保护实践活动；建设100个特色生态文明教育基地，推进绿色家庭、生态社区、绿色企业建设与评选；研制各级生态文明教育读本，开展绿色健康、垃圾分类、双碳目标为主要内容的线上线下宣传教育；生态文明等教育进学校、进企业、进农村、进社区，讲好首都生态文明故事；利用好首都环保科技场馆、公共文化服务等设施，发挥生态文明教育功能。

（责任单位：市教委、市生态环境局、市民政局、市农业农村局、市妇联、北京教科院）

（五）推进资源融合，开放学习体验工程

1. 目标与任务

以人工智能、大数据、移动互联网等新技术应用为支撑，以首都科技创新中心的核心功能为依托，积极探索“互联网+学习型城市”，丰富市民终身学习资源，促进市民智能学习和云上学习，提升首都市民信息素养，增进信息互通与广泛连接，助力构建智慧城市。

2. 实施与管理

以学习型城市智慧化发展为引领，形成政府、企业、学校等多元主体的合作机制，协同高精尖企业共建学习资源，认定一批北京市民智慧学习体验中心，优化多场景学习和个性化学习，提升首都市民沉浸式学习体验。完善京学网和京学在线，打造数据驱动、跨界融合的终身学习平台，便捷市民获得线上线下融合的学习资源，增强市区两级学习资源的互联互通，增强与国际学习型城市资源、资讯的互鉴互通，形成开放发展的新动能。

（责任单位：市教委、市科委、中关村管委会、首都文明办、市民政局、市财政局、市人力资源和社会保障局、市国资委、市妇联、北京教科院）

（六）激励终身学习，学分银行试点工程

1. 目标与任务

实施学分银行试点工程，重点推进对非正规、非正式学习成果的认定与转换，构建更加开放畅通的人才成长通道。助力乡村头雁培育等工程的实施，提质职业教育，赋能终身学习，助力学习型社会，为促进首都经济社会发展提供优质人才资源支撑。建设北京市学分银行信息管理平台；完善北京市学分银行管理中心、分中心、联盟成员单位等服务体系；研制相关制度和标准；为市民学习成果的存储、认定、积累、转换提供相关服务。

2. 实施与管理

根据“总体规划、试点先行、分期推进”的原则，依托北京市学分银行管理中心、各区管理分中心以及联盟成员单位，开展学分认定与转换的试点业务。设计和开发“学分银行系统”，打造“学认一体”的全新服务模式，面向广大市民提供各类学习服务和学习成果认定、积累与转换服务，畅通不同类型学习成果的互认和转换渠道。

（责任单位：市教委、市民政局、市财政局、市人力资源和社会保障局、北京开放大学、北京教育考试院）

（七）创新培训模式，全民技能提升工程

1. 目标与任务

根据高精尖产业结构、城市运行与发展、高品质民生的需求，促进职业院校深化产教融合、校企合作、育训结合，培养服务区域发展的高素质技术技能人才，面向在校学生、在职职工、现役退役军人、再就业人员、农民工和新型职业农民、社区居民、残疾人等群体开展职业培训。

2. 实施与管理

大力推行终身职业技能培训制度，持续整合资源，鼓励对不同群体开展针对性、适应性、专业性的领域培训，强化提升各领域群体服务社会的学习力和职业贡献力，完善“文化素质 + 职业技能”、1+X 证书制度试点工作，建设高水平实训基地，创新工作过程导向、情景式、合作式等教学方法，面向在校学生和全体社会成员开展职业培训。打造 100 门智能制造、工业互联网技术、非物质文化遗产、创意设计、老字号技艺传承等特色、精品课程。推进“互联网 + 技能培训”建设，开设“企业学区”“社区学堂”“云课堂”，把培训送到企业车间、田间地头和市民家门口，加强社区教育和终身学习服务，提升全体市民的技能水平和创新能力。

（责任单位：市教委、市人力资源和社会保障局、首都文明办、市民政局、市文化和旅游局、市妇联、北京教科院）

（八）传承京城文化，市民研习游学工程

1. 目标与任务

根据“一核一城三带两区”文化中心建设布局，结合首都非物质文化遗产、历史文化街区、名镇名村和传统村落保护等，以党建为引领，开展北京历史文脉、城市特色街区、文化创意和高科技示范项目等研学和体验活动，提升市民科技文化素质，提高城市品位和凝聚力。

2. 实施与管理

强化各级各类学校、市民终身学习基地的学习服务功能；鼓励市、区各艺术院团（场馆）、文化馆、博物馆、科技馆、图书馆等各类公共文化机构以及行业、企业、公共服务设施面向市民开发主题明确、互动性强的教育课程和学习项目；结合新型文化业态，开发各类科技、文化、民俗旅游研学线路，利用融媒体和数字化平台，拓展实体和虚拟学习体验空间。促进全民阅读，建设书香京城。5 年累计培育 100 个市级科技文化教育课程和学习体验项目，受益群众 200 万人次。

（责任单位：市教委、市民政局、市人力资源和社会保障局、市文化和旅游局、首都文明办、市妇联、北京教科院）

（九）实现老有所学，智慧乐龄聚力工程

1. 目标与任务

构建覆盖城乡的老年教育服务体系，积极实践共学养老、养教结合、智慧乐学等老年教育新模式。优化资源供给，消除数字鸿沟，不断提升老年教育的服务能力，圆老年人的“大学”梦。树立和培育积极老龄观，营造老年人终身学习的良好氛围，鼓励老年群体参与社会志愿活动，积极推动老年人“乐学有为”，形成多元合作、有效服务的首都老龄工作新局面。

2. 实施与管理

依托北京老年开放大学及各区分校，扎实推进市、区、街（乡镇）、社区（村）四级老年教育体系建设，推进老年教育办学机构标准化。依托互联网汇聚学习资源，培育 100 个老年学习示范校（点）或乐龄学习中心和 1000 个老年学习共同体。鼓励大学、职业院校、行业企业、社会组织等积极举办老年教育，拓展涉老、养老等社会服务职能。开发老年人力资源，助力“银发经济”。加强思想道德、健康养生、代际沟通、智能设备使用等老年教育课程建设。发挥老年人在传承优良传统、家风家训方面的积极作用。

（责任单位：市教委、市老龄办、市卫生健康委、市财政局、市人力资源社会保障

局、北京开放大学）

（十）完善协同育人，家教家风评促工程

1. 目标与任务

充分整合社会优质资源，健全家庭教育公共服务网络，提升家庭教育高质量服务能力。强化家长的家庭教育主体责任，促进家长终身学习，提升整体素养，形成良好家风，健全首都家校社协同育人新机制。

2. 实施与管理

依托城乡社区教育机构建立家庭教育指导和服务中心，鼓励各级各类学校、社会公共文化机构提供家庭教育指导服务；建设家庭教育市级专家、区级指导师和志愿者队伍，完善指导师和志愿者发展机制；评选一批优质家庭教育、家风建设课程资源，面向社会免费开放；开设首都家庭教育大讲堂，利用融媒体和自媒体，构建线上线下结合的家长学习与家庭教育新模式；丰富家庭教育活动载体，征集家庭教育和家风建设优秀案例，开展"学习型家庭""书香家庭""最美家庭""幸福家庭""健康家庭"评建，形成一批家长和孩子切实受益的活动品牌。

（责任单位：市教委、市妇联、市老龄办、市民政局、市卫生健康委、首都文明办、北京教科院）

四、保障措施

（一）强化组织领导

建立健全学习型城市建设工作的领导体系、制度体系、工作机制。各级政府要把学习型城市建设纳入地区发展规划，纳入议事日程。进一步加强市区各部门统筹协调和资源整合力度。明确责任分工，强化过程管理、目标管理、监测评价、督导考核，保障规划有效落实。

（二）强化队伍建设

对社区教育、老年教育等机构管理人员和专职教师实行继续教育制度，在待遇、培训、职业保障等方面落实其与相应专业技术人员同等的权利。完善社区教育从业人员职称评聘制度。不断开展"社区教育专职工作者""职业培训师"等人才队伍建设项目，采取项目引领、跨界培训、实践学习、陪伴成长等方式，加快培养学习型城市建设的骨干团队。

（三）完善投入机制

建立政府、社会、企业和个人等多层次、多渠道经费投入机制，保障学习型城市建设工作正常开展。政府对继续教育、社区教育、老年教育经费的投入，纳入本级政府预算。各区政府原则上根据当地常住人口变化情况和财力情况动态调整经费投入。

鼓励企业和其他社会组织积极参与建设学习型城市工作，并给予相关的优惠政策。

（四）加强理论研究

充分发挥首都高等院校、社会科研机构的智库作用，加强学习型城市建设理论研究和政策研究。加强市区两级学习型城市研究队伍建设。加大建设成果普及与转化，定期举办学习型城市建设研讨交流会。加强京津冀、国内外学习型城市建设的合作与交流；为学习型城市建设贡献北京方案和智慧。

（五）营造良好氛围

积极倡导全民学习、终身学习理念，营造终身学习的文化氛围。打造“全民终身学习活动周”“市民大讲堂”等学习品牌。充分发挥现代化互联网技术优势，开发利用学习软件和各类宣传渠道，加大学习型城市建设成果的宣传、普及与转化。让建设成果更多惠及市民生活。使学习风尚融入城市文化，提升首都文化特色和城市品位。

案例思考

1. 在学者诺曼·朗沃斯（Norman Longworth）看来，建设“学习型城市”旨在创造“更具整体性、包容性的终身学习世界”，对此你如何理解？

2. 北京市学习型城市建设涉及哪些方面？体现了哪些目的？

3. 你认为学习型政府与学习型城市建设的侧重点有何不同？

4. 结合案例，你认为学习型城市的建设路径中最应重视哪一方面？

第四章

公共组织领导

习近平总书记在十九届中央政治局第十五次集体学习时指出，领导干部要以上率下，带头深入学习新时代中国特色社会主义思想，带头增强“四个意识”、坚定“四个自信”、做到“两个维护”，带头不忘初心、牢记使命，带头运用批评和自我批评武器，带头坚持真理、修正错误。在这方面，没有局外人，任何人都不能当旁观者。在此次主题教育总结大会重要讲话中，习近平总书记对领导机关和领导干部发挥好表率作用再次提出了明确要求。

领导机关是国家治理体系中的重要机关，领导干部是党和国家事业发展的“关键少数”，对全党全社会都具有风向标作用。“关键少数”担负关键责任，“关键少数”应有关键作用。在上面要求人、在后面推动人，都不如在前面带动人管用。领导机关和领导干部要深刻认识自身的责任，经常对照检查、检视剖析、反躬自省，带头增强“四个意识”、坚定“四个自信”、做到“两个维护”，才能充分发挥表率作用，把我们党建设得更加坚强有力。领导机关和领导干部带头冲在前、干在先，也正是我们党的为民情怀之所在。不忘初心、牢记使命，一定要牢记人民是我们党执政的最大底气，人民对美好生活的向往是我们的奋斗目标。领导机关和领导干部牢固树立以人民为中心的发展思想，密切联系群众，切实为人民群众排忧解难，切实增强人民群众的获得感、幸福感、安全感，才能不断夯实我们党长期执政的群众根基。①

党的十九届五中全会以来，习近平总书记在多个场合提及政治判断力、政治领悟力、政治执行力，具有深刻的政治内涵。提出党员领导干部要做到在重大问题和关键环节上头脑特别清醒、眼睛特别明亮，善于从一般事务中发现政治问题，善于从倾向性、苗头性问题中发现政治端倪，善于从错综复杂的矛盾关系中把握政治逻辑，坚持政治立场不移、政治方向不偏，要积极发挥领导干部的带头模范作用。

---

① 光明日报评论员．领导机关和领导干部必须做表率、打头阵 [N]. 光明日报．2020-01-15.

公共组织领导概述

进入 21 世纪，公共组织领导发生了巨大的变化，受到了更多的关注。全球化、信息技术的变革和服务的多元化对公共组织领导概念产生了很大影响。公共组织领导也被赋予了新的要求和任务，更重要的是，真正的公共组织领导仍然存在巨大的挑战。

组织是指一切由相互依赖和相互作用的各个部分所构成的、具有一定功能的有机整体。组织的形成是人类社会普遍存在的现象。从原始社会开始，人们为了生存与繁衍，为了改造自然和改造社会，有意或者无意结合起来，凭着群体的力量去实现个体所不能达到的目标，这就形成了组织，如氏族、部落，后来的国家、政党、军队，以及社会上的各种社团、企业、学校、医院等都属于组织的范畴。公共组织是组织的一种。公共组织的含义和特征主要体现在“公共”上。从广义上来看，不以营利为目的，管理社会公共事务、服务于社会大众的，以协调和提高社会公共利益为目的的组织就是公共组织，它既包括政府组织，也包括介于私人组织和纯粹的公共组织之间的组织，如收费的服务机构、私人的非营利组织等。从狭义上来看，公共组织是指行使行政权力以达到公共目的、实现公共利益的组织，也即政府组织。

公共管理职能的多样、公共组织体系的庞大，决定了公共组织中领导对全局的重要意义。领导是管理活动的重要组成个体，也可以是群体，但不是任何人都可以成为领导或领导中的一员。

所谓领导者是指在社会生产劳动和共同活动中组织、带领、引导人们为实现一定的目标而进行活动的个人或团体。换言之，领导者可以是个人，亦可以是一个团体，是在组织活动中发挥带头、主导作用的个人或组织。[①] 领导者个人的素质包括：政治素质、知识素质、能力素质、身体素质。领导集体的素质结构优化，则指促进领导集体在专业结构、智能结构、年龄结构、性格气质结构等方面的合理化。领导集体的素质结构优化是增强领导集体系统功能的关键。

美国前总统尼克松曾指出，伟大的领导是一种特有的艺术形式，既需要超群的力量，又需要非凡的想象力。[②] 尼克松根据自己丰富的领导经验特别强调，尽管领导需要技术，但领导远远不是有技术就行，在很大程度上，领导者办事必然是靠符号、形象，以及成为历史动力能启发觉悟的思想，人们可以被道理说服，但要用感情来感动。由此可见，一个领导者要想取得成功，不能只看重自己手中的法定权力和组织中明文确定的既定规则，也不能仅仅依赖于自己娴熟的业务知识和卓越的个人能力，尽管这些因素是非常重要的，也是必不可少的。如果不能有效发挥领导艺

① 李盼盼，刘畅．论领导者素质要求及其意义 [J]．现代商贸工业，2015，36（9）：86-87.

② 王中伟．尼克松视野中的领导特质解读 [J]．领导科学，2014，（4）：38-39.

术的作用，不能把它们与领导艺术有机结合起来，公共组织中的领导者同样无法走向成功。

领导与公共组织领导

领导通常包含两层含义：一是指处于各级领导岗位上的主管人员，他们的行动对组织产生重要影响；二是指主管人员引导下属活动的过程。在此，我们主要从第二层含义来对领导进行分析和研究。

一般来说，领导是组织中的领导者运用权力引导和影响组织成员为实现组织目标而努力工作的过程。公共组织领导就是公共组织的领导者在本组织现有的结构框架内引导和影响其成员为了实现组织目标而努力的过程。其含义有以下几个方面。

第一，公共组织领导是一个运用权力指挥、引导组织成员的过程。这种权力有职务权力和非职务权力。第二，公共组织领导的目的是推动组织目标的实现。第三，公共组织领导是一种影响力。这种影响力是双向的，组织成员受到领导者的影响，领导者也受到组织成员的影响。第四，公共组织领导必须在本组织现有结构框架内实施领导。第五，公共组织领导的要素：领导者、被领导者和作用对象。

领导是领导者为了实现所在组织的目标，依靠组织赋予的权力及自身的综合影响力，通过组织、协调、引导和鼓励等手段，不断动员和激励被领导者实现组织目标的过程。公共组织领导，就是公共组织中的领导者为了实现特定行政目标，依法行使行政权力及自身的综合影响力，通过组织、协调、决策和指挥等手段实现组织目标的过程。公共组织领导者的职权具有法定性，职位具有等级性，权威具有合法性。公共组织领导是公共组织管理的重要职能，它对公共组织的发展方向和运作效率产生重要影响。

事业单位的领导人员录用方式具多样性：领导者具有部门行政职务和行政职级双重身份；领导管理采用任期目标责任制；领导具有专业性。长期以来，我国的事业单位比照行政机关管理，所以领导的行政色彩十分浓厚。

社会团体领导的特点有：产生方式民主化；领导具有专业权威性；领导机制非行政化；领导活动以服务为主。民办非企业单位一般实行董事会的领导体制，完全没有事业单位行政领导的特点。

民主集中制是我国行政领导的根本制度。行政首长负责制、集体领导制、个人分工负责制是行政领导的基本制度。领导方式方法的适当，可以使领导的作用得到最大限度的发挥。

公共组织领导的特征

公共组织由于其所具有的公共性质，从而使领导行为在其中凸显出若干特征，这些特征的具备使得公共组织的领导行为在整个社会发展中的作用显得格外突出。面对社会和经济环境的变化，公共组织的领导也需要做出相应的变革，以保证领导行为在社会发展中能够发挥更多的积极和正面作用。公共组织的领导有若干特点，表现如下：

第一，在公共组织中，它的目标指向通常是公共利益。因此，这必然要求公共组织领导者在具体的行为过程中，承担着更大的社会责任。他们追求的更多是公平和正义，而不像私人组织中的经理们只专注于自身企业的盈利。

第二，在公共组织领导过程中的目标设定上，面临着更多的外部压力。领导理论的新发展都强调领导者对共同愿景的制定。同时，同私人组织相比，公共组织对外部环境的适应和调整比较缓慢。

第三，公共组织中的领导者面对着更加严格的道德要求。公众一向对公共权力使用者持怀疑态度。为了保证自己免于受到公共权力的恶意侵害，社会一般都对领导者提出较高的道德要求，这也成为制约和监督公共组织领导者的一个重要组成部分。

第四，公共组织领导者主要依靠职务权力来影响下属行为。虽然个人权力可以在相当程度上增加领导者的威信，可实际运用中领导者往往还是更多地使用正式权力。

第五，公共组织中领导绩效的评估存在巨大的难度。私人组织的绩效评估可以通过经营业绩来衡量。对公共组织来说，由于提供服务和产品的特殊性，组织绩效的衡量上面临难以明确界定的地方。这就成为领导者逃避责任的一个主要漏洞。

案例 1

公共组织领导工作方法

材料　老罗的困惑[①]

老罗原是南区一村分管副业的大队长，随着南区开发开放，老罗所在村的土地被征用，老罗和其他农民一起被安排到区环卫部门工作。虽然工作环境、地位发生了变化，但老罗“俯首甘为孺子牛”的精神一直没变。他不摆架子，不讲条件，服从组织分配，脏活累活抢着干，很快得到了上级领导的赏识，不久便被任命为环卫分所的所长。领导的信任更激起了老罗的工作干劲，他把整个身心都扑到了工作上。

环卫分所主要负责道路清扫、公厕管理和倒粪站保洁工作，虽然没什么技术含量，

① 陆沪根. 行政案例 [M]. 上海：上海社会科学院出版社，2003。

却与平民百姓的生活关系密切。环卫职工队伍主要由应届毕业生、里弄工、征地工和环卫老职工构成，他们的特点是不怕脏、能吃苦、性格直率，但文化水平较低。心情好的时候，领导布置再重的任务，他们眉头都不皱一下，但有时为了一两句话会争得面红耳赤、不可开交。要带好这样一支队伍可真不容易，职工不是听你说话水平有多高，而是看你有没有与他们同甘共苦、身先士卒的精神。

老罗走马上任后，一方面走访街道里委，听取地区对环卫工作的意见，亲自协调解决人民群众来信来访所反映的急、难、愁问题，另一方面组织职工帮助地区突击清除过去无人问津的环境卫生死角，在历次突击劳动中老罗总是冲在最前面。在老罗的带领下，环卫分所管辖范围内的环境卫生面貌有了较大的改观，同时老罗的实干精神也受到了辖区内各街道、里委和单位职工的好评与认可。

老罗不但在工作上努力进取，还特别关心职工生活。青年职工小唐自幼父母双亡，平时沉默寡言，工作表现时好时坏，还经常无故旷工。老罗了解到这一情况后，便骑着自行车上小唐家进行家访。时值寒冬腊月，老罗到达小唐家时，只见小唐在昏暗的屋子里盖着一床薄被蜷缩在床上，一股同情、怜悯之心油然而生。老罗回到单位后，立即叫工会干部给小唐送去新棉被和补助款。打那以后，老罗成了小唐家的常客，经常前去问寒问暖，促膝谈心，启发引导小唐要自强自立。领导的关心使小唐深受感动，从此小唐变了，无论是本职工作还是突击劳动，脏活累活他总是抢着干，成为南区环卫分所后进青年转化的典型。

随着南区的发展，建立南区环卫汽车队的议题进入了区环卫局领导的议事日程，特别是党政一把手的配备更是领导首要考虑的问题。队长从北区汽车队抽调，支部书记派谁呢？大家不约而同想到了老罗，于是老罗又一次服从组织的安排，走上新的工作岗位。

环卫汽车队主要担负生活垃圾和粪便的清运工作，是环卫作业单位中的主力军，但也是环卫作业单位中最难管理的单位，环卫汽车队每天首要的任务是要保证出车率，但要真正做到这一点又谈何容易！它涉及驾驶员的安排、车辆的调度、维修的落实、安全的管理等多项工作，加上环卫车辆车种多、车型多，部分车辆配件紧缺，增添了管理难度。

老罗走马上任后，考虑到队长比自己小将近二十岁，出于对年轻干部的关心，尽管他是党支部书记，但生产、安全、维修、突击、采购等样样事情都管；别人一有困难就找老罗，而老罗也来者不拒，并想方设法帮助解决。刚开始，队长对老罗的工作方法没提出异议，但久而久之，两人之间便有了分歧，直到有一次在帮助某街道突击清运建筑垃圾时两人发生了正面冲突。

事情起因是这样的：某街道是棚户区集居地，居民翻建私房的特别多，原来居民翻建房屋过程中产生的建筑垃圾是由街道自行组织清运，近来由于道路不畅，设在马路上的临时堆点由于垃圾堆积而严重影响交通，在百般无奈的情况下，街道请老罗帮忙。老罗没有同队长和调度商量，便自己通知人员、落实车辆，第二天一早便亲自带队前去帮助清运建筑垃圾。等到中班调度上班后要安排驾驶员、车辆时，才发现原先安排做中班的部分驾驶员和车辆已被老罗拉去搞突击。为了保证当天工作不受影响，当班调度当机立断，将缺车地段的审查任务安排其他车辆分担。尽管当天的生产任务完成了，但事后，调度对老罗的做法很有意见，认为不管怎样应该事先通气，以便统筹兼顾，合理安排。队长知悉这件事后极为恼火，认为老罗作为支部书记对工作不应样样都管，而且管得这么具体。老罗则认为，环卫作业单位本应主动为街道和里委服务，而不应以种种理由来拒绝街道和里委的求援。两人争得十分激烈，但最后结果是谁也说服不了谁。

这场风波过后，老罗和队长表面上和往常没什么两样，但两人却感觉彼此之间的距离疏远了。特别是老罗，感到自己不为名不为利，只想多干点工作，辛辛苦苦到最后却是这么一个结果，今后工作到底该怎么干？对此，外界颇多议论，有人说主要责任在老罗，因为领导应该是统帅，要调动发挥各层面人员的积极性，而不应包办代替他们的工作；也有人认为，老罗这样做是对工作高度负责的表现，方式虽有欠妥之处，但无伤大节，如果老罗这样做要受到非议，今后谁还愿意承担责任？

案例思考

1. 老罗同样的工作方法为什么会在两个不同单位产生不同的效果？

2. 领导者应如何根据工作性质、工作对象的不同，不断调整与改进领导方法，提高领导艺术？

3. 领导者之间应怎样明确职责，加强沟通与协调，避免越位和错位现象的发生？

案例 2

全国省级党委换届结束显示的新“亮点”①

优化领导班子素质结构、加强领导班子建设是长期性工作。在现行体制下，各级

① 案例改编自：《党政交叉任职限制适当未触及政治体制核心问题》，作者高新民，2007 年 1 月 8 日；《全国省级党委换届结束班子年轻化成为亮点》，《新京报》，2007 年 6 月 30 日。

领导班子对各地方发展有至关重要的作用，其内部成员的素质结构就成了同样重要的问题。素质结构包含年龄结构、文化结构、专业结构、性别结构等多方面内容。此次换届中，严格执行年龄任职界限，这既是20世纪80年代以来干部年轻化方针的延续，又是落实科学发展观、构建和谐社会、保持中国特色社会主义事业连续性的需要。在人大、政府、政协的换届中，性别、民族、党内与党外职数比例结构也出现了新的变化。此外，此次换届出现的党政正职、纪委书记、组织部部长异地交流，被媒体广为宣传。其实，干部交流始于20世纪60年代。这是党在长期执政条件下采取的措施，一方面要防止干部长期在一个地方工作形成关系网而难以开展工作，另一方面也可以锻炼干部开拓新局面的能力。人们注意到，此次异地交流的都是重要职位的干部。从世界某些国家的经验来看，为了防止腐败，某些重要岗位，包括监督岗位，需要定期轮换。中国共产党这些重要职位的异地交流，实际上也有此考虑，属于廉政体系建设的一部分内容。

在本次省级党委换届中，在人事任免方面有以下亮点。

亮点之一：党委“减副”。

换届后的全国各地省级党委除西藏、新疆保留4位副书记，内蒙古保留3位副书记外；其余各省区市党委副书记职数均为两人，其中一人兼任行政首长，另一人为专职副书记，“一正两副”模式成为地方党委领导机构的主要形式。据悉，31个省区市党委副书记大幅精简，共设党委副书记67人，比上次换届时的158人减少91人。“减少地方党委副书记职数，实行常委分工负责，充分发挥集体领导作用”，是十六届四中全会通过的《中共中央关于加强党的执政能力建设的决定》提出的明确要求，这次有了认真的“兑现”。

亮点之二：班子年轻化。

这次换届之后调整的省级党委书记中，生于20世纪50年代的达到12人，占省级党委书记总数的39%，逐渐成为中坚力量。省级党委领导班子呈现出“456”的三级年龄梯次格局：40岁出头、50岁开外、60岁上下，老中青三代合理搭配的班子初步形成。据统计，目前各省级党委一把手的平均年龄为58.39岁。在这次换届中，一批50岁上下、年富力强的领导干部走上省委书记、省长的重要岗位。换届后担任陕西省委书记的赵乐际今年只有50岁，是目前最年轻的省委书记。从团中央书记处第一书记到湖南省委副书记、省长的周强今年47岁，是目前最年轻的省长。

亮点之三：知识型官员。

据不完全统计，换届后的省级党委书记中，有博士、硕士学历的近半数，其中上海市委书记习近平（法学博士）、辽宁省委书记李克强（经济学博士）、江苏省委书记李源潮（法学博士）等具有博士学位；青海省委书记强卫（工学硕士）、山西省委书记张宝顺（经济学硕士）等都有硕士学位。

实行党政领导任期制是中央干部制度改革的一贯方针。这次全国地方党委换届在探索和完善党的领导体制、机制和方式方面有了重大突破，具体表现为裁减“书记办公会”、扩大党内民主，强调常委会集体领导，加大干部交流力度；在干部任用方面则围绕构建和谐社会的要求，更加注重考察领导干部的政绩。省级党委换届后，一大批务实、博学、年轻、阅历丰富的省级领导主政一方，为全面建设小康社会提供了组织保障。

案例思考

1. 本次省级领导换届的意义有哪些方面？
2. 领导者个人素质对组织或地区发展会有哪些影响？

案例 3

公共组织领导绩效评价

材料　肖局长政绩卓越反遭贬①

K 市为了建设“花园城市”，引进了一位姓肖的专家担任园林局局长。肖局长任职已一年多，他与前任老局长有明显不同。老局长为人随和，能交际，好与手下人闲聊，早上上班晚，中午吃饭时间长，饭后必午休，与市里的头头脑脑很熟。老局长虽然政绩一般，但局里的员工、领导班子成员，对他印象都不错。肖局长每天准时上班，午饭只要 10 分钟，吃完后马上接着工作，一直忙到下班。他不喜闲聊交际，称浪费时间；对设计规划、预算的审查很严格，很讲究工作效率。

应该说这两年肖局长干得不错，本市的绿化已经走到了全省的前列。媒体数次报道过他的事迹，他因此成了知名人物。然而局里的员工并不是一开始就适应他高效的工作节奏。有两位老资格员工办事拖拉，肖局长找他们谈话后依然倚老卖老，我行我素。虽然这两位老员工都有背景，但肖局长还是一怒之下把他们调出机关，下放到了公园管理处。这一下震动了全局，引起了很多议论，虽然好评和贬损意见不一，但效果是明显的，园林局的工作效率一下子就上去了。当然有人到市里告状，但市领导听了肖局长的

① 聂平平，尹利民. 公共组织理论 [M]. 武汉：武汉大学出版社，2009.

说明后表示支持，还说园林局的高效率对市里迅速推进花园城市建设的战略很有好处。

不久后，市政府机构改革开始启动，市里规定干部对自己的直属下级每半年进行一次考评，评出优、良、一般、不及格。肖局长乘此东风进一步促进部下提高工作效率。他在给副局长考评时，一位评优，两位评良，另一位评一般，结果引起了不满。被评为良的女副局长小李说："老局长在时，我年年考核都是优，现在我比以前做的工作还多，为什么只能评良？"另一位被评"一般"的吴副局长则说："我做的工作也不算少，如果在过去，评'优'都不为过，为何只评'一般'？"肖局长的回答是："老局长以前的标准太低；现在是机构改革，上面要求减员增效，标准提高了。我觉得你的能力都有，就是态度还要再积极一些，工作还要主动一些。我相信下半年你能做得更好，希望到年终考评时能够给你评个优秀。"

显然，新局长的考评标准提高了。过去的年终考核，优占45%，良有45%，一般只有10%。而本次考评"优"只有10%，"良"仅35%，"一般"则占55%。不过严格考评确实起了作用，到了年终，肖局长给自己的四位副手都评了"优"。园林局提前2个月完成全年指标，创了一个"纪录"，肖局长也因此获得市政府办公厅的表扬，领到了一笔数额不菲的奖金。

然而，三个月后，形势急转。有人到市长那里去告肖局长的状。这一回肖局长没有得到市领导的支持，而且新市长说肖局长虽然做了不少事情，但是作风太死板、太霸道，搞得局里怨声载道，把群众都推到对立面去了，并说园林局大多数人都主张撤换肖局长，园林局的人事要重新安排。

可是，肖局长是有政绩的，同情的人也不少，就这样把他撤职不合适。协商的结果是建议肖局长自己提出辞去局长职务，然后任命他为市地震办公室主任。地震办公室虽然也是正局级，但肖某明白这是一个既无实权又不可能再获晋升的闲职。思前想后，他决定不接受市里意见，就地坚守现职。他逢人便说："当年调我来当园林局局长，就是让我加快市里绿化建设，我做到了，而且做得很好。当然这么做是要得罪人的，但我是为市里工作而得罪人的，这个责任应该由市政府来承担，不应该由我来承担。"

案例思考

1. 造成肖局长目前困境的原因是什么？
2. 分析并评价肖局长的管理特点及方法，并指出其成功和不足之处。
3. 如果你是肖局长，你将怎样摆脱目前的困境？

案例 4

公共组织领导工作方式

材料　副省长下乡记[①]

副省长突然造访，让一个贫困村——温庄热闹了起来。2011 年 6 月 23 日，两鬓斑白的副省长维佳，穿着一双帆布球鞋，走走看看，连着走了三个多小时。在玉米地里，温庄村支书老霍都有些跟不上了；紧跟着维佳的是册村镇党委张书记，张书记已是满脑门汗。下一个小坡，维佳和老霍还相互搀扶了一下。

这已经是维佳第三次造访这个贫困村——长治市沁县册村镇温庄。

突访贫困村

2011 年 4 月 26 日上午 9 点刚过，温庄村支书老霍接到电话通知时，副省长维佳乘坐的车已进了村口。这一次可算得上“轻车简从”，副省长不但没带秘书，而且搭乘省扶贫办的公用车，只是带上了住村所需的被褥。随行的只有山西省扶贫办刘主任和该办一名处长，还有一名司机。

长治市沁县是维佳对口联系的省级贫困县，而温庄村是该县东南部册村镇的一个贫困小山村，村民的房子依地势而建，全村 70 多户 200 多口人，主要种植玉米和谷子。2010 年，该村人均收入 1700 多元，在册村镇属收入偏下，但不是最穷的村。

村支书老霍一眼就认出了维佳，说他“跟电视上一样的”。见面之后，维佳的第一件事就是向支书老霍提出，“现在正忙着春耕，吃住的事情不急，先给我安排点农活干吧”。村支书老霍 60 来岁，朴实厚道，不想让省长去，“那里看着近，可走起来很远，要绕过沟底才能到对面山上”。但是，维佳坚持过去。

绕了挺远的路，维佳一行几人才走到用牲畜种地的地头。地里干活的是三名老人，62 岁的霍老栓与老伴，还有帮忙的嫂子。老汉赶着一头“西门达尔”品种的牛，两位老大娘跟在犁的后面种玉米，两亩多的地已种过半。对这样一幅老者“农耕图”，维佳感到心情沉重，但这又的确是如今农村的现实。牛犁停下来的时候，村支书老霍上前说明了来意，三位老人挺高兴。同来的省扶贫办的刘主任在前点玉米种子，省长提着

① 案例改编自：《新京报》，作者褚朝新，2011 年 6 月 24 日。

一只筐在后施化肥，干了一会儿就满头冒汗。维佳把外衣脱下，扔在了地头的草丛中，一位老大妈马上拾起衣服抱在怀里。维佳事后在下乡日记中写道，“这个小小的细节让我感动”。

三个人干了近两个小时，玉米种完了。坐在田埂上，维佳问老人为什么不用农机种地。其中一位老大娘说，这一年农机种地的价格每亩又涨了 10 块钱，柴油、种子、化肥的价格都涨了不少，用牛种地是为了少花点儿钱。一旁的大学生村官、村主任助理任江辉补充说，村里有几户买了农机，播种 20 元 / 亩，耕地 40 元 / 亩，部分村民为了省钱，还是牛耕人种。维佳在日记里写道：“看来乡村的老年农妇也面临着通胀的现实压力，这也是今年经济工作必须应对好的首要问题。”

发现问题

从地里离开，维佳提出去支书家里看看有多少存粮。在仓房里，维佳发现十几根崭新的喷灌水管放在墙角。老霍说，前年温庄新上了一个百亩喷灌项目。维佳到村北头时，发现地里的喷灌管整齐完好，但看不出用过的痕迹，“天这么旱为啥不喷灌”？

老霍说，电表烧坏了。据任江辉介绍，这个项目是 2009 年上半年新上的，用过几次；2010 年一个村民使用时接错线，结果电表、水表和水泵全烧坏了，此后就没法用了。村副支书英俊解释说，村里太穷，没钱修水泵和表。维佳还发现附近有一个水库，任江辉说那是“千女水库”，1958 年上千名妇女修建的，早些年渠道就坏了，有水也用不上。了解了“百亩喷灌”和千女水库的境况后，维佳得出的结论是，“百亩喷灌”和“千女水库”两个工程项目如此尴尬的境地暴露了政府工作中的盲点，项目建设必须解决好配套、使用和管理的问题，否则就是劳民伤财。

午饭是在支书老霍家吃的。中午 1 点多，老霍的老伴煮了手擀面。维佳事后对这顿饭也做了日记，“上午干农活，山路走得多，加上没有菜，我吃了两碗面还觉得不饱，又连吃两个土鸡蛋”。其实，由于没有人陪餐，也没有客套，整顿午饭只用了 10 多分钟。对此，维佳也有感慨：相比之下，在一些公务活动场合，吃饭成了浪费时间和金钱的负担，而这种负担的结果是“两头都难受”。他认为，改变公务接待的办法很简单，就是一不要人陪，二要自己掏钱，“做到这两条，‘吃喝顽症’就能迎刃而解”。

午饭后，自带被褥的维佳到了村民俊峰家里休息了一会儿。下午，他先后走访了副支书英俊、村会计及三四户村民，了解各户经济收入状况等。晚饭是在村民耀萍家吃的：和子饭和馅饼，还有土豆丝和两盘野菜。耀萍说平时家里就吃这些。当晚，维佳在村里召开了座谈会，村民们形成了养羊、种核桃、育树苗增收的共识。维佳和省扶贫办刘主任承诺，帮助村里协调信用社贷款和引山泉水，但是，维佳感觉下一步抓落实的任务还很重。

行踪“暴露”

第一次下访，为避免层层陪同，不干扰市县乡同志的工作，副省长维佳本想一竿子插到底，悄悄在村里住下，尽可能做到“村不扰民、县不扰官”。因此，出发时，他没和温庄所在市县有关部门打招呼。

不过，上午从省城奔赴温庄的途中，维佳一行差点儿被发现。路过沁县县城时，同车的扶贫办刘主任突然收到沁县扶贫办李主任的短信：“主任，我看到省扶贫办的车了，您来沁县了吗？”维佳立即提醒刘主任，“不能让县里知道我来下乡住村，否则会惊动不少人。”刘主任只好回复短信说：“我在太原，车到沁县办事。”随后，汽车顺利驶出县城，透过后车窗没有发现其他车跟随，用维佳的话来说——“这场巧遇没有影响我们的行程”。

据支书老霍回忆，维佳一见面就嘱咐他不要向镇里和县里报告消息。但是，这天下午，老霍陪着维佳省长在村里转，刚从会计家里出来，镇里就来电话了，问他谁在村里。打来电话的是镇党委王副书记。老霍只好如实报告。不久，戴着“护林防火”红袖标的镇党委张书记兼镇长、卫副镇长、镇党委王副书记一同赶到。三人称，恰好在温庄附近检查森林防火。张书记还回过头批评支书老霍：“省领导来了，为什么不向镇里报告？”老霍连赔不是。维佳只好出来打圆场，“别怪老霍，是我不许他告诉你们的”。

大约半个小时以后，沁县县委书记和县长又风风火火赶到了温庄，显然是镇里向他们报告了消息。维佳事后有些遗憾地说，“这就使我的‘县不扰官’想法打了折扣”。

4 月 27 日，是一个大晴天。凌晨 4 点多，村里就传来发动拖拉机的声音。刘主任和老霍过来，一行几人与房东一起吃早饭：小米稠饭、烙饼加咸菜。饭后，维佳按规定交了两天的伙食费 200 元，便离开了温庄村。

基层微澜

5 月 25 日，维佳再次出现在温庄。这一次，他带来了山西省水利、农业、林业和扶贫办的诸多官员，他们要为温庄脱贫致富“把脉”。事后，据村支书老霍介绍，村里按照维佳等官员和专家的指导，制订了一个方案，要建设一个养殖园区养羊，规划一个 100 亩的育苗基地和 1000 亩的核桃园，村民们还成立了合作社。

这一次，在村里吃饭的有各级官员 50 多人，但都没留下饭钱。4 月 26 日，镇党委书记张鹏曾当着维佳的面质问老霍，那一幕还历历在目，老霍说，“上一次收下饭钱，我就很后悔。这一次，坚决不能收”。

6 月 23 日下午，维佳再访温庄。沁县县委田书记再次迅速赶到现场，提出要陪同省长一起走访温庄。维佳说，“你回去吧，我自己转转，你事情挺多的，忙你的去吧”。田书记抬腕看了看表，“都十一点多了，我回去也干不了什么事情”。维佳再三明确拒绝，他才离开。

一个多小时后，在村民家里吃午饭时，维佳问镇党委书记张鹏，“你真的不知道我要来？怎么我一来你就在这里啊？”张鹏称自己恰好在附近处理事情，是巧遇。村支书老霍也称不知道维佳会第三次不打招呼进村。不过他承认，6 月 22 日晚上临时组织村民进行了一次大扫除。

参观温庄村委会办公场所时，任江辉告诉维佳，最近为了修缮村委会办公场所，花了不少钱，村里又新欠了一些工程款。此外，购买办公桌椅，也欠下一些债务。维佳当场感叹，村级债务又增加了。陪同的镇党委书记张鹏随即制止任江辉“诉苦”，提醒他不要“瞎说”。

快速改变

副省长到访后，温庄发生明显变化。如今，“喷灌工程”已修好。大学生村官任江辉说，修设备花了约一万元，是上级政府帮助解决的。据他介绍，因村里部分田间路只有一两米宽，部分农机不能通行，县发改局还承诺帮助村里修一条 2500 米长的田间路。

6 月 23 日，维佳第三次去温庄时，中午在村民霍俊峰家的院子里吃饭，一群官员陪同。桌上有手擀面、十多个刚煮好的土鸡蛋、炒土豆丝、葱拌豆腐和凉拌黄瓜。山西省财政厅副厅长突然问山西省农发办主任：“你在农业口工作了 30 多年，吃过几次这样的饭？”农发办主任答：“吃过两次，这是第二次，第一次是 1986 年，是在农民家炕头吃的。”

维佳也注意到村里发生了一些变化，沿村道的民房被统一刷成了白色，部分墙面写上了“发展特色产业实现收入翻番”的标语。县乡官员告诉他，育苗基地已定址。核桃园已经做好规划，等秋季收割后开始种植。养殖园区也初步选好了地方。

在陪同副省长查看育苗基地的选址时，老霍趁其他人落在后面，小声嘱咐任江辉要副省长的手机号码，“为了以后有些事更方便向他汇报”。维佳爽快地留下了手机号。

看过养殖园区的选址后，维佳建议另外选。“不要占用好地，尽量用山坡地，建设施工成本可能高一点，但可以保护耕地。”现场查看后，养殖园区的建设地址选在了村道边的一片山坡上。闻讯赶到的沁县畜牧局李局长表示，当日下午就派工程队再勘查现场。

从维佳第一次到访后，温庄村支书老霍便忙了起来。各级官员到村里的频率，明显比过去高了。年过六旬的老霍说，这是他第一次面对面见到副省长。当村干部十多年，之前他见过的最大的官是前任县委书记。

案例思考

1. 从公共行政学角度看，本案例主要反映了什么行政管理现象？其基本构成要件是什么？

2. 根据案例材料和国情，试分析维佳副省长在温庄驻村下访行为的基本功能取向、过程构成、效果及其可能的影响因素。

3. 根据案例材料和国情，结合公共组织领导相关理论，试分析维佳副省长在温庄驻村下访行为的主要经验、可能存在的问题及启示，并阐明可能的原因。

第五章
公共政策

公共政策是政府等公共组织管理社会公共事务的指导准则，它决定着管理活动的方向和目标。正确的政策及有效的执行，将为国民经济和社会的发展带来良好的效果；政策失误或执行不力，将导致一定的恶果。从某种意义上来说，公共政策问题是国家立法活动、司法活动、行政活动和政党活动的核心问题之一，因此受到了世界各国越来越多的重视、研究。

在现代社会，公共政策是政府管理社会事务的主要方式之一，是对社会需求的反馈和回复。通过对公共政策进行有效的设计、制定和执行，政府可以对社会事务进行科学有效的管理。

学者们对公共政策的定义没有统一的看法，但是他们在某些主要观点的看法上是一致的。

政策科学创始人哈罗德·拉斯韦尔和亚伯拉罕·卡普兰定义公共政策为“一种含有目标价值和策略的大型计划。”①

美国伍德罗·威尔逊认为，公共政策是由政治家即具有立法权者制定的，而由行政人员执行的法律和法规。②

美国学者弗雷德里奇提出了一个含义很宽泛的公共政策定义：“在某一特定的环境下，个人、团体或政府有计划的活动过程。提出政策的用意就是利用时机、克服障碍，以实现某个既定的目标，或达到某一既定的目的。”③

美国学者托马斯·戴伊认为“凡是政府选择做的或者选择不做的事情就是公共政策。”④

奎德（Quade）对公共政策的解释是：为了对社会技术问题有更深的了解并提出更

---

① 林水波，张世贤. 公共政策 [M]. 台北：五南图书出版公司，1982.

② 肖金明. 为全面法治重构政策与法律关系 [J]. 中国行政管理，2013（5）：36-40.

③ 卡尔·弗雷德里奇. 人和政府 [M]. 纽约：麦格劳—希尔出版公司，1963.

④ 托马斯·戴伊. 理解公共政策 [M]. 美国：培生出版公司，1975.

好的解决办法。一种应用性的研究正得以实施。为了帮助政策制定者选择最有利的行动，该方法试图将现代科学和技术引入有关的社会问题，并对可行的行动方针进行政策分析研究，以获得有关运用效果和执行效果的信息并整理相关证据[①]。

北京大学张国庆讲："可以认为，一切涉及选择现象的研究和应用，都可归属于公共政策范畴。[②]"

戴维·伊斯顿从政治系统分析视角出发，认为公共政策是政治系统权威性决定的输出，是对一个社会的价值进行权威性分配（《政治系统》，1953）。根据伊斯顿的界定，公共政策的实质是分配，分配的内容是价值，分配的影响范围涉及整个社会，分配的行为及其结果具有权威性。从本质上讲，公共政策是对社会价值的权威性分配。"社会利益"可以替代伊斯顿所讲的"社会价值"。即，公共政策的本质是对社会利益进行权威性分配。

通过公共政策手段对社会利益进行权威性分配，包括利益选择、利益整合、利益分配、利益落实四个环节。

利益选择：公共部门对社会利益进行分配并不是完全中立的，政府在利益选择时具有倾向性。

利益整合：政府进行利益分配是为了权衡各个利益群体的利益，寻求最大公约数，保持利益各方的平衡，形成一种稳定平衡的状态。

利益分配：政府通过出台新政策的方式，对既有的利益分配格局进行调整（不同主体可能因为新的政策出现利益的增损）。公共政策对社会利益的分配具有权威性，它在完成合法化程序后，对所有的社会成员都具有约束力。

利益落实：通过政策执行的手段，将政策内容贯彻到实践中，将政策目标转化为实际成果，使得利益调整真正到位。

中国大陆学者对公共政策的理解与国外学者的理解有一个鲜明的不同特点，就是强调政党在公共政策主体中的决定性、主导性的地位[③]。张金马强调公共政策的定义为："党和政府用以规范、引导有关机构团体和个人行动的准则和指南。其表达形式有法律规章、行政命令、政府首脑的书面或口头声明和指示以及行动计划与策略等[④]。"陈振明博士也持这种观点，他说："政策是国家机关、政党及其他政治团体在特定时期为实现或服务于一定社会政治、经济、文化目标而采取的政治行为或规定的行动准则，它是一系列谋略、法令、措施、办法、方针、条例等的总称[⑤]。"

总之，公共政策是社会公共部门为解决社会公共问题，规范和指导有关机构、团

---

① 欧文·休斯. 公共管理导论 [M]. 彭和平，等译 . 北京：中国人民大学出版社，2001.
② 张国庆. 现代公共政策导论 [M]. 北京：北京大学出版社，1997.
③ 周树志. 论公共政策范畴 [J]. 西北大学学报（哲学社会科学版），1999（4）：33-37.
④ 张金马. 政策科学导论 [M]. 北京：中国人民大学出版社，1992.
⑤ 陈振明. 政策科学 [M]. 北京：中国人民大学出版社，1998.

体或个人的行动，在广泛的参与下所制定的行为准则。

公共政策的表现形式有很多种，例如法律法规、行政规划和命令、国家领导人口头或者书面的指示、具体行动及相关策略等。

公共政策的基本功能有 3 个：

一是引导功能。通过提供社会交往的一系列准则，为个人和社会组织的行为提供引导功能，包括观念引导和行为引导。

二是管制功能。公共政策的管制功能，表现在政治、经济、社会、文化、环境等诸多领域。通过制定标准、程序、准入条件等规范，使用许可、认可、裁定等手段，对个人和社会组织的行动进行管理和监督。

三是分配功能。公共政策的本质就是通过一定的政治过程形成决策，对社会利益进行权威性分配。每一项政策出台都涉及既有利益格局的调整。

案例 1

房地产调控政策的风云变幻

材料 1　23 年政策深度解读，地产风云变幻尽在掌握①

从 1998 年到 2021 年，我国房地产政策调控在宽松和收紧间进行了七次转换，我们以一轮松紧为一个周期，已经经历了 4 轮完整的政策周期：分别为 1998 年福利分房结束至 2008 年金融危机前（第一轮），2008 年金融危机至 2011 年年底（第二轮），2012 年至 2013 年年底（第三轮），2013 年年底至今（第四轮）。当前处于第四轮收紧期，以 2016 年下半年为起点。

纵观房地产的调控历史，我们发现本轮房地产调控周期与以往相比已发生了显著的变化，主要表现在：房地产调控由经济驱动向风险驱动转变；调控政策由“全国一盘棋”向“因城施策”转变；调控手段由需求端向供给端、融资端倾斜，短期调控升级为长效机制；历史上，房地产市场对货币政策更为敏感，但本轮调控中央通过货币政策的定向引导和对房地产融资端的强监管，控制了资金向房地产市场的流动；调控整体效果上，历史上呈现明显的大起大落，本轮调控使房地产的发展趋于平稳，周期性弱化。

展望未来，“稳”将成为未来房地产发展的主基调。

① 资料来源：《财经头条》，中债资信，2021 年 9 月 8 日。

首先，在“房住不炒”的政策思路下，房地产市场调控政策将保持连续性和稳定性，短期内调控的力度不会放松；

其次，防范和化解房地产金融风险仍是政府未来的重点工作，对房地产市场的金融强监管仍将持续；

再次，建立和完善房地产长效机制，预计未来房地产政策将更多地在土地制度、住房保障、住房租赁，以及税收等方面加以完善；

最后，房地产政策新形势，特别是近期“三道红线”、供地“两集中”等融资端管理与供给端调控组合，从中长期来看将对房企经营策略、行业竞争格局产生深远影响，对房企短期信用风险与长期竞争力的判断逻辑亦将随之调整。

第一轮宽松：1998—2003 年

抵御金融危机，启动住房市场化改革，需求端释放，房价快速上涨。

第一，背景。房地产成为拉动经济的重要手段。1998 年为抵御金融危机的影响，提振国内经济，国家将房地产行业作为新的经济增长点，启动了住房市场化改革。到 2003 年，国家已明确将房地产行业定位为拉动国民经济发展的支柱产业之一。

第二，调控方式。以需求端释放为主。1998 年 7 月，国务院下发了《关于进一步深化城镇住房制度改革加快住房建设的通知》，正式宣布福利分房时代的结束，住房商品化的时代开启。此后一系列配套政策出台，包括推行住房公积金制度、支持贷款买房等，以释放居民购房需求为主，同时配合融资端政策，鼓励房地产投资。

第三，调控效果。房地产供需两旺，房价快速上涨。住房市场化改革极大地释放了城市居民改善住房条件的需求，同时宽松的融资环境为房地产开发投资提供了大量的流动性支持，使得房地产市场繁荣发展，并迅速成为国民经济的支柱产业。1998—2003 年，全国商品住宅销售面积年均累计增速达 26.85%，全国住宅开发投资额年均累计增速达 26.18%，销售及投资均维持很高增速，70 城新建住宅价格指数显示房价呈现快速上涨趋势。

第一轮收紧：2003—2008 年金融危机前

经济呈现过热势头，监管采取严管土地、调控需求手段控制房地产投机，但流动性过剩及供需失衡下房价仍持续上涨，2007 年以来在大幅收紧的信贷和大力打压需求的政策下房价涨幅趋缓。

第一，背景。经过 5 年的快速发展，宏观经济和房地产市场均呈现过热势头，房地产开发投资高速增长，经济严重依赖房地产投资，流动性过剩导致投资性、投机性购房需求大量增加，住房价格呈现快速上涨，影响了经济和社会的稳定发展。在此背景下，2004 年 10 月，央行 10 年来首次宣布上调存贷款利率，开启本轮加息周期，旨在抑制固定资产投资过热和银行流动性过剩。

第二，调控方式。收紧土地供应，需求调控加码，货币政策持续收紧。按照政府调控目标和主要调控手段的变化，本轮收紧可以分为以下三个阶段：第一阶段为2005年之前，以抑制房地产投资的过快增长为目标，采取“管严土地，看紧信贷”的调控政策，但缺乏对需求的有效控制；第二阶段为2005—2006年，政府增加“稳房价”和“保障居民基本住房需求”目标，继续加强土地管理，并在需求端调控持续加码，同时开始解决住房保障和住房结构不合理的问题；第三阶段为2007年至金融危机前，央行连续6次加息，信贷大幅收紧，加之“927房贷新政”对投资投机性炒房的大幅打压，调控力度和范围空前的大。

第三，调控效果。流动性过剩及供需失衡下房价持续上涨，2007年以后在大幅收紧的信贷和大力打压需求的政策下房价涨幅趋缓。自2003年开始，中央对房地产行业持续进行调控，调控力度和范围一年比一年大，但前期效果未能达到预期目标，虽然政策出台后，短期内销售增速有所下滑，但很快出现反弹，房地产投资热度不减，房价持续上涨。原因有三：一是国内外普遍存在流动性过剩，加之2005年下半年汇率改革以来，人民币持续升值，导致房地产资产属性增强，国内外资本持续流进楼市，投资投机需求增加；二是这一时期中央始终将土地管控作为重要的调控手段，客观上导致住宅用地供应下降，而房地产市场需求旺盛，供需失衡下房价上涨；三是“831大限”落实土地招拍挂制度，房企在资本的加持下大规模“圈地”，土地出让均价大幅上涨，“地王”频现，亦推动了房价上涨。但随着2007年央行连续6次加息和上调存款准备金率，以及“927住房新政”为代表的大力打压需求的调控政策出台，2007年四季度销售面积增速开始下行、房价涨幅趋缓，2008年受国际金融危机影响，销售面积增速转负，房价涨幅逐步趋近于零。

第二轮宽松：2008年金融危机—2009年

刺激房地产需求对冲金融危机，同时对房企融资端松绑，房地产行业迅速反弹，房价指数的反弹约滞后销售面积指标3个月。

第一，背景。为对冲金融危机对国内经济的负面影响，政府推出一系列扩大内需、拉动投资的经济刺激计划，实行积极的财政政策和适度宽松的货币政策，对房地产行业的调控方向也由限制转为刺激。2008年9月，央行宣布“双率”齐降，年内5次下调金融机构贷款利率，开启本轮房地产宽松周期。

第二，调控方式。房地产调控政策主要在于刺激房地产需求，同时对房地产融资端进行松绑。包括下调首付比例，下调房贷利率，减免交易环节税费，特别是明确放松二套房贷款政策等；在融资端支持房企合理融资需求，调低房地产开发项目的最低资本金比例，同时加大保障性住房建设以拉动投资。

第三，调控效果。房地产销售快速反弹，房价指数的反弹约滞后 3 个月。在政策、货币双宽松的环境下，房地产快速反弹，销售端对政策最为敏感，商品住宅销售面积在 2008 年年底触底后快速反弹；2009 年全年商品住宅销售面积增速高达 45.40%，住宅新开工面积和住宅投资额亦快速反弹。2009 年增速均恢复至两位数以上，房价指数的反弹约滞后商品住宅销售面积 3 个月左右，2009 年年底 70 城新建住宅价格指数同比增速达到 9.1%，房价大幅上涨。

第二轮收紧：2009 年年底—2011 年年底

经济过热、通胀抬头的背景下政策再次收紧，调控方式以严厉的需求端政策为主，重点打击投机行为，房价上涨增速得到控制。

第一，背景。“四万亿”及一揽子刺激政策使得经济很快走向过热，通胀开始抬头，同时房地产市场的快速回暖和各大城市房价的疯狂上涨，使得政府再次开启房地产调控周期，调控手段愈加严厉。2010 年 10 月央行时隔两年又 10 个月重启加息，货币政策开始收紧。

第二，调控方式。以严厉的需求端政策为主，重点打击房地产投机行为，“限购、限贷、限价”逐渐扩大至二、三线城市。2009 年 12 月“国四条”的提出标志着调控政策正式转向收紧，需求端政策重点为抑制房地产投机需求，从“国四条”“国十一条”到“新国十条”，政策持续收紧。2011 年 1 月“新国八条”首次明确提出限购政策，并要求制定房价控制目标，前期主要在一线城市实行，后逐渐扩大至房价上涨过快的二、三线城市，房地产市场正式进入“限购、限贷、限价”的“三限时代”，截至 2011 年年末，全国共有 46 个城市出台了限购政策。供给端和融资端则主要是增加中低价位普通商品住房（特别是保障性住房）供给，加大房地产贷款窗口指导、加强房企融资监管等。

第三，调控效果。房地产销售端及房价上涨增速得到控制；政策对投资端作用的时滞较长，投资增速仍保持高位增长。政策首次收紧后，销售端效果明显，商品住宅销售面积增速由 2009 年年末的 45.40% 迅速下滑；随着政策进一步趋严，2011 年年末商品住宅销售面积增速跌至 3.90%。房价对政策的反应仍存在滞后，直到 2010 年 4 月房价上涨势头才得到控制，70 城新建住宅价格指数增速由最高点的 15.4% 逐步回落至 1.6%，但仍保持正增长。从投资端来看，2010 年住宅新开工面积整体保持较高增速，一定程度上反映出房地产开发企业对市场仍有信心，直至 10 月央行加息后增速转为明显下滑，加之 2011 年开始的“全面限购”，房企对市场的信心受到较大影响，土地购置及住房新开工增速呈现大幅放缓；由于住宅开发投资受房屋新开工、施工和竣工的共同影响，导致政策对投资端作用的时滞较长，在政策和信贷的持续收紧下仍保持高位增长，2011 年全年增速达 30.20%。

第三轮宽松，2011 年年底—2012 年

经济下行压力下宏观调控“稳增长”，中央的房地产政策未明显放松，地方展开政策微调，新一轮降息降准推动房地产市场回暖。

第一，背景。经济受到欧债危机的波及，宏观调控向“稳增长”倾斜，货币政策有所放松。受欧债危机的波及，2011 年国内经济增速回落较快，经济下行压力下宏观调控向“稳增长”目标倾斜，强调“着力扩大内需”。2012 年，央行进入新一轮降息、降准周期，货币超发的流动性再次推动房地产市场的周期上涨。

第二，调控方式。中央的房地产调控政策坚持不放松，以释放刚需为目的的政策微调在多地展开，限购等触及根本的政策被叫停，中央与地方政府的博弈加剧。2011 年年底至 2012 年年初，在经历了 2011 年严厉的调控政策打压后，房地产市场较为低迷，投资端增速明显下滑，商品住宅销售面积大幅下滑，70 个大中城市新建商品住宅价格指数环比增速持续负增长。虽然中央坚持房地产调控政策不放松，但房地产和土地市场的持续低迷，影响了地方政府的财政收入和 GDP 增长，因此，地方政府有较大的冲动给调控松绑。2011 年年底开始，以释放刚需、鼓励首次置业人群购房为目的的政策微调在多地逐渐展开，如北京放松普通住宅认定标准、南京放松公积金贷款上限等；但限购等触及调控根本的政策被叫停，如佛山的限购放松“一日游”、成都的放宽本市居民购房限制也只持续了一周。中央多次强调绝不让政策反复，中央与地方政府的博弈加剧。

第三，调控效果。房地产市场对货币政策更为敏感，降准降息推动楼市回暖，投资端企稳，销售端先于房价实现增速回正。2012 年 2 月央行降准，货币政策发出积极信号；3 月央行及四大行提出满足首套房贷款需求，商品住宅销售面积增速降幅明显收窄；6、7 月央行两次降息，货币政策明显放松，房企及购房者的信心增强，房地产市场明显回暖，房价环比止跌回升，住宅开发投资完成额增速企稳，销售端先于房价实现增速正增长，其中 2012 年 11 月商品住宅销售面积增速回正，2013 年 1 月 70 城新建住宅房价指数同比增速回正。

第三轮收紧：2013 年

上届政府楼市调控收官之作的“国五条”未能阻止房地产市场的继续回暖，一线城市房价涨幅一骑绝尘。

第一，背景。在经济增速符合预期及房价反弹趋势明显的背景下，房地产调控再次收紧。政府调低了经济增长目标，虽然经济增速下行但仍符合预期，政府未出台大规模的宏观刺激政策。

第二，调控方式。上届政府楼市调控收官之作“国五条”，延续抑制需求的调控思路。2013 年 2 月国常会出台了楼市调控“国五条”，此次国常会是上届政府的最后一次常务会议。“国五条”被称为上届政府楼市调控的收官之作，调控思路基本延续，主要是再次重申坚持执行以限购、限贷、限价为核心的调控政策，此后出台的细则还明确了严格执行二手房交易按差价缴纳 20% 个税的规定。

第三，调控效果。各地方政府落实力度不一，政策实际执行效果不佳，销售投资高增长，一线城市房价涨幅一骑绝尘。为了在“国五条”细则正式实施前赶上政策末班车，观望者纷纷出手购房，导致房地产成交量短时间井喷，商品住宅销售面积增速暴涨，政策末班车效应之强令人始料未及。“国五条”出台后，多数城市并未进一步收紧限购限贷，3 月底公布的地方版“国五条”细则，大多数二、三线城市仅提出“房价调控目标”，政策力度明显弱化；仅有北京、上海等个别城市政策较为严格，除北京以外大部分城市未严格落实二手房交易 20% 差额征税政策。2013 年 10 月起，在房价控制目标难以在年底完成时，北上广深及重点二线城市才纷纷出台实质性收紧调控政策，调控加码。2013 年年末商品住宅销售面积增速仍高达 17.5%，房地产投资完成额亦保持 20% 左右的增速水平。从房价来看，调控效果“事与愿违”，一线城市房价快速上涨，涨幅超过 20%，特别是北京作为“国五条”调控落实最严城市，却也是房价上涨幅度最大的城市；后续随着调控政策的加码，房价增速才有所下滑。本轮调控效果不佳的原因主要有四点：一是在政府换届之后房地产调控思路转变，地方政府对“国五条”的落实力度不一，政策力度明显弱化；二是该阶段货币政策以稳为主，前一阶段稳增长目标下宽松的货币政策仍在发挥作用，流动性较为充沛；三是一线城市具有强劲的需求，在政策相对平稳时，前期压抑的需求产生强烈的补涨效应；四是二手房交易 20% 差额征税政策一定程度减少了二手房供应，对新房价格的上涨有一定推动作用。

第四轮宽松：2013 年年底—2016 年上半年

稳增长、去库存双重压力下政策放松，货币宽松及棚改货币化政策共同推动一、二、三线城市房价轮动上涨。

第一，背景。中国经济步入“新常态”，经济增速换挡，稳增长压力加大；房地产市场呈现分化，一、二线城市高房价和三、四线城市高库存并存。新一届政府提出中国经济“新常态”，经济发展从高速转为中高速增长；2014—2015 年经济增速快速下台阶，连续两年未完成《政府工作报告》中的 GDP 增长目标，稳增长压力不断加大；政府出台一系列稳增长措施并采取了宽松的货币政策。同时房地产市场呈现分化，一、二线城市人口虹吸效应强，购房需求旺盛，房地产市场呈现供不应求，房价高企；三、四线城市人口外流，需求不足，但在前期高土地供应和高投资的带动下，积累了大量的商品房库存，不同量级城市的供需失衡和资源错配问题凸显。

第二，调控方式。新一届政府明确房地产市场化调控思路，放松限购限贷并持续降准降息，推行棚改货币化安置。2013 年 10 月，新一届政府在中央政治局集体学习会上提出“构建以政府为主提供基本保障、以市场为主满足多层次需求的住房供应体系”，标志着房地产市场化调控思路的确立，政府将弱化在房地产市场的行政干预，而主要在住房保障方面发挥作用。在此调控思路下，基本确定了稳定住房消费、支持居民自主和改善型需求的政策方向，房地产政策逐步放松。2014 年 3 月《政府工作报告》提出分类调控，4 月开始各地方逐渐放松限购，截至 2014 年年末，除北上广深及三亚以外其他城市均已放松或取消限购；2014 年“930 房贷新政”下调首付比例、放松限贷等，标志着中央开启需求端全面放松；2015 年 3 月、9 月和 2016 年 2 月继续下调首付比例（后两次主要在不限购城市实施），同时央行多次降息降准，货币宽松叠加政府放松，购房需求迅速释放。2015 年 6 月国务院发文提出“积极推进棚改货币化安置”，同年 11 月中央提出要化解房地产库存，此后“去库存”成为调控的主要目标之一。

第三，调控效果。销售端强势复苏，一、二、三线城市房价呈现明显的轮动上涨，但去库存压力下投资端复苏较慢。在货币、调控政策双宽松的环境下，房地产市场触底反弹，销售端强势复苏，受各地调控节奏、投资溢出效应和棚改货币化安置规模不同的影响，一、二、三线城市房价呈现明显的轮动上涨：2014 年“930 房贷新政”和降息下，一线城市的需求率先复苏；2015 年“330 房贷新政”及继续降息后，一线城市商品住宅销售面积增速快速上行，2015 年 9 月增速高达 25.28%，二、三线城市虽然销售增速转正，但在高库存压力下，复苏力度仍较弱；2015 年 9 月和 2016 年 2 月政策针对不限购城市继续调低首付比并继续降息降准，加之棚改货币化安置的推进，空前宽松的政策大幅推动了二、三线城市房价的上涨，2016 年 4 月二、三线城市商品住宅销售面积增速创历史新高，分别达 52.63% 和 38.19%。投资方面，商品房库存较大影响了房地产开发企业的投资意愿，虽然销售端已经明显复苏，但投资端复苏较慢，随着 2016 年商品房库存的明显去化，在宽松的资金面下，房企的投资意愿明显提升，房地产开发投资增速止跌回暖。

第四轮收紧：2016 年下半年至今

政策定调“房住不炒，因城施策，长效机制”，货币政策严控资金流入房地产市场，供给端重点改革土地制度和发展住房租赁市场，融资端监管持续强化，房企控负债、降杠杆压力增加。

第一，背景。经济运行在合理区间，但经济增长面临内外部挑战，政策对“稳增长”和“防风险”开始统筹并重。2016 年以来我国经济增速整体运行在合理区间，同时经济增长仍面临诸多挑战，外部面临全球经济放缓、中美贸易战、新冠疫情在全球蔓延等，内部面临经济结构不合理、杠杆率高等问题。2016 年 7 月、10 月的中央政治局会议两次强调“注重抑制资产泡沫和防范经济金融风险”，表明政策对“稳增长”和“防风险”开始统筹并重。

第二，调控思路。中央对房地产市场调控政策定调为“房住不炒”，“因城施策”贯彻始终，并坚决执行不将房地产作为短期刺激经济的手段，并逐步建立房地产长效机制。2016 年 12 月，中央经济工作会议首次提出“房子是用来住的，不是用来炒的”，加快研究建立符合国情、适应市场规律的基础性制度和长效机制，既抑制房地产泡沫，又防止出现大起大落。此后持续在重大会议和报告中提及“房住不炒”定位。本轮调控思路与以往相比呈现出不同的特点：一是强调“因城施策”，即地方政府根据实际情况，制订不同的房地产调控政策，平衡“稳房价”和“稳增长”两个目标，政策不再全国同步。二是强调不将房地产作为短期刺激经济的手段。回顾历史，在历次国内经济下行压力凸显之时，房地产刺激政策便成为一个重要的托底手段，此次中央强调“不将房地产作为短期刺激经济的手段”。相对于房地产对经济的拉动作用，中央更在意其泡沫风险，即便是受到中美贸易摩擦、疫情等事件的影响，中央仍坚持“房住不炒”的基调。三是房地产长效机制的建立，逐步出台土地供应、住房保障、租购并举、金融监管等政策，防止房地产出现大起大落，稳地价、稳房价、稳预期，促进房地产行业平稳健康发展。

第三，调控方式。货币政策严控资金流入房地产市场，需求端“因城施策”调控更加精细，供给端重点改革土地制度和发展住房租赁市场，融资端监管持续强化。中央明确房地产调控的目的不是抑制合理的自住需求和改善性需求，而是要打击房地产投机行为，同时防止房价快速上涨而引发的社会问题、金融安全和资产泡沫等问题。在整个调控过程中，货币政策始终保持稳健，流动性保持合理充裕，但宽松的流动性具有较强的定向支持导向，央行通过多种政策工具引导金融机构加大对实体经济尤其是中小微企业的流动性支持，而严控资金流入房地产市场，包括严格打击消费贷、经营贷等违规流入房地产市场。需求端坚持推行“因城施策”，逐步落实差别化、精细化调控的目标，坚持以“限购、限贷、限价、限售”等为主要手段的政策不放松，各地方政府可以根据实际情况对政策进行调整或“打补丁”，同时可以在人才引进、放宽落户等方面进行放松。供给端重点改革土地制度和发展住房租赁市场，为抑制土地市场热度和地价倒逼房价上涨的现象，稳定市场预期，土地调控政策持续发力，包括“限房价、竞地价”“限地价、竞房价”“限地价、竞配建”，以及将库存与供地挂钩、供地“两集中”等；在住房供应制度方面重点发展住房租赁市场，促进租售同权、租购并举等机制的建立，并配套融资政策，住房租赁市场加速发展。融资端对房地产金融监管持续强化，在国家“降杠杆”“防范金融风险”等一系列指导意见下，房企在金融体系内的各类融资渠道收紧，并通过约谈、警示、专项检查等方式全面封堵房地产违规融资行为。2020 年 8 月，房企财务指标“三道红线”政策出台，对重点房企资金和融资端进行管理，抑制房企盲目扩张，约束高杠杆拿地和高负债扩张行为，严防房地产行业金融风险。

第四，调控效果。棚改货币化安置对三、四线城市的房地产销售和房价形成支撑，随着政策退潮，销售面积增速回落，房价涨幅趋于平稳；土地溢价率波动下滑，房企补库需求下支撑了投资增速的上行；在融资环境的持续收紧下房企控负债、降杠杆压力增加。从2016年下半年至今的房地产市场来看，除2020年至2021年年初疫情对房地产市场有较大扰动以外，在持续稳定的政策信号的影响下，房地产市场呈现平稳的发展趋势。从销售端来看，在棚改货币化安置的较强支持下，房地产销售呈现出一定的韧性，库存持续去化，商品住宅销售面积增速缓慢回落；房价方面，一线城市在严厉的需求端政策下，房价增速快速下滑，二、三线城市由于调控力度相对较弱、承接一、二线溢出需求、棚改货币化安置推进等原因，前期房价涨幅较大，但随着货币化安置的退潮，房价涨幅亦趋于稳定。从投资端来看，在土地政策的持续发力下，土地溢价率呈现波动下滑，虽然房企融资趋紧，但随着库存的去化，销售回笼资金规模仍较大。叠加库存低位下房企对土地购置需求的增加，房企拿地及开发需求仍支撑了投资增速的上行。从房企的表现来看，前期在棚改货币化安置对销售的支撑下，房企的销售现金回流支撑了拿地和投资扩张行为，不少房企为了追求规模扩张而疯狂拿地，导致自身债务规模快速增大。2018年下半年以来，随着货币化安置的退潮和政策的持续收紧，销售回款明显放缓，在融资渠道持续收紧和融资成本上升的背景下，特别是“三道红线”政策出台后，房企的投资和扩张动能承压，控负债和降杠杆的压力增加，预计未来，在“房住不炒”长效机制的调控主基调下，房企的经营策略将转变为以提高周转、加快现金回流、防范流动性风险为主。

材料2 全国人民代表大会常务委员会关于授权国务院在部分地区开展房地产税改革试点工作的决定①

全国人大常委会关于授权国务院在部分地区开展房地产税改革试点工作的决定

（2021年10月23日第十三届全国人民代表大会常务委员会第三十一次会议通过）

为积极稳妥推进房地产税立法与改革，引导住房合理消费和土地资源节约集约利用，促进房地产市场平稳健康发展，第十三届全国人民代表大会常务委员会第三十一次会议决定：授权国务院在部分地区开展房地产税改革试点工作。

一、试点地区的房地产税征税对象为居住用和非居住用等各类房地产，不包括依

---

① 资料来源：新华社官网，2021年10月23日。

法拥有的农村宅基地及其上住宅。土地使用权人、房屋所有权人为房地产税的纳税人。非居住用房地产继续按照《中华人民共和国房产税暂行条例》《中华人民共和国城镇土地使用税暂行条例》执行。

二、国务院制定房地产税试点具体办法，试点地区人民政府制定具体实施细则。国务院及其有关部门、试点地区人民政府应当构建科学可行的征收管理模式和程序。

三、国务院按照积极稳妥的原则，统筹考虑深化试点与统一立法、促进房地产市场平稳健康发展等情况确定试点地区，报全国人民代表大会常务委员会备案。

本决定授权的试点期限为五年，自国务院试点办法印发之日起算。试点过程中，国务院应当及时总结试点经验，在授权期限届满的六个月以前，向全国人民代表大会常务委员会报告试点情况，需要继续授权的，可以提出相关意见，由全国人民代表大会常务委员会决定。条件成熟时，及时制定法律。

本决定自公布之日起施行，试点实施启动时间由国务院确定。

材料3 上海现有试点政策（2011年开始）①

上海市人民政府关于印发《上海市开展对部分个人住房征收房产税试点的暂行办法》的通知（沪府发〔2011〕3号）

各区、县人民政府，市政府各委、办、局：

根据国务院第136次常务会议有关精神，市政府决定，自2011年1月28日起，本市开展对部分个人住房征收房产税试点。现将《上海市开展对部分个人住房征收房产税试点的暂行办法》印发给你们，请认真按照执行。

实施房产税改革是党的十七届五中全会做出的一项重要部署，是“十二五”时期我国税制改革的一项重要内容。各区县、各部门要高度重视，细致工作，密切配合，确保本市对部分个人住房征收房产税的试点顺利进行。

上海市人民政府

二○一一年一月二十七日

上海市开展对部分个人住房征收房产税试点的暂行办法

为进一步完善房产税制度，合理调节居民收入分配，正确引导住房消费，有效配置房地产资源，根据国务院第136次常务会议有关精神，市政府决定开展对部分个人住房征收房产税试点。现结合本市实际，制定本暂行办法。

① 案例来源于腾讯网，2021年10月23日，https://new.qq.com/omn/20211025/20211025A04B6F00.html

一、试点范围

试点范围为本市行政区域。

二、征收对象

征收对象是指本暂行办法施行之日起本市居民家庭在本市新购且属于该居民家庭第二套及以上的住房（包括新购的二手存量住房和新建商品住房，下同）和非本市居民家庭在本市新购的住房（以下统称“应税住房”）。

除上述征收对象以外的其他个人住房，按国家制定的有关个人住房房产税规定执行。

新购住房的购房时间，以购房合同网上备案的日期为准。

居民家庭住房套数根据居民家庭（包括夫妻双方及其未成年子女，下同）在本市拥有的住房情况确定。

三、纳税人

纳税人为应税住房产权所有人。

产权所有人为未成年人的，由其法定监护人代为纳税。

四、计税依据

计税依据为参照应税住房的房地产市场价格确定的评估值，评估值按规定周期进行重估。试点初期，暂以应税住房的市场交易价格作为计税依据。

房产税暂按应税住房市场交易价格的 70% 计算缴纳。

五、适用税率

适用税率暂定为 0.6%。

应税住房每平方米市场交易价格低于本市上年度新建商品住房平均销售价格 2 倍（含 2 倍）的，税率暂减为 0.4%。

上述本市上年度新建商品住房平均销售价格，由市统计局每年公布。

六、税收减免

（1）本市居民家庭在本市新购且属于该居民家庭第二套及以上住房的，合并计算的家庭全部住房面积（指住房建筑面积，下同）人均不超过 60 平方米（即免税住房面积，含 60 平方米）的，其新购的住房暂免征收房产税；人均超过 60 平方米的，对属新购住房超出部分的面积，按本暂行办法规定计算征收房产税。

合并计算的家庭全部住房面积为居民家庭新购住房面积和其他住房面积的总和。

本市居民家庭中有无住房的成年子女共同居住的，经核定可计入该居民家庭计算免税住房面积；对有其他特殊情形的居民家庭，免税住房面积计算办法另行制定。

（2）本市居民家庭在新购一套住房后的一年内出售该居民家庭原有唯一住房的，其新购住房已按本暂行办法规定计算征收的房产税，可予退还。

（3）本市居民家庭中的子女成年后，因婚姻等需要而首次新购住房且该住房属于成年子女家庭唯一住房的，暂免征收房产税。

（4）符合国家和本市有关规定引进的高层次人才、重点产业紧缺急需人才，持有本市居住证并在本市工作生活的，其在本市新购住房且该住房属于家庭唯一住房的，暂免征收房产税。

（5）持有本市居住证满 3 年并在本市工作生活的购房人，其在本市新购住房且该住房属于家庭唯一住房的，暂免征收房产税；持有本市居住证但不满 3 年的购房人，其上述住房先按本暂行办法规定计算征收房产税，待持有本市居住证满 3 年并在本市工作生活的，其上述住房已征收的房产税，可予退还。

（6）其他需要减税或免税的住房，由市政府决定。

七、收入用途

对房产税试点征收的收入，用于保障性住房建设等方面的支出。

八、征收管理

（1）房产税由应税住房所在地的地方税务机关负责征收。

（2）房产税税款自纳税人取得应税住房产权的次月起计算，按年计征，不足一年的按月计算应纳房产税税额。

（3）凡新购住房的，购房人在办理房地产登记前，应按地方税务机关的要求，主动提供家庭成员情况和由市房屋状况信息中心出具的其在本市拥有住房相关信息的查询结果。地方税务机关根据需要，会同有关部门对新购住房是否应缴纳房产税予以审核认定，并将认定结果书面告知购房人。应税住房发生权属转移的，原产权人应缴清房产税税款。

交易当事人须凭地方税务机关出具的认定结果文书，向登记机构办理房地产登记；不能提供的，登记机构不予办理房地产登记。

（4）纳税人应按规定如实申报纳税并提供相关信息，对所提供的信息资料承担法律责任。

纳税人未按规定期限申报纳税的，由地方税务机关向其追缴税款、滞纳金，并按规定处以罚款。

（5）应税住房房产税的征收管理除本暂行办法规定外，按《中华人民共和国税收征收管理法》等有关规定执行。具体征收管理办法，由市税务局负责制定。

九、部门职责

（一）建立工作机制

市政府成立由市财政、地税、住房保障房屋管理、建设交通、规划国土资源、公安、民政、人力资源社会保障、统计等部门组成的房产税试点工作机构，建立健全工作机制，推进房产税试点工作。

（二）协同征收管理

市住房保障房屋管理、建设交通、规划国土资源、财政、公安、民政、人力资源社会保障、统计等部门要积极配合地方税务机关建立应税住房房产税征收管控机制，根据本市对部分个人住房征收房产税试点的需要，提供相关信息，共同做好应税住房的认定工作。

（三）实现信息共享

市地税、住房保障房屋管理、建设交通、规划国土资源、财政、公安、民政、人力资源社会保障、统计等部门要共同建立全市统一的房地产信息管理平台，实现个人住房信息数据库信息共享。

十、评估机制

房产税税基评估工作在市政府统一领导下，由市地税、财政、住房保障房屋管理、规划国土资源等部门共同组织实施。

十一、其他事项

本暂行办法未涉及的其他事项，按国家和本市的有关规定执行。

本市开展对部分个人住房征收房产税试点中的具体规定，由市财政局、市税务局、市住房保障房屋管理局等部门制定，并报市政府同意后公布执行。

本暂行办法自 2011 年 1 月 28 日起施行。

案例思考

1. 房地产政策变化的趋势是什么？应如何理解房地产政策？
2. 什么是房地产税？房地产税如何征收？在征收过程中会遇到哪些问题？
3. 为什么要推行房地产税？征收房地产税的优势是什么？

案例 2

海南自由贸易港人才保障和离岛免税政策

材料 1　海南自贸港人才保障政策[①]

2018 年以来，海南积极实施“百万人才进海南”行动计划，广揽天下英才，并制定出台涉及人才引进、培养、落户、安居、购房、购车、子女入学、配偶就业、医疗保障等服务保障政策，为各类人才来海南创新创业解除后顾之忧。

一是人才落户。具有全日制大专以上学历、中级以上专业技术职称、技师以上职业资格或执业资格的人才，可在海南省工作地或实际居住地落户。各类高层次人才、硕士毕业生、“双一流”高校和海外留学归国本科毕业生，以及拥有重大科研成果的创新人才、产品符合重点产业支持方向的创业人才可在海南省任一城镇（三沙市除外）落户。

二是评价机制。将高层次人才分为 A、B、C、D、E 五个类别，以市场认可的薪酬税收水平为通用标准，以专业共同体认可和社会认可的任职经历、工作业绩、荣誉称号等条件为行业标准，对人才进行精准分类评价。

三是税收政策。对在海南自由贸易港工作的高端人才和紧缺人才，其个人所得税实际税负超过 15% 的部分，予以免征。

四是医疗保障。对全职在海南工作的高层次人才，分别按照每人每年 3000 ～ 10000 元的标准统一购买商业健康团体保险，用于保障基本医疗保险之外的医疗需求。

五是项目支持。实施“千人专项”引才计划、“南海系列”育才计划、“双百”人才团队建设工程等人才工程项目，其中对评选认定为“海南省优秀人才团队”的，给予 1000 万～ 3000 万元建设资助。

六是子女入学。全职引进的 A 类（大师级）人才、B 类（杰出）人才申请以“一事一议”方式解决直系亲属入学（园）需求的，C 类（领军）人才、D 类（拔尖）人才和 E 类（其他类）高层次人才申请子女转学到省教育厅直属学校的，由省教育厅负责办理。高层次人才子女申请就读中小学的，可向居住地市县教育行政部门提出申请，按照当地中小学招生政策给予保障。

七是就业安置。海南对引进高层次人才配偶就业安置实行分级管理，坚持市场配

① 资料来源：海南自贸港官网，2021 年 11 月 13 日。

置为主、调配安置为辅的原则。其中，高层次人才配偶为公务员或者参照《中华人民共和国公务员法》（以下简称《公务员法》）管理的事业单位人员，需调配安置的，由同级公务员管理部门及相关单位在现有空编内妥善安置。

八是购车政策。海南明确人才购车的相关规定，只要符合相关条件即可享受相应的购车政策。其中，A、B、C、D 类人才可直接取得小客车其他指标。

九是购房政策。目前，海南已陆续出台了落户人才、高层次人才、总部企业人才、机关事业单位人才等购房政策。海口市规定，新落户的人才提供累计 12 个月的社保或个税缴纳记录，可在海口市购买第 1 套住房，在第 1 套住房备案满 36 个月后，可购买第 2 套住房；未落户的人才，须提供累计 24 个月的社保或个税缴纳记录，可在海口市购买 1 套住房。

十是支持创业。在海口创业的高校毕业生，毕业后初次创办企业或从事个体经营，所创办的企业或个体工商户自注册登记之日起正常运营 1 年以上且缴纳社会保险费的，可向市创业小额贷款担保中心申请一次性创业补贴，补贴标准为每个法人 1 万元。此外，还可申请个人最高 30 万元、小微企业最高 300 万元的创业担保贷款，并由财政给予部分贴息。

材料 2　海南自贸港个人所得税优惠政策①

《海南自由贸易港建设总体方案》提出：

2025 年前，对在海南自由贸易港工作的高端人才和紧缺人才，其个人所得税实际税负超过 15% 的部分，予以免征；

2025 年后，享受政策的对象不再局限于高端人才和紧缺人才，只要是一个纳税年度内在海南自由贸易港累计居住满 183 天的个人，其取得来源于海南自由贸易港范围内的综合所得和经营所得，均按照 3%、10%、15% 三档超额累进税率征收个人所得税。

2020 年 6 月 23 日，财政部、税务总局联合发布《关于海南自由贸易港高端紧缺人才个人所得税政策的通知》，明确：

- 对在海南自由贸易港工作的高端人才和紧缺人才，其个人所得税实际税负超过 15% 的部分，予以免征；
- 享受优惠的所得，包括来源于海南自由贸易港的综合所得（包括工资薪金、劳务报酬、稿酬、特许权使用费四项所得）、经营所得以及经海南省认定的人才补贴性所得；
- 对享受优惠政策的高端人才和紧缺人才实行清单管理。

2020 年 8 月 26 日，海南省人民政府印发了《海南自由贸易港享受个人所得税优惠

① 资料来源：海南自贸港官方公众号政策解读，2020 年 8 月 27 日。

政策高端紧缺人才清单管理暂行办法》，明确：

- 享受海南自贸港个人所得税优惠政策的高端紧缺人才的标准；
- 该办法自 2020 年 1 月 1 日起执行至 2024 年 12 月 31 日。

适用条件：

- 在海南自由贸易港工作；
- 与在海南自由贸易港注册且实质性运营的企业或单位签订了 1 年以上劳动合同或聘用协议；
- 一个纳税年度内在海南自由贸易港连续缴纳社会保险 6 个月以上（须包含本年度 12 月当月）的高端紧缺人才。

高端人才范围（符合下述条件之一即可）：

- 经海南省各级人才管理部门认定的人才；
- 一个纳税年度内在海南自由贸易港收入达到 30 万元人民币以上。

紧缺人才范围：

符合海南自由贸易港行业紧缺人才需求目录。

主要包括以下五类：

- 旅游业、现代服务业、高新技术产业三大产业和热带高效农业种业、医疗、教育、体育、电信、互联网、文化、维修、金融、航运等重点领域技能技术骨干和管理人才；
- 海南省机关事业单位人才以及法定机构、社会组织聘用人才；
- 符合《外国人来海南工作许可管理服务暂行办法》相关标准的外国人才；
- 在海南自由贸易港执业的港澳台人才；
- 海南其他非限制性准入行业领域急需的技能技术骨干和管理人才。

材料 3　调整离岛免税政策，支持海南自由贸易港建设①

2020 年 6 月 1 日，中共中央、国务院印发《海南自由贸易港建设总体方案》(以下简称《总体方案》)，提出“放宽离岛免税购物额度至每年每人 10 万元，扩大免税商品种类”。为落实《总体方案》要求，进一步释放政策效应，高质量建设自由贸易港，经国务院同意，财政部、海关总署、税务总局发布《关于海南离岛旅客免税购物政策的公告》(以下简称《公告》)，自 2020 年 7 月 1 日起实施。公告明确：离岛旅客每年每人免税购物额度为 10 万元，不限次；扩大免税商品种类，增加电子消费产品等 7 类消费

① 资料来源：中华人民共和国中央人民政府网，2020 年 6 月 29 日。

者青睐商品；仅限定化妆品、手机和酒类商品的单次购买数量；旅客购买商品超出免税限额、限量的部分，照章征收进境物品进口税；具有免税品经销资格的经营主体可按规定参与海南离岛免税经营。

与此前政策相比，《公告》主要调整包括：第一，免税购物额度从每年每人 3 万元提高至 10 万元；第二，离岛免税商品品种由 38 种增至 45 种；第三，取消单件商品 8000 元免税限额规定；第四，以额度管理为主，大幅减少单次购买数量限制的商品种类；第五，鼓励适度竞争，具有免税品经销资格的经营主体均可平等参与海南离岛免税经营；第六，加强事中事后监管，明确参与倒卖、走私的个人、企业、离岛免税店将承担的法律责任。

我国自 2011 年 4 月开始试行离岛旅客免税购物政策以来，总体运行情况良好，促进了海南国际旅游岛建设，带动了海南旅游消费及相关产业发展。据海关统计，截至 2019 年年底，累计购物 1631 万人次，免税销售额 538 亿元。此次政策调整力度大，将大幅改善消费者购物体验，释放政策红利，提升群众获得感，促进海南国际旅游消费中心建设，增强各界对海南自贸港建设的信心。

案例思考

1. 海南自贸港的建设离不开政策的支持，结合上述三个材料并查阅相关资料，说明海南自贸港建设中政策核心是什么，政策该如何执行。

2. 一项政策的颁布和实行要经过多方面的考量，请结合所学知识以及上述材料，简述一项公共政策形成过程。

3. 如何评价海南自贸港人才引进政策？评判政策好坏的标准是什么？

案例 3

“双减”政策

材料 1　秋季学期中小学将降低学生考试压力，强化教育教学管理推动“双减”政策全面落地①

2021 年秋季学期是中小学全面落实“双减”（指减轻义务教育阶段学生作业负担和

① 资料来源：《人民日报》，记者吴月，2021 年 8 月 31 日。

校外培训负担）有关部署要求的第一个学期。目前，除个别地方暂缓开学外，全国绝大部分地区中小学、幼儿园将于9月1日正常开学。“要下大力气做强做优校内教育，健全学校教育质量服务体系，切实做到教师应教尽教、学生学足学好。”8月30日，教育部新闻发布会上，教育部基础教育司司长吕玉刚强调。

大幅压减考试次数

记者在发布会上了解到，为落实教育评价改革和“双减”要求，教育部印发了《关于加强义务教育学校考试管理的通知》(以下简称《通知》)。

“目前，部分地区和义务教育学校存在考试次数偏多、难度较大、质量不高、结果使用不当等突出问题，违背素质教育导向，造成学生负担过重、应考压力过大，损害了学生身心健康，必须予以纠正。”吕玉刚谈道，义务教育阶段的考试主要发挥诊断学情教情、改进加强教学、评价教学质量等方面功能，除初中毕业生升高中考试（学业水平考试）外，其他考试不具有甄别选拔功能。

据介绍，《通知》明确，大幅压减考试次数。小学一、二年级不进行纸笔考试，义务教育其他年级由学校每学期组织一次期末考试，初中年级从不同学科的实际出发，可适当安排一次期中考试。各地不得面向小学各年级和初中非毕业年级组织区域性或跨校际的考试；学校和班级不得组织周考、月考、单元考试等其他各类考试，也不得以测试、测验、限时练习、学情调研等各种名义变相组织考试等。据悉，大幅压减考试次数的要求先在中央和各省（区、市）确定的“双减”试点地区开展。

《通知》还提出，合理运用考试结果，学校期中期末考试实行等级评价，一般分4至5个等级。考试结果不排名、不公布，以适当方式告知学生和家长。不得按考试结果给学生调整分班、排座位、“贴标签”；初中各学期期中期末考试成绩和初三下学期模拟考试成绩不得与升学挂钩等。

不得以任何名义设置重点班

“落实学校承担的‘双减’工作任务，必须强化教育教学管理，严格落实教育教学工作纪律。”吕玉刚说。

教育部要求，新学期开学后，义务教育学校要严格执行均衡编班的规定，不得以任何名义设置重点班，切实做到均衡配置师资。严格执行教学计划，不得随意增减课时、改变难度、调整进度，不得利用课后服务时间讲新课。严格执行作业管理规定，严禁给家长布置作业或变相布置作业，严禁要求家长检查、批改作业，杜绝重复性、惩罚性作业，不得要求学生自批自改作业。严格执行考试管理规定，不得违规组织考试等。

此外，吕玉刚介绍，秋季学期，各地各校还将切实减轻过重作业负担，推进课后服务全面覆盖，全面提高课堂教学质量，加强家校沟通和宣传引导等。

层层压实督导责任

加强“双减”督导，是推动“双减”各项政策落地见效的重要举措。教育部教育督导局一级巡视员胡延品介绍，“双减”督导被列为2021年教育督导工作的“一号工程”，要将“双减”督导摆在重中之重的位置，系统部署。国务院教育督导委员会办公室、教育部教育督导局要求各地督导部门将“双减”政策落实及成效纳入政府履职督导评价，进一步压实政府责任；设立专门举报平台，通报典型违规案例，强化社会监督；组织国家督学、学校责任督学明察暗访，开展常态化督导；约谈、通报问题多发地区和单位，严格依规问责。

胡延品介绍，国务院教育督导委员会办公室建立“双减”专项督导半月通报制度，9月起每两周对各省“双减”工作落实进度进行通报。此外，还将开设“曝光台”，对该落实、能落实而不落实的工作，或经多次通报仍整改不到位的典型问题，直接在有关媒体和网络上曝光，并依规启动问责程序。“下一阶段，我们将层层压实督导责任，加大督办、通报、约谈和问责力度，推动‘双减’政策全面落地。”胡延品说。

材料2　上海创新举措，探索“双减”政策落地：“减”出了时间，充实了成长[①]

2021年2月7日，周二下午，上海戏剧学院附属新世界实验小学“梦幻冰雪”社团花滑队的孩子们在一家冰上运动中心的冰场上飞驰。学生们能在课后服务时间内接受国家级专业教练指导，进行冰上运动，这是上海进一步减轻义务教育阶段学生作业负担和校外培训负担后出现的新气象。

作为贯彻落实“双减”政策试点地区之一，上海打出“组合拳”，让“双减”政策红利惠及每个家庭和孩子，更和谐、更温暖、更健康的教育“新生态圈”正在形成。

线上名师线下导师，全方位育人

停了学科类校外培训，孩子学习跟得上吗？上海动足脑筋，用创新举措化解家长焦虑：加强学校主阵地建设，做强做优免费学习服务，推出“空中课堂”升级版“名师面对面”。

2021年9月13日起，每周一至周五晚，上海的初二、初三学生可以通过“上海空

① 资料来源：《人民日报》，记者姜泓冰，2021年12月14日。

中课堂”网络平台、上海教育电视台和有线电视、交互式网络电视等多种途径，与各学科的名师“面对面”，听特级教师和正高级教师们讲述课程难点解析，如有疑问可以在线提问。针对学生日常学习中出现的高频问题，老师们还将集中解答。为保障学生睡眠，“空中课堂”晚上 9 点前结束，周末可以回看。

上海市教委教研室主任王洋表示，“名师面对面”的推出，是上海发挥全市优质教育资源辐射作用、促进全市义务教育优质均衡的重要举措，“不仅有助于培养学生能力，也能通过这些优秀教师的课程，对其他教师起到示范引领作用。”截至 2021 年 12 月 1 日，“名师面对面”栏目累计收视率已达 354.3 万人次。

线上有名师，线下有导师。2021 年 9 月，上海中小学全面推行“全员导师制”——中小学校全体教师分别与每位学生匹配，成为学生的“知心人”，并开展有效家校沟通。导师与学生配置比例原则上不超过 1∶15，导师关注的不只是学业，更是学生的身心健康。

不少学校结合“双减”实施，根据学生校内课后服务项目选择、拓展课程选修、社团或兴趣小组活动等情况，为学生精准匹配导师，激发学习动力。在宝山区鹿鸣学校，作为导师的蔡亦冰老师用孩子们喜欢的“涂鸦”方式，架起与青春期学生沟通的桥梁，“一周情绪卡”让孩子们画一周的心情。“孩子有了自己的专属导师，感觉学校生活更温暖了。”很多家长欣喜地说。

上海市教卫工作党委副书记、上海市教委副主任闵辉表示，全面推行“全员导师制”，就是为了进一步深化全员、全程、全方位“三全育人”。

探索数字应用场景，个性化教学

“小明过生日，要将一块圆形大蛋糕分给全班 29 名同学，最少需要切几刀？”上海市宝山实验学校六年级的数学课上，陈纯老师的问题让课堂热闹起来——这是一堂“智慧同侪数学探究课程”，借助信息化手段，上海市求真中学、虎林中学和泗塘中学 3 所学校的学生在同时听课。

“备课助手”“教学助手”“作业助手”……在率先探索数字化应用场景实践的杨浦区平凉路第三小学，老师们可对学生答题出现的错误进行归因，答疑指导更有针对性，作业布置有了分层、弹性和个性化的新变化。学生完成作业有困难，可以进“作业答疑站”解惑，在“音乐聊聊吧”减压放松。四（5）班数学老师张智玮说：“作业质量高了，整体学习效率提高了。”

浦东新区张江高科实验小学同样建立了作业分层辅导管理机制。9 月开学以来，该校三至五年级 98% 以上的学生都能在校完成作业。

作业减量不减质，以减量倒逼质量，以作业撬动课堂，上海为此先后出台加强义务教育学校作业管理的相关措施，100% 的义务教育阶段学校，建立了作业管理办法和作业公示制度，并通过专项培训着力提高教师的作业设计能力。

共享课后服务资源，家校社联动

下午 3 点半后，上海市奉贤区教育学院附属实验小学二年级的孩子在语文老师张玲的带领下，踏进学校农庄试验田，了解水稻的种植环境和种植技术。这是张玲团队结合学校“追寻最闪亮的星”特色课程，在课后服务时间开展的项目化活动。

2021 年，小学生校内课后服务被列入上海市为民办实事项目和民心工程，实现 100% 的义务教育学校提供课后服务，每周 5 天、每天不低于 2 小时的托管服务。这也为全面育人拓出了新空间。上海在制定标准的基础上，鼓励一区一策、一校一方案，多种活动排列组合。

上海外国语大学尚阳外国语学校结合校内社会实践、多彩活动课程、课后校外社会考察等资源，设计了八大类近 40 个活动科目，建设了 30 多个“一室多用”的活动课场馆。梅园中学开设无人机、鼓乐、健美操、篮球、绘画等 12 门体验课程，学生“走班”轮换参加。虹口区第六中心小学开发“校园微信课后服务智能平台”，学生每月自主选课，平台生成一生一表，学生活动情况、哪门课程更受欢迎一目了然，方便动态调整。

打破围墙，资源共享，家校社共育，让校内课后服务有了丰富优质的“助力源”。黄浦区青少年艺术活动中心每周一至周五有近百名教师对区域内中小学“送教上门”，提供 100 余门公益性课后服务课程。徐汇区长桥街道学生社区实践指导站请来专业花样跳绳机构授课，周边 15 所中小学的孩子和家长每周都可以报名免费参加公益运动课程。他们推出 58 个项目的共享清单，与辖区中小学合作，开设武术、越剧、剪纸、绳编等优质课程。

11 月 15 日，“上海市素质教育优质课程项目资源”上线试运行，首批课程包含科技教育、艺术教育、体育健康、综合类四大类，所有义务教育阶段中小学校均可免费使用。此前，上海市校外教育质量评测中心首次公开征集素质教育类课后服务项目，社会各界积极响应，很快就收到了 702 个机构（单位）申报的 4821 门课程与活动。

“双减”之下，家长有了更多与孩子共处的时间和空间。前不久，上海举办首届“家长学校家庭教育活动周”，108 项活动聚焦“成才观”“生命教育”“亲子沟通”三大主题，线上线下互动，引导家长“行为示范”，帮助孩子健康成长。

“双减”加课后服务，让家长和孩子们开始习惯没有书面作业，“减”出来的时间，由多样化、个性化的课后服务和丰富的亲子活动充实。“一增一减，操场上运动助威声多了，教室里研讨声多了，校园里歌声多了，亲子间欢笑声多了，这才是教育应有的模样。”上海市教委副主任杨振峰说。

材料 3 “双减”政策落地，各地做得怎么样？①

近期，北京市委办公厅、市政府办公厅正式印发《北京市关于进一步减轻义务教育阶段学生作业负担和校外培训负担的措施》，提出多项切实举措，引发公众关注。自“双减”文件印发到 8 月 19 日，各省（自治区、直辖市）已纷纷出台落实举措。让我们一起关注目前各地落实“双减”政策的新动态！

天津：成立“双减”工作专班，启动暑假校外培训机构专项治理行动

天津市委、市政府组建了由天津市委、市政府分管负责同志任组长、副组长，相关委办局组成的天津市“双减”工作专班，并召开了第一次全体（扩大）会议，研究部署并迅速启动全市“双减”工作。

目前，天津市“双减”工作正在围绕“全面深入调研、加强宣传引导、加大治理力度、完善机构设置”四方面开展工作。一是全面深入调研：工作专班贯彻落实中央和市委、市政府部署要求，制定全市总体工作方案；各区落实属地责任、主体责任，在充分调研的基础上，做精做细做实有关工作。二是加强宣传引导：宣传中央有关精神及政策要求；宣传本市素质教育成果，加大教育观、人才观、育人观等宣传引导力度；及时曝光问题严重的校外培训机构典型案例；各区公布校外培训机构黑白名单及举报电话，接受社会监督；及时宣传报道各阶段主要工作措施及成效，持续营造良好社会氛围。三是加大治理力度：开展暑假校外培训机构专项治理行动，严厉查处违反政策要求的校外培训机构。四是完善机构设置：各区教育局单独设立校外教育培训监管科；专班各成员单位加强工作力量配备，加强沟通协调，统筹推动工作。

下一步，天津市“双减”工作专班将加强领导、明确职责、统筹协调、形成合力，按照中共中央办公厅、国务院办公厅印发的《关于进一步减轻义务教育阶段学生作业负担和校外培训负担的意见》文件精神，结合天津实际，认真贯彻落实，确保“双减”工作平稳有序开展。

河北：突出重点精准发力推进“双减”工作

7 月 27 日，教育部官网“‘双减’在行动”专栏发布河北省教育厅党组书记、厅长杨勇文章《突出重点精准发力推进“双减”工作》，从教学质量、日常管理、课后服务、校外培训机构四个角度介绍河北省对“双减”工作的部署。

① 资料来源：腾讯网，有删减，编辑魏倩，2021 年 8 月 19 日。

河北省将提升课后服务质量和规范校外培训机构作为推进“双减”工作的关键，确保“五项管理”督导覆盖辖区内所有中小学和校外培训机构；小学课后服务所需经费全部由同级财政承担；严格校外培训机构行业准入和审批设置标准，加强日常监管。

课后服务方面，杨勇表示，把小学课后服务纳入学校教育教学体系，完善经费保障机制，所需经费全部由同级财政承担，不向家长收取费用。同时，着力提升课后服务质量。全省开展课后服务的小学比例达到100%，实现全覆盖。

日常管理方面，要求加强中小学生手机、作业、读物、睡眠、体质等“五项管理”，建立责任督学日常督导制度，强化逐月督导，确保“五项管理”督导覆盖辖区内所有中小学和校外培训机构。

对校外培训机构，要全面排查摸清底数，建立工作清单，设立专门举报平台（电话），凡举必查。严格校外培训机构行业准入和审批设置标准，加强日常监管。自2021年5月起，组织全省8000余名责任督学每月一次开展全覆盖、全方位、无缝隙的逐校（机构）逐项督导检查，建立问题督办清单，跟踪整改落实。

山西：已有60个县（市、区）开展“双减”试点工作

7月15日，教育部官网“‘双减’在行动”专栏刊发山西省教育厅党组书记、厅长李秋柱撰写的文章《坚决扛起“双减”责任 推动义务教育高质量发展》。李秋柱介绍道，目前，山西省已有60个县（市、区）围绕提供校内周末服务、整治学科类校外培训、合理利用校外资源、创新培训收费模式等内容开展“双减”试点工作，覆盖全省所有设区市。

下一步，山西省将根据中央有关精神，尽快制订出台“双减”工作方案，重点从以下几个方面推进落实。

一是减轻学生作业负担。充分发挥作业的育人功能，突出作业研究在备课环节中的地位，做到作业内容与教、学、评相一致，提高作业的科学性、有效性。严控书面家庭作业总量，支持中小学积极探索布置跨学科综合性作业，运用“基础作业＋弹性（特色）作业”的模式。坚决杜绝重复性、惩罚性作业。

二是提高课后服务质量。丰富校内课后服务内容，拓展课后服务供给渠道，推动落实义务教育学校课后服务全覆盖，支持鼓励学校创造条件满足学生在校内午餐午休需求。支持学校在周末和假期开展课后服务，提供以拓展综合素质为主要内容的相关服务，供学生自愿参加。

三是依法治理校外培训。出台《山西省校外培训机构管理办法》，明确校外培训机构的设置标准、设立审批、教学管理、收费管理、违规处理等相关规定。坚持依法治理、标本兼治。各级教育部门着手成立专门机构，重点加强面向中小学生的学科类语言类培训机构监管，严肃查处违法违规培训行为，创新培训收费模式，严控过高收费和过度逐利行为。

四是强化教育督导评价。强化省、市统筹，落实以县为主体管理单位。各级党委、政府不应将面向中小学生的校外培训纳入招商引资、振兴实体经济、发展新兴服务业等支持政策。加快建立以发展素质教育为导向的义务教育质量评价体系，做好对市、县级政府减轻学生课业负担、加强校外培训机构综合治理工作的评价，加强督导，推动市、县级政府切实履行教育职责。健全责任体系，形成教育部门牵头各有关部门各司其职、分工协作的良好机制，形成合力。

辽宁：成立7个督导组，对“双减”工作进行督查

7月30日，辽宁省进一步减轻义务教育阶段学生作业负担和校外培训负担电视电话会议在沈阳召开，省委教育工委书记、副省长王明玉参加会议并讲话。会议深入贯彻落实中办国办《关于进一步减轻义务教育阶段学生作业负担和校外培训负担的意见》要求，对全省“双减”工作进行全面部署。

会议强调，狠抓重点任务，全力组织开展“双减”工作。坚持疏堵结合、标本兼治，坚持系统治理、综合施策，坚持校内校外、线上线下相结合。首先，做到学校教育提高教育教学质量、提高作业管理水平、提高课后服务水平；向课堂要效率，做到应教尽教；减少机械重复无效作业，提高作业质量；秋季开学后全面推开课后服务，实现全覆盖。其次，校外培训机构管理落实严格审批、严格监管。全省“双减”工作总目标是学生和家庭负担1年内有效减轻，3年内成效显著。

浙江：以“五项管理”为抓手，重点落实“三减三增”

一是以制度重塑为重点，全面规范管理校外培训机构。浙江省政府多次召开校外培训机构治理专题研究会议，省教育厅主动响应教育部最新要求，组建工作专班，强化数字赋能，重点聚焦标准、准入、监管、执法等4个环节，理顺部门职责，加强部门监管合力，形成一套长效管理机制。构建校外培训机构智能管理体系，通过大数据技术实现校外培训机构数字化监管。开展校外培训机构专项治理行动，坚持从严治理，对存在问题的机构严肃查处，依法规范教学培训秩序。

二是以“五项管理”为抓手，重点落实“三减三增”。将加强手机、作业、睡眠、体质、读物等“五项管理”督导作为今年教育督导“一号工程”和责任督学首要任务部署实施。扎实推进落实以“三减三增”为重点的减负行动，即减作业、增睡眠，减补习、增运动，减刷题、增实践，着力解决群众反映强烈的突出问题。

三是以教育生态监测为牵引，营造良好育人环境。2020年浙江省着手从教育外部生态（宏观生态）、教育系统生态（中观生态）、个体发展生态（微观生态）3个维度研制区域基础教育生态指数，已取得初步成果。下一步，浙江省将全面推行县域基础教育生态监测发布制度，引导地方政府和学校贯彻落实生态文明思想，科学理解教育质量，重点监测作业指数、补习指数、睡眠指数、近视率等与学生学业负担密切相关的因素，积极营造基础教育优质、均衡、绿色发展的良好生态。

案例思考

1.“双减”政策实施的背景是什么？实施的目的和意义有哪些？

2. 如何推动“双减”政策的实施？在实施过程中会遇到哪些困难？

3.“双减”政策的实施会对哪些人产生影响？

第六章
公共部门绩效管理

绩效指行为和结果。行为由从事工作的人表现出来，将工作任务付诸实施。行为不仅仅是结果的工具，行为本身也是结果，是为完成工作任务所付出的脑力和体力的结果，并且能与结果分开进行判断。

臧乃康在《政府绩效的复合概念与评估机制》一文中认为，政府绩效是评判政府治理水平和运作效率的重要依据。政府绩效意指扣除政府成本后的盈余，一般用于衡量政府工作业绩。政府绩效不单纯是一个政绩层面的概念，还包括政府成本、政府效率、政治稳定、社会进步、发展预期的含义在内。从框架上而言，政府绩效主要包括经济绩效、社会绩效和政治绩效。①

绩效管理是指各级管理者和员工为了完成组织目标，共同参与绩效计划的制定、绩效考核的评价、绩效结果的运用等。绩效管理的目的就是为了提升个人、组织的整体绩效，完成组织的目标。绩效管理是围绕绩效提高工作目标，明确组织目标，确定绩效目标检测和反馈组织绩效状况，并对实现的状况进行绩效评估的一个完整的过程。②

公共部门绩效管理作为从私人部门引入的管理方法和理念，指的是以公共部门为关注对象，以经济、效率、效益、服务质量的提高和公民满意为目标，其内涵是以任务为导向、以结果为导向、以顾客为导向、以社会为导向和以市场为导向，是将公众的需要作为公共部门存在发展的前提，将公众的需求作为公共部门改革、组织设计方案应遵循的目标。

公共部门绩效管理过程一般包括以下三个最基本的功能活动。

一是绩效指标化。为了进行绩效评估，管理者必须设计一套足以衡量组织目标实现的指标系统，也就是衡量组织绩效的标尺，这样才能在不同机关与不同时期之间进行比较。

---

① 臧乃康. 政府绩效的复合概念与评估机制 [J]. 南通师范学院学报（哲学社会科学版），2001（3）：25-29.

② 赵红岩. 我国公共部门绩效管理困境与对策研究 [D]. 开封：河南大学，2010.

二是绩效监控。绩效监控是指对组织的绩效进行持续性的监测、记录与考核，以作为绩效评估和改进组织绩效的基本依据。

三是绩效评估。绩效评估是依据绩效指标，对公共部门管理过程中投入、产出、中期成果和最终成果所反映的绩效进行评定和等级划分。绩效评估包括组织绩效评估和个人绩效评估。对公共管理而言，组织绩效评估具有更重要的地位；在人力资源管理中，则重视个人绩效评估，以作为工资、奖惩、晋升的依据。

总之，公共部门的绩效管理是由收集绩效信息、确定评估目标、划分评估项目、进行绩效测定、使用评估结果构成的行为体系，是持续提高管理绩效、不断促进有效管理的过程。

公共部门绩效管理强调绩效管理是公共管理者的主要责任，作为公共部门和公共组织，它的原则是对公众负责，例如：各项资源使用的好与坏，是否达到了预期的目标，是否满足了公众的需求。强调公共部门的高效率，绩效管理是注重结果而非过程，将个人的绩效和组织的绩效融合在一起，促进组织和部门整体的高效率。强调公共部门服务的高质量，公共部门是以顾客为导向，公共部门提供的服务要满足公众的需求。

绩效标准。公共部门绩效评估指标的“4E”标准：经济（Economy)、效率（Efficiency)、效能（Effectiveness)、公平（Equity）。

在现代公共管理中，绩效管理的重要性主要体现在以下几个方面。

一是使公共管理的责任落到实处。从公共管理的角度来说，公共部门必须要对公民负责。一是公共部门的支出必须获得公民的认可并按合法的程序进行；二是资源必须被有效地运用；三是资源必须被用于实现预期的目标。人们都希望自己所缴纳的税款不会被滥用，都期待公共部门能够负起责任，但是，如果没有对各种责任的评估机制，如果不能对公共部门的各种活动进行测评，就很难知道公共部门是否负起了责任，公共部门的支出是否达到了预期的目标。因此，从落实责任的角度看，绩效管理是十分重要的。

二是能较好地满足服务对象的不同要求。从公共管理的角度来说，公共部门是以顾客为导向的，公共部门所提供的公共服务必须满足公众的需求，公共服务所面对的是具有各种各样要求的顾客，他们对公共部门提供的同一类服务的评价往往差异甚大。公共管理者经常面临的困境之一，就是在满足了一部分民众要求时，忽视了其他民众的需求，往往令另一部分民众感到不满。由于绩效管理具有合理、精细的指标设计，因此可以通过各项指标的设计，更好地满足不同民众的多方面要求。

三是体现公共管理的结果导向的精神。公共行政学强调的是过程、投入，而不太重视结果，这样往往导致浪费、形式主义和官僚主义。公共管理的一个重要特点是

“结果导向”而非程序、规则导向。由于绩效管理不是将程序和规则放在第一位，而是将是否产生好的结果、是否满足公民需求放在第一位，它便顺理成章地成为公共管理的重要工具，并有效地促进了公共管理品质的提升、公共行政效率的提高以及公共服务质量的提升。

四是满足评估组织绩效和个人绩效的双重要求。

过去公共部门通常进行的是公务员的个人绩效评估，但在个人与组织互动日益密切的情况下，仅仅进行个人绩效评估是不够的。个人绩效的提高并不必然导致组织绩效的同步提高，只有将二者有机结合起来，才能够促进组织整体绩效的提高。

案例 1

政府绩效评估探索

材料 1　十年磨砺灿然花开——广西绩效管理工作经验探析①

明确责任，严格绩效管理和行政问责，加强日常工作考核，建立健全奖优惩劣的制度。

——摘自党的十九届三中全会通过的《中共中央关于深化党和国家机构改革的决定》

2018 年 10 月，世界银行组织全球知识研究中心发布《公共部门绩效全球报告》，广西的绩效管理经验作为中国唯一地方案例，入选全球最佳实践案例。

广西绩效管理为何能引发世界关注？

“绩效管理工作是推进国家治理体系和治理能力现代化的重要保障，没有先例可遵循，也没有成熟经验可借鉴。”广西壮族自治区绩效考评领导小组办公室主任梁海萍认为，10 年来，广西绩效管理工作一直在探索中前行，始终坚持“树导向”和“建体系”并举，围绕各项重大决策部署的贯彻落实，构建起一整套崇尚实干、激励担当、助力发展的制度和机制，在抓落实、促发展、转作风等方面发挥着不可替代的引领助推作用。

“广西探索走出了一条中国绩效管理工作在革命老区、民族地区、边疆地区的特色实践之路，成为全国标杆。”一直关注广西绩效管理改革创新工作的中央党校（国家行

① 资料来源：《广西日报》，作者董文锋、陈贻泽，2018 年 11 月 16 日。

政学院）刘旭涛教授，给出这样的评价。

从试点到全覆盖，广西绩效管理聚焦高质量发展，推动各项决策部署落地生效

党的十九大报告指出，要建立全面规范透明、标准科学、约束有力的预算制度，全面实施绩效管理。党中央、国务院把推行绩效管理制度作为推进中国特色社会主义行政管理体制改革的重要内容。

对绩效管理而言，“考什么”是决定考核质量和成效的关键。

2017 年 2 月，中国和新加坡达成共识，合作共建国际陆海贸易新通道。作为陆海新通道的重要枢纽，广西明确由自治区商务厅牵头组成综合协调组，负责新通道建设日常工作和协调服务工作。

“为落实自治区党委、政府部署，加快推进陆海新通道建设，我们把新通道建设相关工作纳入年度机关绩效计划，明确分阶段工作任务，优化调整考评指标体系。”自治区商务厅厅长蒋连生告诉记者，不到两年时间，陆海新通道建设得到中新两国领导人的高度肯定和国内外广泛关注，我国西部 10 省（区、市）就合作共建新通道已达成共识。

这只是广西绩效管理紧扣发展战略和实际、推动重点工作落实的一个缩影。

事实上，广西在绩效管理方面的探索，早在 10 年前就已开启。

2009 年，广西开始对 8 个设区市和 17 个政府部门进行绩效考评试点，初步形成了包括指标内容、方式方法、实施流程在内的绩效考评制度方法体系；2010 年，考评试点范围扩大到 14 个设区市和 43 个政府工作部门，首次建立起“不定地点、不定时间、现场随机抽查”的察访核验机制；2011 年，广西等 8 个省（区、市）被国务院列为全国政府绩效管理试点单位；2015 年，绩效考评在广西实现全覆盖……

虽是后发展、欠发达的少数民族边疆地区，但广西在绩效管理领域的探索从未止步。

尤其是近年来，在全面总结分析以往经验的基础上，广西绩效管理紧扣新时代新任务，对标高质量发展要求，按照可量化、可报告、可考核的要求，持续加大创新争优考评权重，树立起“谁加快发展谁就得高分、谁注重实干谁就排前列、谁创新争优谁就多加分”的考评新导向，彻底改变以往“规划规划，纸上画画，墙上挂挂”的现象，确保了各级党委、政府的决策部署落地生效。

一湾相挽十一国、良性互动东中西，这是广西独特区位优势的真实写照。

2016 年中央就加快“一带一路”建设和扩大广西沿边开发开放做出针对性部署，明确提出“进一步增强开放带动作用”的要求。

“‘一带一路’建设和扩大沿边开发开放工作的很多事权属中央各部委层面，要按期完成任务，确实会面临很大压力和很多不确定性。”时任自治区发改委党组成员的庞湟坦言：尽管如此，自治区发改委主动申请，将“一带一路”和沿边开发开放试验区建设取得重要突破设置为当年绩效指标，以此鞭策和推进工作，最终圆满完成了既定目标和任务。

十年磨砺，灿然花开。广西绩效管理工作通过一系列制度变革和组织创新，初步建立起现代政府治理的有效机制，构建起四级联动的组织构架、导向明确的考评指标、全面科学的考评方法、求真求实的察访核验、引领赶超的创新争优、奖惩分明的结果运用“六大体系”，逐步形成了特色鲜明、有效实用的绩效管理“广西模式”，为全区经济高质量发展做出了重要贡献。

考实绩评作风，广西绩效管理聚焦作风建设，正向激励和反向约束相得益彰。

只要作风建设在路上，绩效管理就永远没有休止符

日前，自治区纪委对全区各级纪检监察机关查处的多起扶贫领域腐败问题典型案例进行通报，进一步严明了扶贫工作纪律，加大了监督执纪问责力度，持续释放执纪必严的强烈信号。

“从 2015 年起，自治区纪委在全区组织开展扶贫领域腐败和作风问题专项治理，并把绩效管理的理念和方法融入治理工作中，强化考评管理，层层压实责任，推动专项治理步步深入。”自治区纪委常委覃黎魁介绍。

其实，在广西绩效管理系统内部，一直有这样一个形象的比喻：绩效管理就像汽车的油门和刹车，该加油时加油，该刹车时刹车，正向激励和反向约束必须相得益彰。

不驰于空想，不骛于虚声。一直以来，广西绩效管理工作始终抓住“考”这个关键环节，按照考真、考准、考实的要求，通过定实标准、提实要求、压实责任、抓实考评，考出了各级各部门的信心、动力和压力，使得各级各部门的履职实绩真正经得起实践、历史和人民的检验。

风清则气正，气正则心齐，心齐则事成

在 2015 年为民办实事项目中，有群众举报广西某县的一个项目系统性造假。经核验查实后，该县相关指标的全部绩效考评分值被扣，相关责任人员也因此被调整岗位。次年，自治区相关业务主管单位以此为教训，深刻剖析自我，通过建立完善制度台账、加大检查指导力度等整改措施，超额完成工作任务，并创造了全国先进经验。

好的制度催人奋进，绩效考评则更注重考核结果的运用。

“自治区年度绩效考评结果每年都会以自治区党委、政府名义在全区范围内通报，并作为干部评先评优、选拔任用的重要依据。”梁海萍介绍，根据绩效考评结果及个人创新贡献度等进行“年终算账”“论功行赏”，综合考虑机关工作人员的年终奖励待遇；而对督查考评中发现相关单位和人员存在不作为、慢作为、乱作为以及履职不到位、弄虚作假等问题的，严格问效问责。

通过奖惩分明的结果运用机制，全区上下树立起了“干与不干、干好干坏就是不一样”的鲜明导向，形成了政治上激励、待遇上倾斜、工作上支持的良好氛围，激发起广大干部干事创业的积极性主动性，起到了“不用扬鞭自奋蹄”的效果。

民所向政所行，广西绩效管理聚焦群众满意度，杜绝了考核评价“只唯上、不唯下”的现象

一段时间以来，城管成了“负面形象”的代言人。但南宁市城市管理局却在2016、2017年连续两年获得全区绩效考评一等奖。有何诀窍?

原来，南宁市城管局充分利用绩效管理这把“利剑”，将与群众切身利益相关的重要工作列入考评范围，将群众满意度融入考评，深入推行“721工作法”，即让70%的问题用服务手段解决、20%的问题用管理手段解决、10%的问题用执法手段解决。“变被动执法为主动服务，群众满意度显著提升，这是老百姓给我们的口碑。”南宁市城管局局长梁勇这样总结。

不仅如此，广西还通过内外结合的考评机制，促使各级机关不仅“眼睛朝上”，注重全面履职尽责，努力完成年度目标任务，还要“扑下身子”，主动加强群众意见诉求的整改与回应，努力提升服务对象的满意度，实现对上负责与对下负责的统一。此举有效杜绝了以往考核评价“只唯上、不唯下”“只管领导高不高兴、不管群众满不满意”的现象。

2017年9月的一天，柳州市民林女士走进该市房产交易大厅，用手机登录柳州税务微信公众号，交易信息立刻出现在屏幕里，她只花了两分钟就完成房产契税缴纳。“现在效率大大提高了，我要给认真听取群众意见、改进服务的税务部门点个赞。”林女士说。

长期以来，房产交易纳税办税流程烦琐、群众等待时间长，人民群众对此反映强烈。为破解难题、回应群众诉求，2016年11月，柳州市税务部门在全国率先实现个人房产交易网上办税、手机微信办税，得到办事群众高度赞扬。“我们把纳税人和缴费人意见诉求的整改工作纳入绩效考评中，通过这种方式促使和激励税务人员不断进行纳税服务的手段和方式的创新。”柳州市税务局局长孟宗民告诉记者。

民心所向，政之所行。南宁市城管部门和柳州市税务部门的巨大转变，恰恰证明，绩效管理只有树立“以人民为中心”的考核理念，把解决人民群众关注的热点、难点、痛点问题作为衡量各地、各部门工作的根本出发点和落脚点，才能真正增强人民群众的获得感、幸福感、安全感。

数据是最好的例证：从 2017 年度广西壮族自治区开展的民意调查情况来看，社会各阶层人士对“各级公务员服务态度和效率”的平均满意度达 87.7%，连续 4 年稳步提升。

千古风流在担当，万里功名须躬行

“广西绩效管理工作 10 年的探索和实践，有效推动各级党委政府工作部署的落实、机关干部队伍作风的转变、经济社会发展和民生的改善。”梁海萍表示，自治区绩效办将牢记使命担当，继续聚焦高质量发展，始终坚持发展、实干、创新、满意导向，走出一条特色更加鲜明、作用更加突出的绩效管理之路，为扎实推进富民兴桂各项事业做出新的更大贡献。

材料 2 江西瑞金：一场考评带来怎样的变化？（小康路上绿色力量）①

一场生态考评带来城乡面貌新变化。在江西瑞金，自实施绿色发展考核评价以来，景区干净整洁，工矿整顿转型，环境焕然一新。

2018 年，生态考评纳入瑞金市重点工作考评体系后，参评单位及党员干部推进绿色发展的动力更充足，人民群众的生态环境满意度日益提升。

一场被称作“生态考评”的“考试”，正在江西瑞金进行。

2016 年，瑞金开始进行绿色发展考核评价，全市 17 个乡镇、131 个市直单位都是被考核对象。四年来，生态考评的命题水平不断提升，保护、修复和开发均占分值，蓝天、碧水和净土行动成绩日渐突出，红色故都成为赣鄱大地的“绿色标杆”。

过去的考评失分点，现在是妥妥的加分项

绿树掩映的瑞金市沙洲坝镇，红荷碧叶，芳草茵茵。若非看到镇长杨华中手机里存的旧视频，很难想象 5A 级的瑞金共和国摇篮景区旁，竟是杂草丛生、蚊蝇横飞的垃圾堆放点。

“当时考评组抽到这里，我心里咯噔一下。”杨华中说。果然，在 2018 年度考评中，沙洲坝镇综合排名居全市第四，但生态考评得分落到第七。“偏科了，短板太明显。”杨华中介绍，沙洲坝镇于 2019 年取缔了辖区所有垃圾堆放点，投资 3000 万元对

---

① 资料来源：《人民日报》，作者戴林峰，2020 年 6 月 15 日。

景区周边进行集中整治。

“过去的考评失分点，现在是妥妥的加分项。”杨华中领着记者，一路看变化：新建的开放式景区与村落融为一体，农村人居环境焕然一新。

一场生态考评带来城乡面貌新变化

生态考评怎么考？命题、答卷和阅卷又是怎样的过程？令人好奇。

考评的设立，创新示范是初衷。2016 年，江西成为首批国家生态文明试验区之一。《国家生态文明试验区（江西）实施方案》中明确要求，“基本建立体现绿色政绩观的评价考核制度”。先行先试，走在前列，革命老区瑞金当仁不让。

考官由谁担纲？2016 年，瑞金市生态文明建设领导小组办公室（简称“市生态办”）成立，设在市发改委，牵头开展考核工作；市生态环境局、市自然资源局、市农业农村局等 11 家相关单位选派考官。

命题内容，则是强化基础抓重点。各考核单位原有的日常检查项目被集零为整，经市生态办统筹赋分后，逐渐形成乡镇政府与市直单位两张卷，基础工作与重点工作两类题，山水林田湖草的保护、修复、开发兼顾的立体考评体系。

阅卷怎样打分？一把尺子量到底。每逢年底，市生态办编制下发考评细则，各参评单位将年度工作材料汇编成册并上报。经初审后，考评组集中赴各单位现场抽检、打分。

云飘水流草木长。环境状况动态变化，环保要求不断提高，生态考评的题库也逐渐丰富。2017 年，新增了山水林田湖修复和保护工作；2018 年，新增了城乡建设用地增减挂钩工作；2019 年，新增了公共机构节能工作。市生态办三度更新考评细则，考评细则的篇幅也由最初的 8 类、65 项、8000 余字，拓展至 14 类、94 项、17000 余字。

生态考评纳入重点工作考评后，明显感受到了压力

生态考评的目标在于查漏补缺。但是，把参评单位的考核结果转化成有效激励却并非一蹴而就。

1.5 万元，这是 2016 年生态考评后，给予 15 名获评先进工作者的全部奖励。不过，即便算上拨付给 16 家先进单位的 8 万元奖金，仍显得激励不足。彼时，生态考评已广为人知，激励力度却差那么点儿意思。

“要让考核结果转化为治理实效，就得实现正向激励与反向约束的有机结合。”瑞金市发改委副主任宋长风介绍。

2018 年年底，生态考评被纳入瑞金市重点工作考评体系，权重为 13%；2019 年，

权重增至18%。在当地党员干部看来，这意味着生态保护的成绩将直接影响自己的年终绩效。往后工作如何开展，需要细细思量。

观念和态度的转变，往往体现在细节中。2016年，生态考评试点之初，一些单位上报材料时拖拖拉拉，需要宋长风多次打电话催促。但从2018年年底开始，情况悄然改变。市生态办催材料的电话少了，参评单位主动问询的电话多了起来。

来电者中，就包括市供销社副主任杨衍鸿。他坦言："生态考评纳入重点工作考评后，明显感受到了压力。"但起初，杨衍鸿还在纳闷儿：像供销社这样的单位，究竟与环保有多大关系？

宋长风对照着生态考评细则一条条讲解："农业生产资料流通、再生资源回收是供销社的重要业务板块，经营过程中是否会产生污染？应采取何种措施避免？能否利用覆盖城乡的网络承担起更大的环保责任？"

武夷山脉西麓的瑞金，群峰环抱。在一些偏远村落，再生资源回收能力弱，污染隐患较大。按照生态考评细则，市供销社通过给予津贴补助等方式，聘请农村保洁员兼任再生资源回收员。

目前，全市已建立覆盖所有自然村的四级回收网络，专兼职回收员达2700多人。与此同时，回收种类也更加细致，过去随意丢弃的废旧农作物地膜和化肥编织袋，被悉数纳入回收范畴。如今，已有越来越多像供销社这样的非环保职能部门主动挑起担子，肩负起生态责任。

再不补课，考试就不及格了

手中的铅笔轻轻一勾，宋长风在近两个年度的生态考评排名表上各画了个圈，"九堡镇"三个字映入眼帘。2018年度，九堡镇在全市17个乡镇中处于末位；2019年度，排名一举跃升至第六。数字背后有怎样的变化？

车子驶入九堡镇，新铺的水泥路直抵大山深处，名叫"沙陇"的砖瓦用页岩矿就藏在峰峦叠翠中。几年前，很多人都不愿往这儿来。那时，山上炮声隆隆，山下车轮滚滚，满载煤矸石的大货车首尾相连。路旁散落着煤渣，路面被轧得坑坑洼洼。20世纪80年代至今，矿产开发让沙陇矿粉尘弥漫、满山疮痍，洗矿水直排、河床淤塞严重。

"再不补课，考试就不及格了！"九堡镇镇长赖志勇反思道。2019年，沙陇矿停产改造，镇里向上级争取资金390万元用于治河清淤，筹集320万元修复矿山。目前，新植的木荷、枫树已枝繁叶茂，满山青翠。

沙陇矿停产后，九堡镇引导村民发展绿色产业，"跑矿"十几年的钟久宁也转型了。"环境搞坏了，赚了钱也无福消受！"老钟说。原先，村里的路被运矿车轧坏，一些地方塌了四五十厘米，老钟买的小轿车憋在家里开不出去。如今，老钟再不用像以前那样起早贪黑跑车了，他与人合伙包地，种了 280 亩脐橙和 120 亩湿地松。聊起眼下的生活，老钟很乐呵："就一个字——好！"

2019 年度生态考评结束后，市生态办开展了公共生态环境满意度调查。抽样调查显示，九堡镇的公共生态环境满意度为全市第五名。"生态考评科学公正，干部群众都满意。"赖志勇感慨道。

九堡镇的变化，恰是瑞金的缩影。赣州市发布的绿色发展指数显示，在 18 县市区中，瑞金市环境污染治理投资占 GDP 比重已从 2016 年的倒数第一名升至 2018 年的第二名。瑞金市委书记许锐表示，要让群众有更多幸福感，必须将绿色发展考核评价体系构建得更加科学完善，把生态文明建设融入经济社会发展全过程。

材料 3　青岛：青岛市政府绩效评估探索①

绩效评估是现代政府管理的理论前沿课题，也是一个世界性实践难题。20 世纪 80 年代以来，西方发达国家普遍实施了以公共责任和顾客至上为核心理念的政府绩效评估，并将这一举措作为政府改革的突破口，取得了巨大成效。随着我国行政体制改革的不断深化，特别是科学发展观和正确政绩观的提出，公共部门绩效评估问题也越来越受到中央和地方各级党委、政府的高度重视。尤其在地方，进行了广泛的公共部门绩效评估工作的实践和创新，并涌现出诸多模式，其中，青岛市的探索也被称作"青岛模式"，在国内产生了较大影响，《人民日报》《求是》杂志等中央媒体给予广泛报道，2010 年获得"中国地方政府创新奖"。

政府绩效评估机制创新的主要做法

探索阶段划分

第一阶段，从 1998 年实施目标绩效管理开始到 2009 年。1998 年，青岛市召开了全市目标管理绩效考核工作会议，出台了《关于加强目标责任制管理的意见》，标志着青岛市通过创新绩效评估机制，落实公共部门责任、改进公共部门管理、提高公共部门效能、改善公共部门形象的新一轮行政体制改革正式拉开帷幕。

考核机构设置。成立了由青岛市委主要领导任主任、有关部门负责同志为成员的市目标管理考核委员会，下设办公室，市委督查室、市政府督查室为办事机构。市委督查室下设考核处负责组织实施全市目标管理考核。

---

① 资料来源：《青岛市政府绩效评估探索》，作者王振海，2019 年 3 月 1 日。

分组考核。分类是管理的基础。2009 年之前，将青岛市所属的 12 区市划分为三个组，市内四区为一组，城郊三区为一组，农村五市为一组。将市直单位及人大常委会、政协机关划分为 10 个组，分别是党务部门、经济协调发展综合部门、城市建设管理部门、农业职能部门、科教文卫体职能部门、政务和社会事务管理部门、司法与社会综合管理职能部门、群团组织、人大常委会机关、政协机关。

分类设置考核指标体系。依据不同组类，分别设置有针对性的考核指标体系。其中对青岛 12 区市设置了日常考核、年终考核和监督评议三个一级指标，在日常考核指标下，设置了工作落实、工作纪律、绩效审计、政务公开四个二级指标，日常考核指标分值占总分值的 10%；在年终考核指标下，设置了经济建设、政治建设、文化建设、社会建设、党的建设以及重要贡献六个二级指标，在每个二级指标下，又设置了若干三级指标，年终考核指标分值占总分值的 70%；在监督评议指标下，设置了民意调查、领导评议、领导班子及成员述职评议和领导班子及成员述廉评议等四个二级指标，监督评议指标分值占总分值的 20%，其中，民意评议指标分值占监督评议指标分值的 40%。总分值实行 1000 分制。对市直单位同样实行 1000 分制，也设置了日常考核、年终考核和监督评议三个一级指标，但分值设置与 12 区市不同。

第二阶段，自 2009 年到 2010 年，为进一步完善阶段。

完善考核分组。将考核对象分为六个大组，分别是 12 区市、党群法检机关、市政府部门、市人大机关、市政协机关和市民主党派工商联机关。

完善考核机构设置。在新的考核分组基础上，确立了在市委统一领导下，由青岛市考核办负责牵头抓总，对 12 区市的考核由市考核办组织，对党群法检机关的考核由市委办公厅组织，对政府部门的考核由政府办公厅组织，对市人大机关的考核由市人大常委会党组组织，对政协机关的考核由市政协党组组织，对各民主党派、市工商联机关的考核由市委统战部组织。

完善考核指标体系。对青岛 12 区市设置了经济建设、政治建设、文化建设、社会建设、生态建设、党的建设、综合评议以及专项监控八个一级指标，在每个一级指标下又设置若干二级指标。对党群法检机关设置了业务职能工作、日常监控、综合评议以及专项监控四个一级指标。对政府部门设置了目标考核、履行行政职能、综合评议和专项监控四个一级指标。

第三阶段，自 2011 年开始，对考核工作进行了新的较大调整创新。

2011 年 5 月，青岛市委、市政府颁布了《关于建立健全促进发展方式转变绩效考核监督体系的意见》，对 2011 年的绩效考核工作做出了新的部署，对以往绩效评估体系中的指标设置及权重做了重新规定。对 12 区市设置了经济社会生态、公共目标、综合评议和追赶目标四个一级指标，对党群法检机关设置了业务职能工作、公共目标、综合评议三个一级指标，对市政府部门设置了工作目标、履行行政职能和综合评议三个一级指标。

规范考核程序

市直单位业务目标审核制定（考核年度 1 月下旬至 3 月上旬）。被考核单位拟定工作目标，市考核办审定后印发；

网络在线问政集中访谈（考核年度 7 月至 8 月），市考核办会同有关部门组织实施；

民意调查、社会评议（考核年度 11 月下旬至 12 月中旬），市考核办会同有关部门组织实施；

跟踪评估（全年），市考核办会同有关部门采取监控调度、督促检查等多种方式跟踪评估；

年终考核筹备（考核年度 11 月下旬至翌年 1 月上旬），被考核区市（单位）逐项检查目标完成情况，做好考核准备工作，市考核办通过市主要媒体发布考核通告；

年终考核（考核年度翌年 1 月至 2 月），综合评估区市单位全年工作目标完成情况；

审定反馈（考核年度翌年 2 月至 3 月），市委常委会议审定考核结果，市考核办向各区市单位反馈。

扩大公众参与，强化公民导向，建立多样化民考官机制

民意调查：运用计算机辅助电话民意调查（CATI）方法，从每个区市 20 多万部电话中随机访问 500 个样本，实施“背靠背”式调查。以 16% 的权重纳入对区市领导班子的考核。

“三民活动”：“向市民报告、听市民意见、请市民评议”。以随机抽样与组织推荐相结合的方式，组建 1 万人的市民代表队伍，对市政府部门评议打分。35% 权重纳入考核。

建立“特邀考官”制度：选拔党代表、人大代表、政协委员和民主党派、无党派人士代表，以及专家学者 100 多人，构建一支多元化、专业化的考官队伍。对党群法检机关工作进行公开评审、答辩，评审结果以 35% 的权重纳入考核。

第三方评估：在“窗口部门”绩效考核中，采取委托独立第三方评价的方式，评价结果以 15% 的权重纳入考核。

强化民众监督：通过政府“在线访谈”“民生在线”“行风在线”和市民监督团等方式加强对被考核对象的监督。

强化激励约束

对年度考核中获得优秀的区市和单位，由青岛市委、市政府通报表彰，对上述区市、单位的党政主要负责同志按有关规定给予记功奖励。对不合格区市和市直单位由市委、市政府通报批评，对其党政主要负责同志按有关规定诫勉；连续两年不合格的

区市和市直单位，对其主要负责同志进行调整。

政府绩效考核评估分析

主要特点

第一，突出加快转变经济发展方式的导向。

充分体现科学发展观和正确政绩观的要求，围绕全市大局，突出考核重点，将主要经济社会生态指标和重点业务工作目标作为关键绩效指标（KPI），以考核引导、激励科学发展。

区市考核在优化以往“六个建设”为主体考核框架的基础上，提炼出以“经济社会生态指标为重点、党建等公共目标为支撑、综合评议为印证、追赶目标为补充”的考核体系。市直单位重点考核推进落实市委、市政府重大决策、重要部署和重点工作情况。

第二，突出“寻标、对标、达标、夺标”的思路。

设置追赶目标。按照市委十届十次全会关于“争取更多的专项工作在全省争第一，在全国争第一，在世界上有名气”的要求，将省内县域经济社会发展综合评价、财政收入两项排名作为追赶目标纳入考核，激励引导五个县级市采取有效手段奋起直追，加快发展。

提高考核标准。引入功效系数法作为计分公式，更加客观真实地评价指标完成绩效。党群法检机关目标考核实行标准更高的结构化评审，从效益性、工作难度、重要性和创新性四个方面多维度、全视角审视工作绩效，鼓励特色创新、多做贡献。政府部门首次实行目标动态调整机制，将事关全市发展的重大决策部署，分解落实为追加目标，动态纳入考核体系。

强化加压驱动。区市考核增设重要贡献考核内容和重要贡献奖，对引进战略性新兴产业项目、蓝色经济项目以及符合科学发展观要求的高端项目，实行“上不封顶”的加分考核。增设观摩点评考核内容，结合全市项目观摩活动对各区市评议打分，增强区市抓发展、抓调整、抓项目的紧迫感和驱动力。

第三，突出民主开放、简便高效的原则。

扩大考核民主。所有区市考核继续实行电话民意调查和“两代表一委员”评议，群众满意度权重提高至19%。党群法检机关深入实施开放式答辩制考核，充分发挥高层次考官“智库”作用。政府部门社会评议权重达到35%，并将网络在线问政活动由集中访谈改为常态化。

优化考核分组。所有区市根据经济社会发展水平和资源禀赋特点，细分为四个组考核，并针对不同组别灵活设置指标内容和权重，引导区市根据区位特点、产业基础的不同情况，采取各具特色的措施创新突破、错位发展。

加强日常监控。发挥抓考核、抓落实、抓推进的机制优势，强化督考并举，综合运用年终评估、定期调度、日常监控、季度通报与跟踪考核等方法，对区市主要经济社会指标，实行月跟踪、季调度；对市级重点建设项目，按照节点考核，加强推进落实。

改进考核方式。充分考虑数据采集的可行性、运用的可比性、来源的科学性。指标数据可测可得，能够从现行统计指标体系中获取，尽量避免不易取得的数据和容易失真的数据。精简考核内容，其中区市考核压缩幅度平均达到25%。

几点经验

一是统一化考核，建立统一的考核组织体系，党委政府高度重视；

二是分类化考核，突出针对性和可比性；

三是民主化考核，扩大公民参与路径及其权重，突出考评结果的可信度与有效度；

四是制度化考核，强调考核的规范、运行有序及权威性；

五是奖惩化考核，根据考核结果兑现奖惩；

六是科学化考核，突出指标的有效与有用，强调指标设置过程的上下结合、内外结合与反复磋商。

案例思考

1. 从广西绩效管理工作中，我们可以得到哪些启示？

2. 将生态保护纳入绩效考核有什么作用？相比于以前的唯GDP绩效考核，它的进步性体现在哪？

3. 绩效考核是如何进行的？它的过程包括哪些方面？

案例2

公共治理与政府绩效管理中的公众参与——以杭州市为例①

杭州市综合考评委员会办公室（杭州市绩效管理委员会办公室）、《中国治理评论》编委会、浙江大学中国地方政府创新研究中心共同主办了“治理现代化与绩效管理科

① 案例来源：绩效杭州网，2014年12月27日。

学化研讨会”。

党的十八届三中全会提出了“完善和发展中国特色社会主义制度，推进国家治理体系和治理能力现代化”的全面深化改革总目标。我们经常在思考，政府绩效管理如何在实现这个总目标的过程中发挥应有的作用，杭州的绩效管理工作如何在现有的价值理念、基本框架、工作机制的基础上，进一步深化和完善，更好地适应杭州发展的要求。

自2000年开展“满意单位不满意单位”评选活动、2005年实施综合考评以来，杭州市在推进政府绩效管理的过程中，始终秉承“创一流业绩、让人民满意”的宗旨，始终坚持“让人民评判、让人民满意”的核心价值观，不断完善社会公众参与渠道，优化民意表达的制度设计，引领各地、各部门持续深入地关注民生、倾听民意，并将社会公众的合理化建议和意见纳入政府决策，在政府和社会公众之间，建立了良性的、制度化的互动平台，不断推动政府治理能力的现代化建设。

公众参与是政府绩效管理和治理现代化的必由之路

首先，公众参与是中国特色政府绩效管理的现实路径。绩效管理可以说是西方的“舶来品”，欧美国家的政府绩效管理主要是通过严格的财政预算控制实现对政府绩效的有效管理。而在中国现行体制下，通过财政预算控制来促进政府提升绩效，还缺乏应有的刚性和约束力。杭州的实践证明，通过公众的有序参与，引入外部监督，可以对政府决策和施政行为形成较大的压力和推动力，并以此促进各级各部门增强自我约束，规范行政行为，着眼人民满意，提升政府绩效。

其次，公众参与可以有效增强绩效管理的问题发现功能，提高公共治理水平。随着我国经济社会快速发展，一些长期形成的深层次矛盾也随之显现，发展面临的风险有所积累。形势发展和民众期待给公共治理提出了更新更高的要求。从杭州综合考评和绩效管理的实践看，赋予社会公众话语权，让社会公众对各级公共部门进行全面评价，不仅彰显了人民满意导向，也大大增强了绩效管理的问题发现功能。与一般渠道征集的民意相比，公众在参与政府绩效管理的过程中，除了关注自身个体的利益外，也比较关注政府公共政策和社会公共事务，以及社会公众聚焦的问题，并从多个角度、不同层次上反映了社会各界对问题的看法。杭州综合考评和绩效管理建立的这样一种问题发现机制，可以让各级政府部门能够找准问题，从而为及时、有效地解决问题、缓解矛盾提供了可能，也为引领政府创新提供了方向。

再次，公众参与能够从各层次各领域扩大公民有序政治参与，推进公共治理主体多元化。现代公共治理强调，包括政府、社会、市场和公众在内的多元主体，都是管理公共事务的重要参与者，都在国家治理中发挥着不可替代的作用。任何单一的治理主体都无法完全承担起治理复杂多元的现代社会的重任。近年来，我国公民政治参与意识普遍增强，特别是新媒体、自媒体的出现，更进一步提升了公众参与意愿。事实表明，公众参与如果缺乏系统的接纳、疏导、规范和约束机制，正常的利益诉求不能通过合法、有序的参与途径实现时，往往会导致公众参与以激进的方式表现出来。制度外公众参与导致的无序化后果，将增加政府治理成本，干扰政治体系和社会系统的正常运行，甚至影响社会稳定。党的十八届三中全会提出“改进社会治理方式。坚持系统治理，加强党委领导，发挥政府主导作用，鼓励和支持社会各方面参与，实现政府治理和社会自我调节、居民自治良性互动。”杭州的实践表明，在公共治理和政府绩效管理中建立公众参与的制度化平台，一方面，为保障公民有序政治参与、推进治理主体的多元化开辟了现实的途径；另一方面，通过提高公众参与的效能感，即政府及时有效地回应公众诉求，并反馈收集到的意见、处置措施和政策对策、最终的实际整改成效等，不断提高治理能力和治理绩效，从而增强社会公众对政府的信任，在公共治理中建立起政府与社会、公众的紧密合作关系，实现政府与社会公众之间的良性互动。

杭州市公众参与公共治理和政府绩效管理的具体做法

杭州市政府绩效管理既注重公众诉求表达，建立制度化的公众参与渠道；又注重政府回应能力建设和治理能力的提升，在多元社会治理主体间形成经常性、制度化的良性互动。

首先是注重公众参与的制度化平台建设。

一是突出公众在绩效评估中的主导地位。

杭州综合考评设置社会评价、目标考核、领导考评和创新创优四个维度（即“3+1”的考评模式），既有上对下的领导评价和组织内部的工作目标考核，也有社会各界的满意度评价，还有第三方评估的创新项目。按总分100分计，社会评价50分，目标考核45分，领导考评5分，创新创优作为加分项目。由于目标考核中还包含社会评价意见整改目标、公共服务窗口评价等公众参与的内容，创新创优项目由专家和受益对象评估，因此在综合考评分值权重上，公众参与的实际权重超过50%，突出了社会公众在政府绩效评估中的主导地位。

二是大样本的参评代表覆盖社会各阶层。

杭州在开展政府绩效管理过程中，非常重视参与主体的广泛性和代表性。每年征集上万名社会各界代表自愿参与年度社会评价，这些参评代表通过随机抽样的方式产生，对政府机关一年来的工作情况进行独立的满意度评价，并可以提出具体的意见和建议。在年度社会评价中，我们将参与市直公共部门评价的社会公众分为9大层面，其中，比重最大的是市民代表，其次是企业代表。这9大层面的代表还包括有一定政治身份的党代表、人大代表、政协委员，上下级政府部门和各类社会组织、行业协会，以及专家学者、新闻媒体等代表，形成了覆盖社会各阶层的评价主体。

三是实现多渠道、多领域的公众参与。

积极创设公众利益表达的渠道，致力于公众参与的制度化建设，任何一个市民（包括外来务工人员、农村居民等）都可以通过不同的方式参与到政府绩效管理中来。公众参与渠道具体包括以下几个方面。

年度社会评价。以抽样调查形式组织开展年度社会评价。通过邮寄、入户调查等方式，组织公众对政府部门进行满意度评价，并可在问卷调查表上提出具体的意见和建议。年度社会评价期间，“杭州考评网”同步开通网上评议，凡有参评意愿的社会公众均可上网参加。2014 年，我们又在“市民中心”设立了社会评价现场受理点，接受公众的现场评议。

服务对象即时评价。在全市 719 个行政审批部门和公共服务窗口，统一设置评价器，建立服务评价制，由接受公共服务的行政相对人作为评价主体，进行即时的满意度评价，即顾客评价。

第三方评估。建立绩效评估专家库，聘请各方面的专家对政府创新创优项目进行绩效评估。几年来，参与绩效评估的专家 129 人次，评估各类创新创优项目 600 余项。此外，委托第三方评估机构对重大项目或公众关注的热点工作，如市级医院患者满意度情况、城市交通行车停车问题等，进行专项绩效测评，形成翔实客观的第三方绩效测评报告。

参与目标管理。目标管理的全过程都有社会公众参与。在制定考核目标时，邀请绩效评估专家和绩效信息员（以基层群众为主体组建的一支队伍）进行咨议，参与审定政府各部门年度考核目标；目标实施过程中，通过绩效信息员和第三方信息咨询机构搜集和整理各类绩效信息，实现绩效目标动态跟踪管理；年度目标考核时，吸收市民代表参与检查验收。

日常参与渠道。在市民中心设置综合考评展示厅，实时展示政府工作情况，接受社会公众的现场评议和诉求表达。由市考评办主办的“杭州考评网”设有主任信箱、民意征集、绩效评议、网上调查等互动栏目，开设在线评议窗口，公众对政府各部门的职能工作、社会评价意见整改、民生工程等项目及其进展情况，随时可以进行评议。开通社会评价热线电话，受理对政府部门绩效问题的反映和违反社会纪律的投诉。

其次，注重公众诉求回应机制的建设。

第一，建立“评价—整改—反馈”工作机制。

每年社会评价结束后，及时将征集到的各类社会评价意见分解落实到各个相关单位。要求这些单位针对分解落实的意见，制定年度整改工作计划，建立形成内部的整改责任机制。同时，要求每一家整改单位根据意见，确定若干意见比较集中、社会影响较大，通过努力当年能够解决或取得明显成效的问题，制定出年度重点整改目标和整改措施，向社会公示，做出整改承诺。年终，再将整改目标的完成情况向社会公示，接受公众检验。在此基础上，对公示的整改目标完成情况进行公众满意度测评，测评结果纳入整改单位的综合考评。从 2008 年以来，杭州市已连续 7 年向社会公示年度整改目标，每年的整改目标达 200 项以上。

2014 年以来，为扩大信息公开，提高公众评价的信息对称性，又实行了两项新措施。

晒清单。按照具体明确、社会公众可感知的原则，要求市直单位在上报目标完成情况时，同时上报与目标完成情况表述相对应的具体项目明细表，并通过“中国杭州”政府门户网站、“杭州考评网”及各单位网站进行公示，以进一步扩大社会监督。

晒亮点。由各单位提供当年履行主要职能，承担市委、市政府重点工作任务，推进民生保障、公共服务和社会评价意见整改中群众关注度高、易感知的突出工作成果，由市考评办汇编成册提供给评价代表，以便代表们更好地了解参评单位年度主要工作情况，进一步增强社会评价信息的对称性。

在这一工作机制中，社会公众参与体现在 3 个层面上，第一层面是公众有权力、有途径对政府机关进行评价，行使评价权，表达对政府机关工作的意见；第二层面是公众有权力要求和监督政府机关根据社会评价意见进行认真整改，把评价意见落实为政府行动；第三层面是社会公众对政府机关整改结果进行评价，从结果上进行监督。社会公众的参与，最终形成了“评价—整改—反馈”这一公众诉求回应机制，充分体现了人民群众在政府绩效管理中的主体地位。

第二，建立绩效跟踪改进机制。

这项工作机制是由市考评办主抓的，主要针对社会关注度较高、涉及民生方面的热点难点问题，以及市委、市政府年度重点工作任务贯彻落实情况，通过引入公众参与，强化日常的跟踪督查，来推动政府部门改进绩效。

2010 年以来，市考评办每年都梳理出一批社会评价中社会各界关注度高、意见集中、多年反映而尚未得到较好解决的社会问题，作为市考评办跟踪督办社会评价意见重点整改目标，建立了由考评部门、整改责任单位和社会公众（绩效信息员、媒体）三方联动的整改工作联动机制。日常工作中，我们邀请市民代表（绩效信息员）对整改工作进行全过程跟踪；年底组织召开“跟踪督办社会评价意见整改工作述评会”，邀请“两代表一委员”，绩效评估专家、新闻媒体、绩效信息员等社会各界代表，对整改责任单位进行面对面评议，并现场评判打分。

此外，还对绩效信息员日常采集的相关绩效信息进行分类处理，对问题比较突出的，以绩效整改通知单的形式下达给相关责任单位，要求限期整改，整改落实情况纳入目标管理。

第三，建立公共政策辅助决策机制。

在对社会评价意见分解落实、下达各责任单位整改的同时，市考评办十分重视对意见和问卷调查的综合分析和研判。每年的年度社会评价结束后，市考评办都要组织专业人员，对意见进行全面分析，形成分析报告，提交市委、市政府和市考评委审议。自2008年起，杭州市在国内率先向社会公开发布《年度社会评价意见报告》，并形成制度，至今已连续发布7年。《社会评价意见报告》通常对上年度社会评价意见整改情况进行总结，对当年度社会评价意见的主要内容和基本特点进行梳理分析，并提出对策建议，成为一份反映城市公共治理的“民意白皮书”，作为市委、市政府制定公共政策和施政的重要依据。

第四，建立绩效分析和治理诊断调查机制。

杭州市对绩效管理全流程中搜集到的各类意见和建议做系统的分析、归纳和整理，并将意见和建议及时反馈给相关的责任部门。对政府绩效管理中一些带有一定普遍性的突出问题，如公共资源共享利用程度低、建设与管理脱节、部门协作联动不够、长效机制缺失等，组织开展绩效分析和治理诊断调查，深入研究问题根源，联合相关部门和有关专家共同商讨解决方案，以提高政府整体绩效。

第五，建立政府创新推进机制。

杭州通过设置创新创优和特色创新目标绩效考核环节，在综合考评中对政府创新给予加分激励，营造创新氛围，培育创新精神，鼓励市直单位和区、县（市）解放思想，探索新理念、新机制、新方法，来提升政府绩效，增强政府公共服务能力。从2006年到2013年，杭州市各级政府部门共产生了700余个创新项目，其中杭州市直属单位创新创优项目申报数量从最初的40个增长到2013年的103个。

广泛的公众参与，为更好地发现突出矛盾和深层次的问题提供了民意渠道，为引领政府创新提供了方向。通过改革政府机关不合理的体制和机制问题，转变政府职能，引入外部监督的方式，检验了政府创新的成效。“评价—整改—反馈”工作机制通过外部评价和内部整改的“压力机制”推进了政府服务和管理创新，逐步构建回应公众诉求、创新公共治理、推动政府绩效持续改进的政府创新机制。

下一步深化完善公众参与的几点思考

杭州在政府绩效管理中引入公众参与，运用外部力量来推动政府部门持续改进绩效、提升治理的有效性，在转变机关作风、优化发展环境、扩大人民群众有序政治参与、促进民生问题解决、推动杭州经济社会又好又快发展等方面发挥了积极的导向助推作用，而且在推动杭州公共治理由传统向现代转变的过程中扮演了引领示范的角色，形成了“开放、民主、责任、绩效”的价值理念。下一步，还将从以下四个方面深化完善公众参与。

一是实现公众参与的法治化。经过多年的实践，杭州在政府绩效管理上已经形成了相对完善的制度框架，为绩效立法奠定了良好的基础。近两年来，杭州市开展的绩效管理立法工作就是运用法治思维和法治方式将公众参与政府绩效管理的参与主体、参与方式和程序等以法规形式固定下来，以法制的可预期性、可操作性等优势，进一步解决公众参与的制度化问题。目前，市考评办（绩效办）在市人大法工委和市法制办的指导下，已完成《杭州市绩效管理条例》（以下简称《条例》）的调研起草工作，向市人大法工委提交了《条例》草案，有望列入2015年度地方性法规立法计划正式项目。

二是扩大公众参与的组织化。公众参与的组织化是提升参与质量、实现有效参与的必然趋势。当前，我国正处于社会转型期，各阶层利益出现新的分化，个体诉求呈现多元化、分散化特征。党的十八届三中全会提出要发展基层民主，开展形式多样的基层民主协商，加强社会组织民主机制建设，从各层次各领域扩大公民有序政治参与。这几年来我们主动适应这种新变化、新要求，调整优化参评代表结构，目前已将市民代表从原来的1万余人调整为6000人，企业代表大幅增加到2000家，并增设社区居委会、行业协会、民办非企业单位负责人等社会组织代表层面，未来将进一步扩大各类社会组织的参与面和代表比重，从而更加有效地汇聚各阶层群众诉求，更加有效地发挥现有制度的资源优势。

三是提升公众参与的专业化。近些年我们可以看到，在经济社会发展中的许多复杂问题的解决需要有专业的手段，政府处理的很多事情专业化程度也越来越高，这给公众参与带来了新的挑战。在推动公众参与的专业化方面，我们已经有许多探索。例如，委托专业的第三方评估机构开展专项绩效评估；邀请专家参与社会评价意见整改述评会；建立绩效评估专家库，对政府创新项目，由绩效评估专家进行两轮专业评估。今后，我们还会进一步探索专业化的绩效管理手段，发挥专家和专业机构在绩效管理中的作用。

四是增强公众参与的科学化。公众参与一直都有信息不对称的问题，为消解这一问题，我们做了许多探索，也取得了一定的成效。如开展专项社会评价，对市委、市政府部署的、由多部门协同推进的事关民生、有较高公众知晓度的年度重点工作任务，进行一事一评，也体现“知情人评知情事”的绩效管理要求。此外，前几年我们已经建立“数字考评”系统，今后将借助这一系统，开展大数据分析与成果应用，进一步把握社会公众参与的内在规律，提升公众参与的科学性和有效性。

总的来说，杭州开展绩效管理还是一项新的事业，还在不断探索的过程当中，尤其是绩效管理的法治化、专业化、科学化水平还有待进一步提高。这次“治理现代化和绩效管理科学化研讨会”在杭州召开，很荣幸地邀请到了不少国内一流的专家，为杭州学习现代化的治理理念和科学化的绩效管理经验，提供了一次极好的机会。我们衷心希望各位专家学者不吝指教，对杭州市的工作给予更多的关心和指导。我们将认真学习、积极吸纳各位专家的意见和建议，不断推动杭州政府绩效管理工作和公共治理水平再上一个新台阶。

案例思考

1. 绩效考核中引入公众参与，能否保障绩效考核的公平性？能起到多大的作用？
2. 如何提高绩效考核的科学性和有效性？
3. 绩效考核的指标是如何确立的？有什么依据？

案例 3

政府绩效考评的运用

材料 1　天津：用好“指挥棒”，“考”出正能量[①]

如何用好绩效管理这根“指挥棒”，助力高质量发展，为加快建设“五个现代化天津”汇聚强大正能量？

紧紧围绕习近平总书记对天津工作提出的“三个着力”重要要求，把绩效管理的“刻度”“精度”“力度”落在提高发展质量效益、保障和改善民生、全面从严治党上，亮出干部优与劣的标尺、“上”与“下”的准绳，营造干事创业的强大气场——天津给出了自己的答案。

考什么

优化指标，保证好钢用在刀刃上

“‘考什么’是决定考核质量和成效的关键。今年，我们优化调整了绩效考评指标体系，就是为了更好向中心任务聚焦，为全局工作聚力。”市委组织部相关负责人介

① 资料来源：《天津日报》，作者李国惠，2018 年 7 月 26 日。

绍，2018 年度全市绩效管理工作，重点对绩效考评指标做了“减法”和“瘦身”，各区一级指标比去年减少 7 项，二级指标减少 54 项，让“干什么”“怎么干”更清晰、更精准，保证好钢用在刀刃上。

突出考核发展的质量和效益

“新区不断打破影响高质量发展的藩篱，千方百计降低企业成本，完善配套服务，让企业轻装上阵、舒心经营、放心发展。”企业家高树成感受到的变化和滨海新区坚持以绩效考评为抓手、大力推进改革开放创新是密不可分的。

这只是一个缩影。我市紧紧围绕质量、效率、动力三大变革驱动要素，在资源环境、民生改善、结构优化、产业升级、创新驱动等方面科学设置 20 项综合指标，引导各区下决心转变发展方式，真正把重心转移到拼质量、拼效益、拼结构、拼绿色度上来，以高质量的发展追求高质量的政绩。

突出考核保障和改善民生实际成效

“现在是户户自来水管、村村柏油马路、镇镇公共汽车。”蓟州区下营镇东山村的王磊过去一直在外地打工，如今，看到生活环境发生明显改善，再也不想背井离乡了。

蓟州区在考核中加大绿色生态考评力度，强化环境质量指标考核，让老百姓笑了、旅游村富了，大家的干劲更足了。这缘于天津市大力深化差异化考评，将 16 个区划分为国家级开发开放新区、都市功能优化区、都市功能拓展区、新型城镇化地区、生态涵养发展区等五类主体功能区，分别赋予指标不同的分值权重，推动各区错位发展、协同发展，更好发挥比较优势。

高质量发展是为人民谋幸福的发展。今年天津市绩效考评指标覆盖 20 项民心工程的 68 个子项，更加突出了对兜底济困、满足群众多样化多层次需要、提升城市宜居性等方面的考核，推动考核民生工作与促进民心工程落地落实同步、与惠及百姓服务百姓同步。比如，和平区通过加强绩效考核，促进医改重点工作落实，协调推动医疗、医保、医药“三医联动”，有效缓解了居民看病难题。

突出考核全面从严治党实际成效

坚持和加强党的全面领导，是高质量发展的根本保证。为了让“虚”的党建有“实”的功效，天津市进一步强化对党建各项指标的考核。一方面突出对政治建设的考核，重点考核全面从严治党主体责任落实、持续整治“四风”突出问题等，做到重者重之；另一方面，统筹衔接党组织书记抓基层党建述职评议考核，积极引导各级党组织和党员领导干部牢固树立“抓党建作为第一政绩”的理念。

“抓好机关党建既是硬任务，也是硬指标。”市委市级机关工委相关负责人表示，党建考核指标分值逐年提高，不管单位大小，都坚持“用一把尺子量到底”。河西区坚持首善工作标准，实行基层党建标准化百分制评分考核，积极推动党建工作上质量、出亮点。

怎么考

突出“严细深实”，考出压力和动力

“我们按照督中有考、考中有督、以督促考、以考保督的思路，通过督查过程与考核评估的互补，立体式开展全面考评，真考、实考、严考，确保考出压力和动力。”天津市政府督查室有关负责人介绍，“这就像产品检验一样，每个环节都严格把关、深耕细作，实时跟踪问效，推动各项指标任务保质保量按时完成，这样既能避免‘雨过地皮湿’，又能避免‘平时不算账、年终算总账’。”

同时，天津市针对突出问题精准发力、靶向治疗，特别是结合正在深入开展的不作为不担当问题专项治理，加大作风考评力度，对“腾挪闪避绕”等10类突出问题动真格、见真章，将责任、作为、压力一级一级传导下去，保证“水流到田头”。

要想考得好，必须干得好。在考核中坚持以“硬数据”为依据，以“有没有干成事”检验和评价工作业绩。不仅看过程、看痕迹，还要看结果、看成效，有效避免了主观、人情等干扰因素，既让考评者有理有据，又让被考者心明眼亮。

百姓说好才是真好。在考核中，还坚持“内评”“外评”相结合，请百姓当考官，对各单位工作作风、服务质量、办事效率等进行公众评议。“请社会各界‘会诊把脉’，起到了向外借压力、对内增动力的效果。”市统计局社情民意调查中心主任张建强说，“我们真正把评价权交给百姓。之前，社区治理、教育医疗等百姓反映比较集中的问题，今年以来逐渐减少，说明各区的民生工作做得越来越实、越来越细。”

“为了让‘津八条’成为‘金八条’，我们今年还在考评方式上做了创新。”市发展改革委区域经济处处长王国强介绍，一是首次对营商环境进行综合评价，要把各区营商环境改善的实际成效考出来；二是首次引入第三方专业评估机构，把专业的事交给专业的人来干，进一步增强绩效考评的公信力和准确性。

怎么用

奖励先进、鞭策后进，不搞“一考了之”

“好的制度催人奋进，绩效考核让‘要我干’变成‘我要干’，助力社区美丽升级。”东丽区万新街道办事处党委书记张绍堂说，“我们坚持考用结合的刚性机制，将拆违工作纳入绩效考评指标体系，干部干事更有动力、有劲头了，效果立竿见影，街道 64 个老旧社区拆违已全部‘清零’。”

为避免“一考了之”，天津市坚持有考核必反馈，将问题整改列为考评检查重点，适时开展“回头看”，保证问题整改见底清零。在严格奖惩上动真格，年度考评分数在 60 分以下或连续两年排名最后的，确定为较差等次，“抓两头、促中间”，逼促主动作为、必须作为。“既不鞭打快牛，更不迁就后进，让干多干少、干好干坏都不一样。”市委组织部相关负责人说，“这两年，我们一直在深化各单位内部绩效管理上下功夫，积极推行绩效奖励差异化分配，就是为了更好地激励广大干部履职尽责、担当作为。”

坚持“考事”与“考人”相结合，推动绩效考评与干部考核、评先评优挂钩，重实干、重实绩，将绩效考评结果作为大胆选用干部、坚决调整干部的重要依据，让想干事、能干事、干成事的干部有机会有舞台，让不作为、慢作为的干部让位子受警醒。

武清区上马台镇党委书记陈勇说：“绩效考核既是‘紧箍咒’，更是‘助推器’，能让大家甩开膀子、迈开步子争先进当排头，最终向老百姓交出满意答卷。”

材料 2　北京：北京市政府绩效考评请群众当阅卷人①

“政府工作做得好不好，人民群众是阅卷人。”北京市市长陈吉宁提出，将继续扩大社会参与评估的渠道，提升社会代表打分的权重。要通过这个方式，促进各区各部门更好地把工作推进与满足百姓需求、解决群众困难结合起来。从 9 年前北京市率先实施政府绩效管理以来，北京市政府单位绩效考评不断演进，近几年在考核主体、考核内容、指标权重设计上，年年都有新改进。考评范围从市级行政机关扩大至各区政府，从日常考评进阶到年度述职。

北京率先实行政府绩效管理

十年前召开的党的十七届二中全会（2008 年），开启了北京推行绩效考评制度之路。会议提出，“建立政府绩效评估机制”，“推行政府绩效管理和行政问责制度”。

次年，北京在市级行政机关绩效管理中采用全新的管理考评模式，在全国省级政府中率先实行政府绩效管理。2010 年，该项目获得“地方政府创新奖”。

依据北京市政府下发的暂行办法，绩效管理体系着重考评履职效率、管理效能、服务效果、创新创优，即“三效一创”。北京市级行政机关绩效管理主要针对“三效

① 资料来源：《新京报》，记者沙雪良，2019 年 2 月 10 日。

一创”的管理和考评，突出管理的系统性、指标的合理性、评价的多元性和激励的导向性。

考评采取百分制计分和问责制相结合的方法，凡完成绩效管理任务、服务效果好的均可给予奖励；出现绩效任务未完成、发生违法违纪案件、发生重大安全责任事故或违反其他规定，造成重大社会负面影响等情况都将受到问责，并给予相应处罚。

考评的目的是提高绩效管理水平。当时北京市政府提出，各部门要以“三效一创”考评指标为核心，结合部门的职责任务，建立健全绩效计划落实、日常监控管理、考评奖惩、绩效改进等重要工作机制，不断提高绩效管理水平。

最初，考评仅针对市级行政机关；3 年后的 2012 年，各区政府也纳入绩效考评。

从日常考评到年度述职

北京从一开始就建立了差异化的考评体系。2009 年北京市开展绩效考评改革时就既有部门打分也有满意度评价，每个部门都制定了满意度评价问卷。同样是满意度评价，北京市级机关的满意度评价主要针对服务对象，“就是来办过事儿的人”。对区政府的满意度评价，主要是针对公众和驻区企业，这是两张问卷。

随着实践的不断推进，满意度调查的范围和样本量也在增长。从最初的近两万份，发展到 2017 年的 2.9 万份。

“现在的满意度评价，都是一对一的，针对性特别强。”这位负责人说，通过满意度调查，及时将发现的问题反馈给各单位整改，并建立评价—反馈—再评价—再反馈的工作机制，持续推动服务改进。

2009 年到 2013 年，北京市政府绩效考评都主要是日常考评。2014 年起，北京市在每年年底召开绩效考评会议，将日常考核与年度述职考评结合起来，至今已经是第四个年头。

述职考评只是年底考评的一个重要环节，日常考评工作量也很大，有北京市政府办公厅、市发改委、市审计局、市委编办等 20 多个政府部门共同参与。

根本目的是督促落实

考评未达到责任目标的，不但要给予处罚和追责，还要将整改情况纳入第二年的绩效考评。

以生态清洁小流域建设为例，先由相关市级行政机关进行申报，北京市政府绩效办会同相关考评部门，将其与市政府重点工作相比对，如发现漏报或少报，将退回修改。修改报送后，北京市政府绩效办将组织第三方机构进行评估，报市政府审定后，形成该部门的这项绩效任务。任务确定后，除涉密任务外，将在该部门网站公开。

任务公开后，北京市政府绩效办会组织该部门编制任务落实预案，确定时间节点、责任部门和责任人。

对于确定的任务，北京市政府绩效办进行“月督促季反馈”，即每月对平台报送的进展情况进行比照，每季度要求该部门反馈项目整体情况。其间，北京市政府绩效办还会组织第三方对任务落实情况进行察访核验。

任务负责人介绍，2018 年第三季度，北京市绩效办发现一些任务出现滞后，就一对一反馈给各单位，要求整改。同时，会在过程管理中对该单位进行记录，年底纳入日常专项考评成绩。一些重点任务，如果年度完成有困难，北京市绩效办会进行专项报告，由北京市政府统筹解决，加快落实。“我们的目的，还是要推动任务落地，取得实实在在的成效。”

到 2017 年，全北京市绩效任务总量已经发展到 3101 项，其中 60 个市级行政机关有 1903 项，16 个区政府有 1198 项。

而在落实预案中，则对 3101 项任务梳理出 9300 多个管理节点，施行“月督促季反馈”工作机制，年中组织开展中期评估，实现日常考核和年终考评相结合。

陈吉宁市长表示，绩效管理既要考核工作做得好与差，还要考虑投入成本概念，更高效、科学地完成政府管理和服务职能。“这就要求我们既要注重目标效果管理，也要注重过程管理和成本控制；既要注重解决当前的问题，也要注重长远打基础的工作；既要关注典型特殊问题的解决，也要关注普遍规范性工作的推进。”

“人民群众是阅卷人”

2015 年 2 月，在 2014 年度政府绩效考评中，北京市政府首次邀请 30 位市人大代表、政协委员和市民代表对 58 个市级政府部门负责人进行述职考核。这开启了北京市政府绩效考评引入社会公众参与的先河。

经过连续两年的发展，公众代表已经增加到 141 人。

“政府工作做得好不好，人民群众是阅卷人。”陈吉宁市长提出，将继续扩大社会参与评估的渠道，提升社会代表打分的权重。要通过这个方式，促进各区各部门更好地把工作推进与满足百姓需求、解决群众困难结合起来。

王永代表在参与打分后认为，北京市政府绩效考评经过不断改进，现在已经实现材料无纸化，不但环保，还给了评委充足的时间熟悉材料。

不过，他也提出，应该增强考评的专业性和科学性。同时，在考评的基础上可以另外搜集考评代表对各区各部门的具体工作意见和建议，并移交相关部门处理解决。

参加述职的大兴区原区长王有国表示，述职考核打分是不记名的，如果可以记名，他会去询问相关代表打低分的原因，以利于工作改进。

北京市政府绩效办相关负责人表示，此次社会公众代表数量大幅增加，体现了以人民为中心的理念，未来开放的方向不会改变，将更注重对代表结构的调整，扩大社会公众代表的覆盖面，让更多有参政意愿和能力的公众参与进来。

陈吉宁市长在讲话中提出，要进一步加强政务公开，能公开、应公开的政务要一律公开，主动接受社会监督。要畅通民意诉求渠道，更加重视群众的想法和呼声，主动解疑释惑，及时回应关切，争取群众的理解、参与和支持。

案例思考

1. 绩效考核的考核内容有哪些方面？如何保障考核的有效性和科学性？

2. 你怎样理解人民群众是绩效考核的阅卷人？

3. 如何扩大绩效考核中人民群众参与的途径和渠道？

第七章

公共管理监督

监督，原意为监视、督促，引申为监察与督导。狭义的公共管理监督是指公共管理组织机关内部的监督，这种监督概念中强调了组织内部的监督和上级对下级行为的监督。广义的公共管理监督是指政党、行政机关、立法机关、司法机关、社会团体和公民等对公共管理组织机构及其工作人员的监督。

这个定义的内涵是：监督主体是多元的，包括政党、行政机关、立法机关、司法机关、社会团体和公民等多种社会力量；监督的对象既包括各类政府机构和公务员，也包括非政府的公共组织机构及其工作人员；公共管理监督的内容是监督公共管理组织的管理行为是否合法，是否以公共利益为目标，是否是科学的、有效率的；公共管理监督的目的是确保公共组织的管理行为符合增加公众利益的原则。

从监督的内涵来说，主要包括监督主体的多元化、监督客体的特定性、监督内容的广泛性、监督行为的合法性这四个方面。

一是监督主体的多元化。

公共管理监督的主体包括国家立法机关、国家行政机关、国家司法机关、政党组织、各种社会团体以及普通社会公众等。这充分说明了公共管理监督主体的多元化，它涉及社会生活各种不同的组织和群体。

二是监督客体的特定性。

公共管理监督是针对公共管理主体及其进行的各种公共管理行为所实行的监督。监督的对象涵盖以政府为代表的各种公共组织及其工作人员、公共企业及其工作人员，还包括公共管理者。

三是监督内容的广泛性。

公共管理活动的范围广泛，面临的环境复杂，这决定了公共管理监督内容的广泛性。公共管理监督通常涉及公共管理活动的每一个方面，但概括起来是围绕3个方面进行。

对公共管理主体是否增加和公平分配公共利益进行监督，防止公共管理主体在管理过程中徇私舞弊，损害公共利益。

对公共管理主体能否正确行使公共权力进行监督，防止公共管理主体做决策、实施管理行为时不顾国家法律法规的规定，滥用公共权力。

对公共管理中行为的科学性、合理性进行监督和指导，以期用科学的管理方式和技术，提高公共管理的成效。

四是监督行为的合法性。

公共管理监督制度和体系是由相关法律、法规确定并保证实施的，因此，各监督主体必须按照法律规定实施监督行为。另外，监督的核心内容就是为了保障被监督者能够依法行使公共权力。

公共管理监督的对象，是一切公共部门的工作人员在实施公共管理时所运用或行使公共权力的公共管理活动，其主要内容有以下四个方面。

第一，决策监督。

决策监督指对决策依据、决策目标、决策方案和决策程序是否民主、公平、科学、合法，特别是对决策过程是否遵循确定问题、提出备选方案、测评备选方案、选择备选方案、执行方案、总结与反馈的决策程序实行监督。实施决策监督的目的就是防止主观盲目的决策，特别要防止一些公共管理者为了个人利益、追求政绩而做出的政绩工程和一些急功近利的决策。

决策监督原则是在决策监督活动中必须遵循的规范和准则。主要原则如下。

全方位原则。指对领导决策应实行全过程、全方位监督。比如，在决策方案拟制阶段，应监督预测信息的及时性和准确性；在决策方案优选阶段，主要监督决策者实行民主集中制的情况，以保证方案选择的科学可行，防止决策者独断专行；在决策方案付诸实施以后，主要监督执行者履行各自的职责，协调一致，防止执行中偏离目标和方案预定的轨道。

网络化原则。任何一个领导决策都是一个有机联系、不断运动的整体，对这个整体的监督必须发挥各种监督的最大效能。进行纵向监督的同时，还必须考虑到横向监督的联系，形成纵横交织的监督网络。

有效性原则。监督的有效性主要体现在价值效能和反馈效能两个方面。价值效能是指在对领导决策的监督活动中，既要保证监督对象通过监督而获得最大价值，又要使监督活动本身只付出最低成本。

第二，公共管理行为监督。

公共管理行为可分为抽象和具体两种行为，这两种行为都必须接受切实有效的监督。对抽象行为的监督要以防止公共权力部门化、部门权力个人化、个人权力商品化的“权力三化”现象为目标。同时，要以防止国家政策部门化为重点。国家政策部门化是指在起草国家法律、行政法规时，利用法定职权和掌握的国家立法资源，过于强化本部门的权力而弱化相应的责任；在制定部门规章、编制行业规范、实施宏观政策时，背离了国家的大政方针和公共利益，力图通过国家法律、法规来巩固和扩大本部门的各种职权以及本部门、相关企业、相关个人的既得利益。只有切实加强对抽象公共管理行为的监督，才能把类似现象减少到最少。对具体公共管理行为的监督，主要是对具体行为是否合理、合法、公正、有效进行监督。确保公共管理行为严格依照法律行事，确保公共部门在法律、法规没有明确做出规定时的具体行为能以民为本，在不损坏国家及公共利益的前提下，充分考虑被管理对象的利益。

第三，对公共部门及其工作人员的监督。

对公共部门及其工作人员的监督主要是监督其是否廉洁勤政、滥用权力。廉政和勤政历来是公共管理的基本要求。如做不到廉政、勤政，便失去行使公共权力的资格。廉政是要防止公共权力的滥用，防止腐败的产生。公共部门及其工作人员必须用人民赋予的权力为人民谋利益，不得以权谋私。惩治腐败是一项世界性的严峻课题，不论东方还是西方，不论发达国家还是发展中国家，都不同程度地存在着贪污受贿、权钱交易等腐败行为。因此，要加大公共管理监督的力度，从根本上解决滥用权力的问题，从而实现廉政。勤政是指公共部门及其工作人员要以积极的态度、饱满的热情，切实地、完全地履行职责，对那些遇事推诿、态度恶劣、无所作为、失职渎职的行为，进行有效监督，促使公共部门及其工作人员勤政为民。

第四，自由裁量权监督。

自由裁量权是指行政机关及其工作人员在法律事实要件确定的情况下，在法律授权范围内，依据立法目的和公正、合理原则，自行判断行为条件、自行选择行为方式和自由做出行政决定的权力，其实质是行政机关依据一定的制度标准和价值取向进行行为选择的过程。

自由裁量权一般与行政行为结合在一起，是国家赋予行政机关在法律法规规定的幅度、范围内有一定选择余地的处置权力。由于我国幅员辽阔，各地情况千差万别，法律法规的规定不可能穷尽一切可能。因此，行政机构的自由裁量权是客观存在的，任何行政部门都多多少少有一定的自由裁量权。

自由裁量权能够充分调动工作人员的工作积极性，提高办事的效率，更好地管理公共事务，但是自由裁量权过大或者被滥用也会带来很多危害。孟德斯鸠早就指出：“一切有权力的人都容易滥用权力，这是万古不易的一种经验，有权力的人们使用权力一直遇到有界限的地方才休止。”对于自由裁量权而言，最大的问题在于在运作中权力易被滥用，由此而导致一些负面效应，表现如下：权力导致腐败，绝对权力导致绝对腐败。恣意的权力与绝对的权力一样导致腐败。当前腐败现象得不到有效遏制，在很大程度上与赋权的自由裁量权有关。由于有些自由裁量仅被某些行业、机关及部门所独占，具有垄断性，某些公务员则通过其享有的优越条件采用形似合法的手段捞取实为非法的经济利益，投机钻营。个别人甚至不惜违法犯罪追求物质利益，造成了腐败的政风，严重影响党和政府的威信。因此，腐败这一社会毒瘤所产生的严重后果足以警示滥用行政自由裁量权的危险性。因此必须加强对自由裁量权的监督，坚决杜绝滥用自由裁量权的行为。

公共管理监督的意义：

加强对公共管理的监督有利于我国社会主义民主政治建设；有利于深化改革和建立社会主义市场经济体制；有利于实现公共管理的法治化；有利于保护国家和公民的合法权益。

总之，公共管理过程中的监督指的是各类监督主体依法对政府和公共事业组织等公共组织及其工作人员行使公共权力的行为是否合理、合法所实施的监察和督导活动。

案例 1

公共管理监督的作用

材料　打铁还需自身硬，彻底击碎“灯下黑”①

打铁还需自身硬，以担当诠释忠诚

日前，由中纪委宣传部、中央电视台联合制作的三集电视专题片《打铁还需自身硬》在央视播出。专题片反映党的十八大以来，纪检监察机关加强自身建设，坚决清理门户，严防“灯下黑”的清醒和韧劲。10 多位严重违纪违法的纪检监察干部现身说法，剖析自己的违纪违法行为和思想蜕变过程，发人深省、令人警醒。

2016 年 9 月 13 日，十二届全国人大常委会临时召开第二十三次会议的消息，引起了高度关注。会议通报了对辽宁拉票贿选案件严肃查处的决定，45 名拉票贿选的全国人大代表被撤销资格。

辽宁拉票贿选案是中华人民共和国成立以来查处的首个发生在省级层面，严重破坏党内选举制度和人大选举制度的重大案件，955 人受到查处。

① 资料来源：宣讲家网，2017 年 1 月 11 日。

与此同时，已经退休两年的辽宁省纪委原书记王俊莲，也在家中接到处分通知。她说："我从退休那天起，就认为这件事迟早有一天会被提起来。在那个环境下我毕竟是纪委书记，对组织上给我处分有思想准备。"

虽然王俊莲本人并未参与拉票贿选，但作为当时的省纪委主要领导，她监督责任履行不到位，被给予党内严重警告处分。

中央纪委第十纪检监察室工作人员吴泽刚说："作为省纪委书记，一点儿都没有觉察，一点儿都不知道，本身就是失职、失责行为。"

2015 年 1 月到 2016 年 11 月，全国因履行监督责任不到位被问责的纪检干部有 4800 多人，其中有纪委书记、纪检组长 3100 多名。

当前，党需要一支什么样的纪检监察队伍，党的十八大以来，习近平总书记已经多次明确提出要求："监督别人的人首先要监管好自己，执纪者要做遵守纪律的标杆。各级纪委要以更高的标准、更严的纪律要求纪检监察干部，保持队伍纯洁，努力建设一支忠诚、干净、担当的纪检监察队伍。"

从 2014 年开始，中央纪委机关党委每年度都要约谈机关所有基层党组织负责人，连续三年实现了约谈全覆盖。基层党组织负责人也进而对所管辖的党员干部进行约谈、家访。

然而，有一些纪检干部对这些举措并没有真正理解，甚至采用一些手段逃避管理，欺骗组织，最终的结果是害了自己。

"八项规定"刚出台时，中央纪委就要求全国纪检监察系统带头清退会员卡，正是提醒广大纪检干部：正人必先正己。对党的十八大之后仍然不收敛不收手的纪检干部，中央纪委态度明确：坚决惩治、绝不手软。

党的十八届六中全会，开启全面从严治党的新实践，推动党和国家的事业迈入新时代。以习近平同志为核心的党中央，对全面从严治党做出再动员、再部署，"全党一定要保持战略定力，坚持严字当头、真管真严、敢管敢严、长管长严，把严的要求贯彻到管党治党全过程、落实到党的建设各方面"。

打铁还需自身硬。纪检干部只有始终以最严格的要求锤炼自己，以忠诚、干净、担当的标准淬炼成钢，才能担当起党章赋予的神圣使命。全面从严治党永远在路上，纪检监察机关加强自身建设同样永远在路上。

该"得罪"时就"得罪"

中央纪委反腐专题片《打铁还需自身硬》中，时任山西省纪委书记的金道铭，明知当时的政治环境"暗流涌动"，因为不愿意"得罪人"，选择了同流合污，一步步走上法庭的被告席。

敢于担当与不怕得罪人，二者不能简单地画等号。但对领导干部包括纪检监察干部来说，不得罪腐败分子就必然有负于党和人民。反腐败和腐败之间的斗争，从来就是水火不容的，没有中间道路可走。忠诚、干净、担当，很重要的体现就是敢不敢对腐败分子动手。一名领导干部，不管其他方面表现多么出色，但对腐败现象漠然置之、对腐败分子态度暧昧，那就会“一失万无”。

得罪腐败分子，不是为了个人之间的恩恩怨怨或名利得失，而是为了大是大非、民心民意和党纪国法。是怕得罪成百上千的腐败分子，还是怕得罪14亿人民？这是一笔再明白不过的政治账、人心向背账。北宋名臣范仲淹在改革吏治时，要来“诸路监司名册”，将不合格的干部“一笔勾去”。枢密使富弼对他说：“一笔勾之甚易，焉知一家哭矣？”范仲淹答道：“一家哭，何如一路哭耶！”意谓尽管革职会带来一家人的痛苦，但如何比得上一个地区老百姓的痛苦？

为官避事平生耻。党和人民把领导干部放在这个位置上，领导干部就要有高度责任感，敢于同破坏党的领导、损害党的肌体的行为作斗争。曾经担任中央纪委常务书记的黄克诚，在抓党风上有一条重要经验：“不怕撕破脸皮。”跟随自己转战多年的老部下，在京西宾馆用公款宴请，他照样硬起手腕处理。当时的商业部长时常到北京丰泽园饭庄请客吃饭而少付钱，他派人查实情况后，不但通报全党，而且在《人民日报》上公开披露。

“锄一害而众苗成，刑一恶而万民悦。”领导干部不敢得罪少数有问题的人，就可能得罪大多数奉公守法的人。面对腐败行为，那些只栽花不栽刺的“老好人”，那些随波逐流的“官油子”，那些担心拔出萝卜带出泥的“带病干部”，那些大事化小、小事化了的“仗义领导”，也许在个别人那里吃得香、玩得转，但因为违背原则，必然会损害自己在群众心目中的形象，失去大多数人的支持。

从一人一事看，敢于亮剑就意味着得罪人，但从一个历史时期看，敢于亮剑在优化政治生态的同时，也是对大多数干部的一种保护。“夫火烈，民望而畏之，故鲜死焉。水懦弱，民狎而玩之，则多死焉”，说的就是这个道理。当年，陕甘宁边区政府成立之初，不遵守法令的现象时有发生，且“大多是公务人员”。谢觉哉在《解放日报》上撰文建议：“应罚的罚，应拘的拘。任何人的威胁，不屈；任何大头子的说情，不理。要硬起颈骨来。做得几次，威信建立了，人们的习惯也就逐渐养成了。”后来，陕甘宁边区成为“全国最进步的地方”，以“没有贪官污吏、没有结党营私之徒、没有萎靡不振之气”等“十个没有”而载入史册。

当前，反腐败斗争压倒性态势已经形成。但是，党风廉政建设和反腐败斗争是一场攻坚战，也是一场持久战。无论什么时候，对腐败分子都要敢于亮剑，该得罪的人就得得罪，领导干部应有这样的毅然决然。

标本兼治让“不想腐”成为自觉

“谁来监督纪委?”2013年，王岐山同志在与部分省（区）纪委书记座谈时的追问还言犹在耳，如今这一敏感问题就有了扎实具象的回答。中央纪委铁面无私“清理门户”，严防“灯下黑”，同时注重从案例中查找权力运行的风险点，展现出强烈的自我管理意识。数据显示，党的十八大以来，中央纪委机关立案查处17人，全国纪检监察系统处分7500人，不容“害群之马”的魄力与决心可见一斑。事实上，全面从严治党本身就意味着，没有哪个部门岗位是设在纪律红线之外的，更没有哪个党员干部处于监督盲区。一批“查别人”的纪检干部被查，恰恰证明党内监督正朝着制度化方向日臻完善，全面从严治党正在走向纵深。

“所当乘者势也，不可失者时也”。审时度势，反腐败斗争压倒性态势已从“正在形成”推进为“已经形成”；因势而谋，全面从严治党取得了重要阶段性成果之后，当向何处继续发力，必然会是一项重大课题。而破解的答案，往往寓于一以贯之的治理思路之中。在大力反腐之初，中央即明确了要“坚持标本兼治，当前要以治标为主，为治本赢得时间”的方向。“标”与“本”很多时候正是一体之两面，“治标有效才能治本有道”。打虎拍蝇具有极大震慑力，所针对的是超出红线的行为；但不违规违纪既不是最高标准，更不是最终目的。2016年年末中共中央政治局召开会议，听取中央纪律检查委员会工作汇报时就强调，要减少腐败存量、重点遏制增量，释放出反腐重心从治标为主转向标本兼治的明确信号。

只要真管真严、敢管敢严，党风廉政建设就没有什么解决不了的问题。新形势下，党内法规制度越定越细，覆盖面也越来越广，纪律的红线、制度的篱笆、权力的笼子已经打造成型。随着反腐败斗争态势发生变化，党内监督承担的职能就必然从之前的惩防腐败上升为持续以更高标准鞭策激励全体党员努力提高自己，从不敢腐的敬畏、不能腐的约束向不想腐的自觉转变。这需要既保持惩治腐败的雷厉风行，更要注重将已有的成果固化、深化，将制度成果转化为治理效果，努力提升党组织的战斗堡垒作用，不断提高党的执政能力和领导水平。

全面从严治党永远在路上。标本兼治注定是一项更为艰巨的任务，也绝非能够速速见效，唯有保持清醒，看准方向，踩着不变的步伐，坚定前行。

案例思考

1. 公共管理监督的意义体现在哪些方面?

2. 公共管理监督主要包括哪些方面? 保障监督不是一纸空文需要从哪些方面着手?

案例 2

促进监督执纪执法权正确行使

——从典型案例看《纪检监察机关处理检举控告工作规则》的贯彻执行[①]

材料 1　诬告陷害被查处，澄清正名显担当

“经查，2009 年被反映人经手的卖树款已全部入账，也未给慈喜信钱财……” 2019 年 6 月，当听到山东省威海市纪委监委的通报时，被诬告的文登区泽库镇慈家滩村村干部曲某某感慨地说，“上级纪委对诬告陷害行为的打击和通报曝光，既让我感受到了组织的温暖，也增添了担当作为的底气！”

2018 年初冬，威海市文登区泽库镇慈家滩村老党员慈喜信来到威海市纪委监委，反映村干部有问题：“我们村不仅没将村集体卖树的钱入账，村干部还贪污公款，给了我 9000 多块钱封口费！”

看到 80 多岁的老人登门反映问题，市纪委监委信访室干部给予热情接待，随后按程序将问题线索转给文登区纪委监委办理。然而，该区纪委监委通过查阅村账、单据并走访相关人员了解情况发现，慈喜信反映的村集体卖树款未入账、村干部贪污卖树款及给他送钱这三个问题均不属实。

如果说，村集体卖树款未入账、村干部贪污卖树款的问题，有可能是慈喜信不了解实际情况造成举报失实；但村干部给他送钱的问题也不属实，这引起了工作人员的警觉。经报批，工作人员又找到慈喜信进一步了解情况。

“大爷，村干部给您的钱在哪儿？”面对工作人员的提问，慈喜信沉默许久后开了口：“别问了，是我看不惯现任村委的工作，所以就……唉，我不应该用这种方式反映事儿。”说到这儿，他脸上露出悔意。

最终，区纪委监委查清了慈喜信捏造事实诬告村干部的问题。查清问题后，泽库镇纪委对慈喜信进行了诫勉谈话，同时到慈家滩村召开全体党员大会，为两名村干部澄清正名。之后，威海市纪委监委对这起典型问题进行了通报曝光。

---

① 略阳县纪委宣传部. 促进监督执纪执法权正确行使——从典型案例看《纪检监察机关处理检举控告工作规则》的贯彻执行 [J]. 中国纪检监察，2020（4）：41-43.

执纪者说：

行使监督权利是法律赋予每个公民的权利，但任何权利都有边界。如果为了一己之私而失德失信，搞诬告陷害，既会伤害被诬告陷害的党员、干部的工作积极性，也会扰乱信访举报秩序，浪费监督执纪执法资源，还会影响当地政治生态和社会风气，损害党和国家的事业，必须坚决反对。《纪检监察机关处理检举控告工作规则》（以下简称《规则》）既对诬告陷害行为做出明确界定，又明确对诬告陷害的严肃处理，同时提出建立健全澄清正名机制，坚持了保障合法权利原则，贯彻了“三个区分开来”要求，保护了党员、干部干事创业的积极性。

实践中，纪检监察机关查处诬告陷害行为，应该把握好以下几点：一是研判处置勇担当。强化部门协作配合，对检举控告快速研判甄别，对明显贴牌举报或举报人因举报对象错误、道听途说举报、个人认识问题错告的，以及情况了解不确切、有关政策不熟悉等原因导致举报失实的，果断了结并予以澄清。二是打击诬告出重拳。对具有明显陷害他人的主观故意、捏造违纪违法事实、伪造证据的，手段恶劣、造成不良影响的，联合相关部门依规依纪依法从严处理、通报曝光、强化震慑。三是澄清保护要及时。既要公开澄清正名，又要会同所在单位党组织做好被诬告陷害党员、干部的思想政治工作，使其消除顾虑、大胆工作。

材料 2　信访研判提建议　推动整改有依据

“从信访数据看，第二季度反映低保救助民生资金使用问题的信访件较为集中……”

在 2018 年 7 月的一次信访分析研判例会上，浙江省宁波市海曙区纪委监委信访室同志通过对 36 例检举控告件进行信息筛选、历史数据比对，敏锐地发现了该区在使用低保救助资金中的问题，第一时间形成了综合分析报告。这份报告基于信访举报实际情况而形成，客观全面，有数据、有分析、有建议，可谓“含金量”十足。

根据这份报告，区纪委监委制作了纪检监察信访监督建议书，向区民政局下发，督促该局党组担起主体责任，在全区开展村社低保问题专项治理，同时将扶贫及帮扶领域专项治理情况作为监督重要内容。

“纪检监察信访监督建议书一针见血指出问题，为我们开出了祛除病灶的良方。”区民政局相关负责同志表示。根据监督建议，区民政系统开展全面自查，走访 2287 户低保对象，约谈 323 人次低保、低保边缘对象，对已去世、已享受社保和首次就业后收入超标的 192 户 266 名低保对象予以清退，责成相关乡镇街道全额追回低保金。

区民政局还紧盯问题促改促建，健全完善低保申请受理、入户调查、民主评议、公示、审核审批、近亲属备案等机制，消除廉洁风险，并委托第三方力量开展以核准信息、摸准需求、对准帮扶、精准服务为内容的“四准”服务，确保救助精准化和多元化。

一系列整改组合拳后，海曙区涉嫌“关系保”“人情保”“搭车保”的投诉显著减少，区民政系统政治生态有了明显改观。区纪委监委还及时“回头看”，防止问题反弹回潮。

执纪者说：

处理检举控告工作不只是具体的办信接访，还应注重做好“后半篇文章”，加强对检举控告情况的综合分析运用，为进一步把握好“树木与森林”的关系、当好政治生态“护林员”、做实做细监督首责提供扎实的基础支撑。此次《规则》专辟一章，规定对检举控告情况的综合运用，涉及定期研判、专题分析、形成综合分析报告、通报党组织、提出纪律检查建议或者监察建议等做法，为纪检监察机关规范开展检举控告情况的综合运用提供了制度遵循，有利于提高监督的针对性和实效性，更好地发挥检举控告社情民意“晴雨表”、政治生态“风向标”的作用，推动全面从严治党和党风廉政建设实现标本兼治。

实践中，综合运用检举控告情况应注意以下几点：紧盯关键点，有重点地抓实问题梳理，将各级党委政府中心工作、全面从严治党重点任务、检举控告反映的热点问题紧密结合，加强综合运用的前瞻性和预见性。找准落脚点，坚持常态分析与即时分析、个案分析与专题分析、定向分析与定量分析三个结合，多角度挖掘同一问题在不同领域、层面上的不同表现，全方位剖析检举控告背后的深层次问题。强化着力点，以问题为导向，以数据、案例为支撑，及时对问题易发多发部门和环节有针对性地提出意见建议，注重成果运用和反馈，最大限度发挥好检举控告综合分析在服务全面从严治党中的独特作用。

材料 3 信访逾期未办结 检查督办解难题

2020 年，福建省宁化县石壁镇陈家村党支部书记陈某因村级工程建设招标投标不规范、挪用专项资金等问题，受到党内警告处分。

这一案件的处理并非一帆风顺。

2019 年，福建省宁化县纪委监委接到群众举报，反映陈某存在村级工程建设招标投标不规范、挪用专项资金等一系列问题。按照干部管理权限和分级受理原则，县纪委监委信访室将该举报件转石壁镇纪委监察组处理。

收到信访件后，石壁镇纪委监察组虽及时展开分析研判，但因为信访件内容较为模糊，且夹杂信访人的个人不当诉求和主观臆测，给处置工作带来不小的难度，加之该镇平时信访量很大，没有足够的人手，致使该信访件超过期限仍未办结。

当年 5 月，福建省委巡视组进驻三明市后，举报人又分别将相关举报材料寄到省委巡视组和市、县纪委监委，造成了重复信访。考虑到这起信访件属群众反映强烈、问题复杂典型、涉及内容增多、重复信访、存在基层人情干扰等情况，宁化县纪委监委信访室对此重新研判，提出集体会商处理意见，最终决定由挂钩该镇的县监委委员牵头负责，由联系该镇的纪检监察室派员督办，并抽调协作片区内其他乡镇纪委骨干参与核查。

在县纪委监委具体指导下，督办人员及时跟进，听取汇报，审阅案卷，督促核查工作快速推进，陈某的问题逐渐浮出水面。

执纪者说：

检查督办是纪检监察机关信访举报部门的重要职责，是推动下级纪检监察机关落实处理检举控告工作责任的重要方式，能够对下级纪检监察机关形成带动，在一定程度上解决一些检举控告久拖缓办、质量不高的问题，提升检举控告办理质效。《规则》专辟“检查督办”一章，规定了纪检监察机关信访举报部门对检举控告进行交办督办的适用条件、具体情形、报批程序、办理时限等要求，为纪检监察机关开展检举控告交办督办提供了规范化、制度化依据，也确保了检查督办权始终在正确轨道上运行。

实践中，做好检查督办应注重以下三个方面：一是突出交办督办重点。加大对群众反映强烈、损害群众利益的突出问题交办力度，重点督办超期未报结、调查不认真、处理不到位等情形，特别是群众不满意、重复举报的情形。二是严格执行工作程序。交办督办要严格报批，严禁擅自交办、擅自督办、以信谋私。对交办的检举控告要在规定期限内办结，并报送核查处理情况，如需延长办理期限的，应当报备或报批。三是强化督促指导监督。注重日常督导和专项督查相结合，压实下级纪检监察机关责任，解决诸如“在规定期限内慢慢办”“看着上面酌情办”等问题。

材料 4 举报内容遭泄露 影响极坏受处分

“我没有按要求保管好信访举报材料，让被举报人获得并在群众中散发，造成不良影响，对此我感到很愧疚……”日前，湖南省岳阳市屈原管理区纪委监工委对受处分的凤凰乡原纪委书记宋建良进行回访时，他依然懊悔不已。

事情还要追溯到 2019 年 3 月。当时，屈原管理区纪委监工委信访室收到一封群众实名反映凤凰乡横港村党总支书记胡某陆的举报信后，按照属地管理、分级负责的要求，将该举报信转凤凰乡纪委办理。然而，等来的却不是乡纪委的办理情况。

几天后，举报人冲进区纪委监工委信访室，怒气冲冲地说：“真是官官相护，把我的举报信转给当事人，以后还能信你们吗！”信访室干部一边给举报人做思想工作，一边立即将情况汇报给区纪委监工委主要领导。

经区纪委监工委调查发现，2019 年 3 月 25 日，宋建良把被举报人胡某陆叫来，向他说明乡纪委要核查一些问题，希望他积极配合。中途宋建良因其他工作任务临时外出，临走时竟将夹有举报信的笔记本落在办公桌上，被胡某陆看到了。趁宋建良不注意，胡某陆偷偷将举报信拿走，并复印了 150 份在群众中散发，在社会上造成了极坏的影响。最终，宋建良受到党内警告处分，并被免去乡纪委书记职务。

执纪者说：

群众来纪检监察机关检举控告，是出于对党、对纪检监察机关的信任，是以实际行动拥护和支持党风廉政建设和反腐败工作。纪检监察机关必须相信群众、依靠群众，认真处理检举控告，特别是要保护好检举控告人信息和举报内容。《规则》对此做出规定，不仅要求纪检监察机关建立健全检举控告保密制度，严格落实保密要求，还明确对泄露检举控告人信息或者检举控告内容等，或者将检举控告材料转给被检举控告的组织、人员的情形，要依规依纪严肃处理，彰显了对检举控告人合法权利的保护，有利于调动党员、干部和广大群众参与监督的积极性，不断增强人民群众对党的信任和信心，厚植党的执政根基。

从实践看，在处理检举控告时做好保密工作，首先必须从思想上重视起来，树立保护检举控告人的观念，时刻绷紧纪律弦、保密弦。其次要严格执行检举控告处理工作程序，把保密要求落细落实，贯穿整个检举控告处理的各环节和全过程。如受理检举控告或者开展核查工作，应当在不暴露检举控告人身份的情况下进行，特别是对检举控告人的姓名、工作单位、住址等信息必须高度警惕，防止泄露。纪检监察机关平时要加强教育培训和内部监督检查，督促纪检监察干部严守保密红线。

案例 3

公共组织监督方式

材料 巴山无处不新绿——王瑛精神激励巴中纪检监察干部接续奋斗[①]

什么最能彰显纪检监察人的眼界和担当？对王瑛来说，是如何紧紧围绕党的中心工作、为当地经济发展服务，如何用发展的思路和改革的办法去谋划和推动纪检监察

① 李晓阳，徐莹莹. 巴山无处不新绿——王瑛精神激励巴中纪检监察干部接续奋斗 [J]. 中国纪检监察，2022（8）：56-58.

工作。对今天的巴中纪检监察干部来说，是要对“国之大者”心中有数，把握好进入新发展阶段、构建新发展格局、推进中国式现代化对纪检监察工作提出的新要求，守正创新做好本职工作。

巴中素有“八山一水一分田”之称，是四川省脱贫攻坚任务最繁重的地方之一。在脱贫攻坚战中，巴中市纪委监委调研发现，市县乡三级纪检监察机关在脱贫攻坚专项督查中缺乏统筹，存在着多头督查、反复督查、扎堆督查的情况，在一定程度上造成基层的“迎检负担”。为了解决这个问题，市纪委副书记曹曦文带领党风政风监督室创新设立黄橙红“三牌”预警、分区分级联督联查等工作机制。将全市乡镇分为“Ⅰ、Ⅱ、Ⅲ级攻坚区”，统筹整合市县乡三级纪检监督力量，实行分区分级、联督联查，上级纪委已监督的地方原则上下级纪委不再监督。对脱贫攻坚督查中发现的问题，实行黄橙红“三牌”追责机制，区分问题性质和具体情形来问责追责。这些措施既有效减轻了基层扶贫干部的负担，也确保了每一笔扶贫资金都用在发展惠民的刀刃上。

“为搞好现场会，养猪场竟临时买猪充数，这是不是形式主义?”入夜，巴中市广电演播室进行着一场辣味十足的直播：一乡镇为迎接现场交流会，临时购买600余头生猪，放进当地养猪场。事后，生猪却陆续死亡，数十万元财政资金打了水漂。针对此事，直播主持人现场对该乡镇负责人犀利发问。不前期彩排、不提前预演，暗访中发现的问题、问廉对象名单、监督员名单，直到节目开播才揭开“谜底”。每期抽选“问廉监督员”参与暗访调查，主持人现场直接发问，群众、网民连线质询，问廉考评团现场投票，不留情面、不走过场，这便是巴中探索的“阳光问廉”全媒体直播。这种全新的“纪检 + 舆论 + 群众”一体化监督模式，2020年入选四川全面深化改革典型案例，并被省纪委监委在全省推广。

前不久，通过“双责体检”，巴中市交通运输局党委书记张云清被确定为约谈对象。所谓“双责体检”，是指对部门（单位）管党治党的健康状况开展全面检查。“双责体检”的第一道关口是“预检站”，市纪委监委会同组织、宣传、财政等10个职能部门，对党风廉政建设履责情况进行“望闻问切”，据此确定4个“体检”单位。第二步，就是由纪检监察机关对4个单位实地开展政治监督调研，并综合分析信访举报、监督检查、审查调查等“体检指标”，形成“体检报告”。约谈当天，4位“一把手”先后走进双责约谈室，市纪委书记手持“体检报告”，面对面通报上述单位在党风廉政建设方面存在的具体问题。市委书记针对通报问题，逐一提出工作要求，给“一把手”压责任、压担子，同时也“开方子”“下医嘱”。经历了“双责体检”的张云清表示心服口服：“通报的问题很犀利，但指出的路径也很清晰，这次双责约谈太及时了！”

从王瑛的“五个零”工作法、“三最佳”创评活动，到如今的“三牌”预警、分区分级联督联查，“阳光问廉”曝光问题、“眼见为实”见证治理成效全媒体监督链条，

“大要案件复盘”机制、规范化法治化正规化建设、“双责体检”，在全面从严治党不断向基层延伸的实践中，体现的不仅是巴中纪检监察队伍砥砺前行奋斗的足迹，还有他们与时俱进的创新精神。

案例思考

1. 案例 2 和案例 3 包括了哪些监督方式？分别有什么作用？
2. 如何更好地发挥群众监督作用，以保障和提升公民的监督权？
3. 相比于其他监督方式，公民监督的优势在哪？

第八章
公共经济学

人类社会生活扩展的一个重要标志就是公共空间、公共关系（又称社会关系）甚至是公共文化的扩展，公共空间、公共关系和公共文化需要一种稳定的公共秩序。人类社会建构公共秩序的方式不外乎两种逻辑，一种是基于自上而下的强制逻辑，另一种是基于自下而上的契约逻辑。但是，无论哪一种逻辑，国家特别是近现代的国家（政府）都扮演着核心角色，代表国家的政府也就逐渐成为公共秩序的建构者。由现实社会中的人构成的政府对公共生活的建构或干预需要更多的理论来作为论据，也需要更多的理论来研究政府这一最具有影响力的公共部门。

公共经济学是以公共部门经济活动作为主要研究对象的。公共部门为什么要参与经济活动？公共部门如何参与经济活动？公共部门的经济决策是如何做出的？这是公共经济学关注的重要学术命题。现代经济是市场经济，市场经济在资源配置过程中发挥基础性作用。由于现实经济中存在市场失灵问题，才使得公共部门参与经济活动成为必要，市场失灵是公共部门干预经济的前提。当然，政府对经济的干预同样存在政府失灵的问题，政府失灵是公共部门参与经济活动的边界。

公共部门的经济活动涵盖的范围十分广泛，总体上可以将其分为四种类型：公共收入活动、公共支出活动、公共规制活动及公共经济政策。不论是哪种经济活动，都会对相关经济主体的资源进行重新配置。

公共经济学关注的核心问题是经济系统的效率、公平和稳定。可以概括为三个方面：一是研究资源如何在公共部门与私人部门之间实现最优配置，研究公共部门如何参与非市场性的资源配置；二是研究公共部门如何从事社会财富的再分配以增加收入分配的公平性与合理性；三是研究公共部门如何维护经济运行的稳定性。以政府为主体的公共部门参与的非市场性资源配置活动是指政府为满足居民的公共消费需要和社会存在与发展的必然要求，通过向社会成员征税和强制转移财富的办法来筹措资金，以不营利为目的提供国防、治安、环境保护、教育、卫生、文化等公共服务。公共部门所从事的社会财富再分配是指为了保证社会公民获得公平与公正的待遇、保护弱势群体、缓和社会矛盾，采取税收等强制手段对社会成员的财富进行重新分配。越是有效运行的市场，越会维持最初的收入分配状况。但收入分配的不公平、经济运行的不稳定是无法依靠市场来解决的。公共部门稳定经济是指公共部门通过财政政策、货币政策和其他行政手段，制定相应的公共经济政策，对国民经济总量与结构进行调控，以减少宏观经济的波动，稳定经济运行。因此，公共经济学的主要内容包括公共物品理论、公共选择理论、公共收入理论、公共支出理论、公共预算理论、公共规制理论等。

为深入贯彻落实习近平总书记关于教育的重要论述和全国教育大会精神，贯彻落实中共中央办公厅、国务院办公厅《关于深化新时代学校思想政治理论课改革创新的若干意见》，落实立德树人根本任务，把思想政治教育贯穿人才培养全过程，全面推进高校课程思政建设，提高高校人才培养质量，教育部于2020年5月28日印发《高等学校课程思政建设指导纲要》系统明确了课程思政建设的重要意义与目标要求、重点内容与教育任务、质量评价体系与激励机制、组织实施与条件保障，全面部署课程思政建设工作。公共经济学课程思政建设要遵循中央对课程思政建设的总体要求，从学科属性、专业定位、培养目标出发，结合专业课程特点进行探索，确定了公共经济学的学习目标：第一，系统掌握公共经济学的理论知识，能够认识和掌握市场经济条件下政府公共经济政策的重要性和作用的边界。第二，培养学生的经济信息获取能力、经济信息评价整合能力、经济知识实践应用能力。第三，培养团队合作精神，通过管理学、法学、经济学等多学科理论教学融合培养学生求实创新、解决复杂问题的综合能力和高级思维。第四，加强国情教育，重点加强现实国情教育，激发学生强烈的爱国情怀和担当意识；强化法治意识，尤其注重强化行使公权力教育和加强权力监督教育；培养公共意识，增强公共责任和公共管理能力；培育人类命运共同体理念，作为研究国际财政理论与实践问题的价值导向。

改革开放以来，中国的改革全面深化，财税改革取得重要进展，国家经济建设蓬勃开展，制度创新案例不断出台。鲜活生动的实践案例为理论研究的本土化提供了新鲜血液，聚焦新时代特征、关注前沿热点问题。本章选取公共经济学的典型案例来为中国的经济发展实际提供支撑和理解。

案例 1

税收制度的改革

材料 1　中国税收 70 年的历史进程与启示[①]

中华人民共和国成立 70 年来，经历了从建立高度集中统一的计划经济体制到改革开放，建立和完善社会主义市场经济体制，再到新时代全面深化改革，推进国家治理体系和治理能力现代化的巨大制度变革。税收制度也伴随着这一进程经历了深刻的变化，承载着不同历史时期所赋予的艰巨使命。

中华人民共和国成立 70 年的发展历程波澜壮阔，新中国的税收制度也承载着不同历史时期所赋予的艰巨使命，经历了深刻的变化。对新中国税收历史进程的回顾和经验的总结，不仅能够加深对过去 70 年中国发展道路的理解，并且，在“世界处于百年未有之大变局”的时代背景下，回顾历史有助于在新时代更好地深化税制改革，推进税收治理现代化的进程。

中国税收制度演变的基本线索

中国是一个拥有悠久历史和文化传统，幅员辽阔，经历了从计划经济体制向市场经济体制转轨的社会主义发展中大国。理解中华人民共和国成立 70 年来税收制度的演变有三条基本线索：

第一，中国作为世界上最大的发展中国家，如何从积贫积弱、以传统小农经济为主的农业国转变为现代化的工业国始终是新中国经济社会发展的基本命题。当发源于西方的工业革命席卷全球，现代化成为世界各国都必须面对的挑战，推进工业化进程并建立与之相适应的国家治理体系，提高国家治理能力就成为所有国家，尤其是发展中国家最紧迫、最重要的历史任务。获取财政收入的能力是国家资源动员能力最重要的组成部分，也是影响国家与社会成员之间经济和政治关系基础性的制度安排，因此探索建立包括税收制度在内的现代财政收入制度，实现税收制度从传统到现代的转变是国家现代化进程中必须面对的基本命题。

第二，作为社会主义国家，以公有制为主体的基本经济制度决定了国家不仅可以

① 资料来源：《新中国税收 70 年的历史进程与启示》，作者张斌（中国社会科学院财经战略研究院研究员），《中国税务报》，2019 年 9 月 25 日。

凭借政治权力获取税收收入，而且作为国有资产的所有者也可以获取基于财产权利的收入，在经济体制不断发展变化的情况下，如何协调好这两种类型财政收入的关系是认识中国税制改革进程的重要历史维度。

第三，中华人民共和国成立70年来经历了从建立高度集中统一的计划经济体制到改革开放，建立和完善社会主义市场经济体制，再到新时代全面深化改革，推进国家治理体系和治理能力现代化的巨大制度变革。不同历史时期经济社会体制的变迁要求税收制度与之相适应，这是理解70年来中国税收发展演变的另一条重要线索。

上述三条线索交织在一起，决定了不同历史时期政府与社会（市场）资源配置的制度框架和基本格局，也决定了税收制度在不同阶段的历史使命、演变方向和基本特征。

中国税制改革的历史进程

70年中国税制改革的历程可以划分为以下五个阶段。

国民经济恢复与社会主义改造时期。

1949年到1952年是国民经济恢复时期，这一时期税制建设的指导思想集中体现为《中国人民政治协商会议共同纲领》第四十条，即“国家的税收政策，应以保障革命战争的供给、照顾生产的恢复和发展及国家建设的需要为原则，简化税制，实行合理负担”。

1950年1月30日，中央人民政府政务院发布了《关于统一全国税政的决定》的通令，决定以《全国税政实施要则》作为今后整理和统一全国税政税务的具体法案，建立各级人民政府及财政税务机关并立即执行。《全国税政实施要则》《全国各级税务机关暂行组织规程》以及相继颁布的各税种实施条例，配合以计划、会计、统计、监督检查等各项管理制度的制定和实施，近代以来中国税政不统一的局面从此宣告结束。

1952年年底，中国恢复国民经济的任务已经胜利完成，党中央提出了过渡时期的总路线，提出了两项相互联系的基本任务，一是逐步实现国家的社会主义工业化，二是逐步实现国家对农业、对手工业和对资本主义工商业的社会主义改造。这一时期，税收制度不仅承担着为国家的重点建设筹集资金的任务，也是促进社会主义改造的政策工具。社会主义改造完成后，随着公有制和计划经济体制的建立，以国家为主体的财政分配关系也深入到经济社会运行的各个领域，并成为整个国民经济从宏观到微观的组织者。这一时期，来自国营企业的收入取代税收收入成为财政收入的主体，税收制度的地位和作用显著下降。

计划经济时期。

社会主义公有制和计划经济体制建立后，国家可以直接控制国营企业和通过价格机制间接获取集体经济的利润，计划经济体制下税收组织收入和调节经济的功能大大弱化了。此时税收的作用体现在两个方面：一是对集体经济征税，包括农业税和城镇集体经济税收，以体现全民所有制与集体所有制的差别；二是在全民所有制内部，税收作为指令性计划的辅助手段，对计划价格机制运行中不同行业、不同国营企业的成本和利润进行进一步调节。

这一时期的税制建设在理论上受到了“非税论”“税收无用论”等影响，在实践中则表现为过分简化税制，税收在财政收入以及国民经济中的地位和作用均处于下降趋势，正常的税收征管秩序受到冲击。税种越来越少、税制越来越简单，税收的职能作用难以有效发挥。

改革开放初期。

党的十一届三中全会后，中国开始了改革开放的历史进程。其中，城市经济体制改革的突破口是财税体制改革，这一时期的税制改革主要集中在两个方面：

一是为适应改革开放吸引外资和多种所有制并存的格局，开始建立涉外税收体系和改革国内税制。1978—1992 年，经过 10 多年的努力，从所得税到流转税、财产税，从税法到细则，一套比较完整的涉外税收制度初步建立。随着商品经济的发展和所有制格局的变化，国内税制也进行了重大调整。

二是在对企业放权让利和推进国营企业改革，完善社会主义公有制实现形式的背景下，通过税制改革推进国家与国营企业分配制度的改革。1983 年和 1984 年分两步实施的利改税和 1987 年的“税利分流”改革是国家与国营企业之间财政分配体制的重大改革，为企业自负盈亏、成为相对独立商品生产者奠定了制度基础。

由于理论和实践中对政府与企业、政府与市场关系的认识并不清晰，这一时期单纯以“放权让利”为指导的改革思路造成了在国家、企业和个人分配关系上，国民收入过多向单位和个人倾斜，税收制度的收入功能有所减弱；而在财力紧张的背景下，各政府部门、机构采用各种方式创收，导致各种预算外收入和非税收入泛滥，税费关系亟待调整。

建立和完善社会主义市场经济时期。

1992 年 10 月，党的十四大报告明确提出，中国经济体制改革的目标是建立社会主义市场经济体制。这一时期的财税体制改革也进入以“制度创新”为特征的崭新阶段。1994 年实施的税制改革初步奠定了与社会主义市场经济体制相适应的税制体系，在新中国税制改革历史上具有里程碑式的重大意义。

1994 年，按照统一税法、公平税负、简化税制、合理分权、理顺分配关系、保证财政收入的指导思想对税制进行的全面改革，特别强调了统一税制和公平税负的要求，通过统一内外资企业流转税制度、内资企业所得税制度、统一个人所得税制度和统一规范税收优惠政策等措施，使各类企业之间的税负大致公平，进而为企业平等竞争创造了条件。1994 年的税制改革是一次全方位、根本性的改革，在时间上也体现了一揽子推出的特点，是中华人民共和国成立以来“规模最大、范围最广泛、内容最深刻的一次税制改革”。

1994 年税制改革后，根据经济社会发展的要求，以 1994 年的税制框架为基础，中国的税制持续改进和完善。随着市场经济体制的逐步建立和完善，税收收入成为财政收入的主要形式。这一时期建立与社会主义市场经济体制和对外开放相适应的税收制度是税制改革的核心任务，税制改革充分发挥了推动经济体制改革“排头兵”的作用。

全面深化改革时期。

随着中国特色社会主义进入新时代，社会主要矛盾的变化要求加快建立现代财政制度。税收制度作为现代财政制度的重要组成部分，不仅要更好地筹集财政收入，在为人民提供更为优质的公共服务方面提供充足的财力保障；同时，税收制度的制定和实施要更好地满足人民在民主、法治、公平、正义、安全、环境等方面的需要。因此 2012 年以来全面深化改革时期税制改革的目标是建立现代税收制度，实现税收治理现代化，充分发挥税收在国家治理中的基础性、支柱性、保障性作用。

2012 年以来，税收法定原则的落实取得了显著进展。现有的 18 个税种中除 2012 年前已制定法律的企业所得税、个人所得税和车船税 3 个税种外，截至 2019 年 8 月，全国人大常委会已审议通过了 6 部税法，即：环境保护税法、烟叶税法、船舶吨税法、车辆购置税法、耕地占有税法和资源税法。

2012 年以来，营业税从此改征增值税，改革试点从区域到行业全面推开，增值税完全取代了营业税，营业税从此告别了历史舞台。此后，随着增值税简并税率改革以及下调税率、留抵退税制度改革的实施，增值税制度优化取得了重大进展。

2018 年 8 月 31 日个人所得税法的修订，初步建立了综合与分类相结合的税制模式，引入了差别化的专项附加扣除制度，由此确立了政府与自然人纳税人之间直接的税收联系，奠定了现代个人所得税的基本制度框架，在中国税制改革史上具有里程碑式的重大意义。

2018 年 3 月推出的国税地税征管体制改革，其核心内容是国税地税机构的合并，这是 1994 年国地税机构分设后对税收征管体制的又一次重大调整，对推进税收管理体制和征管能力现代化具有重大而深远的意义。

中国税制改革的启示

中国税收的现代化进程不仅兼具发展中国家和转轨国家的双重特征，也具有基于自身悠久文明史和政治文化传统的独特性。中华人民共和国成立 70 年来税制改革的启示归纳起来，主要有以下几个方面。

党的坚强领导是税收制度现代化的政治和组织保障。

对发展中国家而言，由于不具备现代国家的治理体系和治理能力，难以建立能够有效实现国内资源动员的财政收入体系；而财政收入的匮乏和缺乏弹性又影响了对教育、基础设施的投入，从而阻碍了工业化的进程和国家治理能力的提高，如何突破这种“两难困境”是发展中国家现代化进程面临的最大挑战。

中国共产党作为中国现代化事业的领导核心，其对国家政治经济主权的捍卫，“为人民服务”宗旨的贯彻和应对内外部挑战时改革的勇气和纠错能力是中国现代化进程的政治和组织保障，同样是中华人民共和国成立 70 年来，根据不同历史时期的使命和任务推动税收现代化最大的动力来源。

明确的改革目标有助于税制改革的持续推进。

中华人民共和国成立 70 年来，经历了从社会主义改造到建立计划经济到计划经济体制逐步向市场经济体制转轨的过程。在不同的历史时期，围绕当时历史阶段的中心任务，根据明确的改革目标推进税制改革，发挥税收制度在各项制度建设和改革中的“排头兵”和“突破口”的作用，是 70 年来税制改革的基本经验。

重视处理好“制度模仿”与适应中国国情的关系。

中国作为发展中国家，在向市场经济转轨的过程中，模仿成熟市场经济国家的税收制度是设计和实施税制改革的必然选择。可以说，为适应改革开放的需要而主动借鉴成熟市场经济国家的税制，是中国 1978 年以来税制改革的重要动因。

但税收制度并不是孤立存在的，一个税种的有效运行需要许多技术和制度条件的配合。税制运行环境的差异要求以模仿为基础建立的税收制度要根据本国国情进行“本土化”改造，根据当时国情进行的“本土化”改造的税制又会随着经济社会的进一步发展再次形成向成熟市场经济国家税制靠拢的压力和动力。因此，重视处理好“制度模仿”与适应“中国国情”的关系是税制改革得以持续推进的重要经验。

“试点先行”的税制改革推进策略。

中华人民共和国成立 70 年来的税制改革具有比较鲜明的行政主导的特征，强制性制度变迁在很大程度上体现了政府的意志，由于信息成本和激励机制等因素的约束，政府确定的税制改革方案并不能保证是最优方案。为充分解决强制性制度变迁带来的问题，在加强顶层设计和集中统一领导的同时，在税制改革中采取“试点先行”的策略，通过“试点”及时总结改革的经验和不足，在完善的基础上逐步推开是中国推进税制改革的重要经验。随着市场经济体制改革的不断深入和社会公众纳税人意识的普遍增强，行政主导的税制改革模式的弊端也越来越突出，党的十八届三中全会明确提出了落实税收法定原则的要求，按照建设社会主义法治国家的要求，进一步加快推进税收法定是进一步推进税收治理现代化的必然要求。

税制改革与税收征管协调推进。

在发展中国家税制改革过程中，要发挥好制度模仿的作用，除了制度本身要根据不同发展阶段的具体国情进行“本土化”改造外，如何建立与新税制相适应的税收征管体制是决定税制改革成败的关键。回顾中国税制改革的历程，与税制改革相适应的税收征管体制改革的同步推进和充分利用信息化手段持续提升税收征管能力是税制改革取得成功的基本保障。

材料 2 改革国税地税征管体制有何意义①

改革国税地税征管体制，是此次党和国家机构改革的一项内容。根据改革方案，将省级和省级以下国税地税机构合并，具体承担所辖区域内各项税收、非税收入征管等职责。国税地税机构合并后，实行以国家税务总局为主与省（自治区、直辖市）政府双重领导的管理体制。

在2018年全国两会“部长通道”，国家税务总局局长王军在接受媒体采访时说：“这是一个利民利企利税利国的好方案，坚决拥护、完全赞同。”

改革国税地税征管体制有何重要意义，将带来哪些积极影响?《法制日报》记者就此采访了业内专家。

机构合并符合法治政府目标

根据改革方案，将省级和省级以下国税地税机构合并，这意味着国税、地税“分家”24年后，省级和省级以下国税、地税机构再“联姻”。

据上海金融与法律研究院研究员聂日明介绍，现行税收征管体制肇始于1994年。当时，中央进行分税制改革，建立了分设国税、地税两套税务机构的征管体制。20多年来，这一税收征管体制取得了显著成效，为建立和完善社会主义市场经济体制发挥了重要作用。

“过去十几年税收体制有两个较大的变化：一是营改增，地方政府最大的税种被增值税合并，地税负责征收的税额大幅降低；二是税收征管系统的完善与电子化，增值税等税种完全实施税控开票，尤其是金税三期的实施，可以完成全部税收、非税收入、社保等征缴，通过一套系统掌握绝大多数税收信息，消除了信息不对称。”聂日明说，因此，从技术上讲，地税已经没有设立之初的作用了。这个时候，在税种上，中央和

① 资料来源：《法制日报》，责编张旭（实习生）、章斐然，2018年3月29日。笔者进行了删减。

地方依然可以保持目前的分税制格局，但征管上不再需要国税地税两套系统，省级和省级以下国税地税机构合并是水到渠成。

中国法学会财税法学研究会会长、北京大学法学院教授刘剑文在接受《法制日报》记者采访时说，此次省级和省级以下国税地税机构合并顺应国家机构改革的潮流，符合法治政府建立的目标，是基于提升税收征管效率来推动整体营商环境的改善。

"省级和省级以下国税地税机构合并是深化税收征管体制改革的大势所趋。"刘剑文说，两个机构的合作实际上早已开始，"在执行基准方面，国税地税之间联合制定统一的标准，也力争做到同样情形同等对待。2015 年，中央深化改革领导小组推出了深化国税地税征管体制改革的方案后，国税地税合作越发深入。申报、缴税的检查逐渐一体化，这充分说明通过消除国税地税的分立所带来的不利是社会的共识。不过，合作只是治标不治本，唯有合并省级和省级以下国税地税机构才能从根本上解决问题。所以，此次明确省级和省级以下国税地税机构合并是顺理成章"。

配合税制改革释放改革红利

在中国政法大学财税法研究中心主任施正文看来，省级和省级以下国税地税机构合并是我国新时代税收征管体制一项根本性改革。

"税收征管体制改革和税制改革是配套进行的，征管体制改革是为了让税法得到更好的实施。"施正文向记者介绍说，在改革开放后，我国的税制经过了几次改革，直至今日确立了建立现代税收制度的目标，以直接税为主。那么，相应的征管体制也需要调整。

省级和省级以下国税地税机构合并，利于法律统一实施、征税效率提高。

以个人所得税改革为例，施正文向记者举例说，省级和省级以下国税地税机构合并后，办理登记、报税、缴税、税务稽查，从原来跑两家变成跑一家，程序简化、效率提高、成本降低。

刘剑文对此十分认同，他表示，省级和省级以下国税地税机构合并有利于整合资源、统一执法标准、共享社会信息、提升征税能力。在省级和省级以下国税地税机构分立的情况下，两个机构都有各自不同的征税信息系统，也掌握着不同的执法标准。本应统一的资源被人为分割，导致征管资源浪费，这与我国的税种变动和税制改革是不相适应的。

中央财经大学教授樊勇认为，改革国税地税征管体制，可以减轻纳税人的负担和成本。之前很多纳税人要同时缴国税、地税，存在"多头跑"等问题。同时，国税、地税两套机构在不同程度上也存在资源重置。在现行制度体系下，实行一套机构对提高征管效率有好处。

“合并之后的一大推动便是便利纳税人。我国税收征管法对国税地税的征管程序是一体规定的，并没有因为税种的不同而有所差异。从纳税人保护方面来看，无论是权利内容还是保障的程序，税种的差异都不具有决定性。”刘剑文向记者介绍说，在省级和省级以下国税地税机构分立的情况下，同一纳税人要分别针对不同的税种，由两个机构来办理税务登记、申报纳税、接受税务检查。通过合并，可以减轻纳税人在程序上的负担，向纳税人释放改革红利，对促进经济发展具有举足轻重的意义。

推动落实税收法定原则

在刘剑文看来，省级和省级以下国税地税机构合并，对落实税收法定原则的税收立法工作将产生积极影响。

这种积极影响首先表现在利于加快各税种立法，实现税收法定的目标。“税收法定原则是十八届三中全会明确提出的一项任务。目前还有一部分实体税存在于行政法规的层级，这两年有关机关加大了力度，但由于过去长期以来地方政府为了地方财政的需要制定了各种税收性文件，各个地方标准不同，差别较大。省级和省级以下国税地税机构合并后，有利于在统一机构的背景下理顺各税种征收的范围，统一征收防止重复征税，深化财税体制改革。”刘剑文说。

“另一个积极影响表现在，省级和省级以下国税地税机构合并也能推动一些实体税种立法的整合。”刘剑文说，在 3 月 12 日十三届全国人大一次会议新闻中心举行的记者会上，全国人大财经委副主任委员乌日图明确提出，今年的立法工作已经将耕地占用税、资源税、消费税、契税等 6 部税法列入立法计划中，敦促有关部门加快立法进程。

刘剑文进一步分析说，以房地产税为例，省级和省级以下国税地税机构合并后，有利于解决房地产行业重复征税的问题。房地产涉及很多税种，有时候信息沟通不畅，国税地税合作有些困难。省级和省级以下国税地税机构合并后，就不会存在一个行业重复征税的问题，相关税种也能得到进一步整合和优化。

案例思考

1. 什么是税收？税收有哪些特点？为什么税收是取得公共收入的最佳形式？
2. 我国每一次税收改革的主要目的分别是什么？
3. 为什么说深化税制改革关键在转变政府职能？

案例 2

税收改革发展为经济添动力增活力

材料 1　“十三五”税收改革发展为经济添动力增活力①

近年来，我国税收领域改革提速加力，亮点突出。“十三五”时期我国税收发展取得了哪些成效？税收营商环境发生了怎样的变化？广大纳税人缴费人享受到哪些政策红利？就相关问题，经济日报记者近日专访了国家税务总局党委书记、局长王军。

“十三五”新增减税降费 7.6 万亿元

记者：减税降费一直是大众非常关注的税收话题，“十三五”时期我国减税降费取得了哪些成效？

王军：“十三五”时期，党中央、国务院立足经济社会发展全局，出台系列减税降费政策，规模不断增大，红利持续释放，为减轻市场主体负担、有效应对经济下行压力提供了有力支持。税务部门努力克服政策类型多、实施时间紧、统筹难度大等困难，确保减税降费落地生根。2016 年至 2020 年新增的减税降费累计将达 7.6 万亿元左右，特别是 2019 年实施更大规模减税降费，全年新增减税降费达到 2.36 万亿元，占 GDP 的比重超 2%，拉动全年 GDP 增长约 0.8 个百分点。

今年以来，为支持新冠疫情防控和经济社会发展，党中央、国务院先后出台了 7 批 28 项税费优惠政策。2020 年 1 月至 8 月，全国新增减税降费超过 1.8 万亿元，预计全年超过 2.5 万亿元。在不折不扣落实减税降费政策的同时，税务部门坚持依法依规组织税费收入，坚决不收“过头税费”，为经济社会发展和民生改善提供了坚实财力保障。2016 年至 2020 年 9 月，税务部门累计组织税收收入超过 62 万亿元（已扣减出口退税），组织社保费收入超过 12 万亿元，组织非税收入超过 2.6 万亿元。“十三五”时期税收收入结构明显优化，第三产业税收占比从 2015 年的 54.8% 提高至 2019 年的 56.9%。

基本建立具有中国特色的现代增值税制度

记者：“十三五”时期我国税收制度以及税收营商环境都发生了哪些变化？

---

① 资料来源：《经济日报》，记者董碧娟，2020 年 10 月 29 日。

王军："十三五"时期，我国税制改革步入新阶段、迈入快车道，一些改革举措在国际税收领域具有开创性，取得重大突破和显著成效。税收法定原则加快落实，18 个税种中已有 11 个完成立法，其他税种立法工作也在有序推进。增值税从全面推开营改增，到简并税率档次、降低税率水平，到实施留抵退税制度，再到启动立法工作，年年深化、步步推进，基本建立顺应发展趋势、具有中国特色的现代增值税制度。个人所得税改革分三步平稳落地，有效地发挥了调节收入分配、促进社会公平正义的重要作用，从正式提出到最终落地，历时 25 年的综合与分类相结合的个人所得税制在我国成功建立，探索出一条具有中国特色的自然人税收管理服务新路子，为经济社会领域治理积累了宝贵经验。

税收营商环境在倾心倾力中不断优化。"十三五"时期，税务部门牢固树立以人民为中心的发展思想，认真落实《优化营商环境条例》，先后制定深化税务系统"放管服"改革和优化税收营商环境两个五年方案，共推出 120 条措施。"放权"更加到位，落实减审批、减事项、减资料、减证明的"四减"要求，审批事项已由 2015 年的 87 项减少至目前的 6 项，取消了 61 个税务证明事项。"监管"更加精准，依托税收大数据和人工智能技术，深化风险导向下的"双随机、一公开"税务监管。"执法"更加规范，制发税务行政处罚裁量权行使规则、税务总局权力和责任清单等。"服务"更加优化，连续 7 年开展"便民办税春风行动"，推出 39 大类 147 项系列创新服务举措。今年以来，大力推行"非接触式"不见面办税缴费，逐步实现 202 个税费事项可网上办理，其中 183 个可全程网上办。

主动服务国家重大发展战略

记者：近年来税收在助力企业发展、脱贫攻坚、污染防治等领域的作用面更广、作用力更强，对此您怎么看？

王军："十三五"时期，税收工作更加融入经济社会发展大局，积极支持打赢三大攻坚战，主动服务国家重大发展战略。在服务实体经济方面，联合银保监会和金融机构开展"银税互动"活动，助力缓解小微企业融资难融资贵问题，2016 年至 2020 年 6 月，守信小微企业累计获得"银税互动"贷款 2.25 万亿元。同时，税务部门扎实推进税收大数据建设和应用工作，特别是今年以来，运用增值税发票等大数据，积极开展企业复工复产复销和经济运行分析，既有力服务党委和政府决策，又助力产业链供应链稳定。

在助力精准脱贫方面，出台包括 110 项支持脱贫攻坚税收优惠政策在内的多项政策并认真落实，仅 2018 年、2019 年减税就超过 1700 亿元。在助力污染防治方面，建立落实税收优惠与实施税收限制"双向用力"，资源开采、消耗、污染排放和进出口政策“四环相扣”，资源税、环境保护税、企业所得税等“多税共治”的绿色税收体系。在服务“一带一路”建设方面，先后3次联合有关国家税务部门和国际组织举办“一带一路”税收合作会议，建立健全“一带一路”税收征管合作机制。

税收征管体制经历两次大变革

记者：“十三五”时期，国税、地税征管体制改革备受关注，能否介绍下改革的具体情况？

王军：“十三五”时期，税收征管体制先后经历了两次大的变革，可以概括为“两合”。第一次是“合作”，认真落实2015年中办、国办印发的《深化国税、地税征管体制改革方案》，聚焦服务深度融合、执法适度整合、信息高度聚合的改革要求，全面深化国税、地税合作，圆满实现改革方案确定的“2017年改革任务基本到位”的目标。第二次是“合并”，认真落实2018年中办、国办印发的《国税地税征管体制改革方案》，圆满完成了全国省以下国税、地税机构合并，建立起以税务总局为主、与省区市党委和政府双重领导的管理体制，优化了机构设置和职能职责，社保费和非税收入征收职责按要求平稳划转，初步构建起优化统一高效的税收征管体系。

在税收征管体制改革的同时，智慧税务建设在应时应势中迈上新台阶。“十三五”时期，税务部门坚定不移地走科技兴税之路，推动税收管理服务转型升级。2016年10月，金税三期工程在全国上线、平稳运行，随后大力推进信息系统整合优化和升级。全面实施“互联网＋税务”行动计划，大力推进税收管理和纳税服务网络化、信息化、智能化。建设全国规范统一的电子税务局，做到线上线下融合、前台后台贯通，使办税缴费更方便快捷。

“十四五”时期，全国税务系统将认真贯彻落实党中央、国务院决策部署，不忘初心、牢记使命，开拓进取、扎实工作，在新的起点上继续深入推进新时代税收现代化，努力在践行新发展理念、服务构建新发展格局、推动高质量发展、向第二个百年奋斗目标进军的新征程中，更加积极主动地贡献更多更大的税务力量。

材料2　“十四五”税收征管制度改革要实现四大功能[①]

“十四五”时期我国处在新发展阶段，应坚持新发展理念构建新发展格局，因此对财税体制改革也提出了新的要求。从税收的角度看，一是要完善现代税收制度，健全地方税、直接税体系，优化税制结构，适当提高直接税比重；二是要深化税收征管制

① 资料来源：《第一财经》2021年1月19日的《“十四五”税收征管制度改革要实现四大功能》，作者李旭红（北京国家会计学院财税政策与应用研究所所长、教授）。

度改革。

“十三五”期间，我国建立健全现代财税体制，全面推进税收立法工作，税收法律体系已基本完善。因此，“十四五”时期税收制度的改革重点在于优化，而征管制度改革将是制度创新的关键。

现代化征管制度改革助力国家治理能力提升。“十三五”时期，我国完成了多项重大税收征管改革。2015年落实《深化国税、地税征管体制改革方案》，实现“2017年改革任务基本到位”的目标；2018年落实《国税地税征管体制改革方案》，完成全国及以下各级国税地税机构的合并。机构改革提升了管理效率，促进了以大数据技术为驱动的现代税收征管体系建设。“十三五”期间，以金税三期为载体，全面实现了税收信息系统的整合，以发票电子化改革为源头，通过200多项非接触式办税的业务拓展，全面实现了企业或个人纳税人的电子税务局或掌上税务局办税，大幅降低纳税人的税收遵从成本，通过便利化全面提升办税的效能以及纳税人的满意度，减税降费的获得感也全面提升。

2020年我国完成个人所得税第一次年终汇算，通过预填报、信息共享、交叉比对、风险核查等多种现代化的征管手段，使有的省份超过90%的年终纳税人采用手机App进行自主申报，全面考验了我国大幅激增纳税人的现代化办税能力。同时，我国积极拓展税收数据分析服务大局的潜力，使数字治税成为现代化治理能力提升的重要体现。

此外，我国加强现代征管的国际合作，“十三五”时期，我国先后三次联合有关国家税务部门和国际组织举办“一带一路”税收合作会议，建立健全“一带一路”税收征管合作机制，并且积极融入世界包容性增长框架。截至目前，中国税收协定网络已覆盖全球111个国家和地区。“十三五”时期，我国已经奠定了现代征管改革的良好基础，各项改革有利于国家治理能力现代化的提升。

现代化征管体制是国家治理体系现代化的重要内涵。“十四五”时期，我国处在新发展阶段，从治理能力提高提升至国家治理体系现代化是深化改革的关键。中央全面深化改革委员会第十七次会议提出，建立健全政务数据共享协调机制，全面构建政务数据共享安全制度体系，充分反映出数据管理将成为国家治理体系现代化建设的重要线索。通过促进数据安全、有序的流动，带来信息的共享，从而形成管理的协同效应，最终更好地实现预期的政策目标，达到协同共治。

构建新发展阶段现代化的国家治理体系中，税收将发挥基础性、支柱性、保障性的作用。一方面体现在新发展阶段中，税收筹集财政收入，满足宏观调控需要，保障公共服务的作用进一步增强；另一方面体现在现代化税收征管改革对于完善国家治理体系现代化将发挥积极的作用，现代化征管体制将成为国家治理体系现代化的重要内涵。具体聚焦在四点：精确执法、精细服务、精准监管、精诚共治。因此，新发展阶段的现代化税收征管体系至少要实现四方面的功能：有效的税收收入筹集、便利化的纳税服务、精准的税务风险管控以及有力的宏观决策支持。

然而，这四者之间又是互为关联的。首先应该满足有效的税收收入筹集功能，这需要与经济发展相协调。新发展阶段，一方面我国的减税降费政策仍然会延续，继续激发市场活力，深化供给侧结构性改革，并兼顾需求侧管理；另一方面受疫情影响，经济无法在短期内实现快速增长，税收收入满足既定的财政预算平衡面临更大的挑战。因此，如何有效地筹集税收收入是难点之一。

现代化征管体系有助于破解以上难题。根据作者调研，在全面推进"非接触式"办税的过程中，各地税务机关改革创新，自然人纳税端可以通过掌上税务局轻松办税，企业法人纳税端可以通过电子税务局便捷办税。近期，我国将实现全国范围内新办企业的专用发票电子化，企业法人端的便捷办税进一步优化。便捷的办税一方面大幅降低征纳双方的管理成本，另一方面也减少税收流失，提高有效征收率。

税收的遵从度及有效征收率一直是税收理论界研究的重点内容，从全球来看，税负水平过高则税收的遵从度及有效征收率会降低。我国的改革实践是在降低税负水平的前提下通过提高征管的现代化程度，在便捷征收中提高遵从度及有效征收率，以实现在人民满意的前提下保障筹集税收的功能。

便利化的纳税服务与有效的税收收入筹集两大功能互为依托，互为促进。通常，更多的纳税人会认为有效的税收收入筹集是税收征管的主要内容，许多国家也是将征收作为核心功能，而不是服务。我国的改革创新在于在征收过程中同时提升优质的纳税服务，一方面有助于纳税人更清晰地了解政策，享受减税红利；另一方面有助于纳税人明明白白交税，减少征纳双方之间由于信息不对称造成的矛盾，人民的满意度得以提高。

"十四五"期间提供便利化的纳税服务有两个着力点：一是利用智能税务，采用机器人回应问题、掌上税务局或电子税务局办税窗口弹窗提示优惠政策、纳税信息自动检测等方式，使纳税人获得便利化的纳税服务，办税与服务交融；二是对不同类型的纳税人采取差异化管理，精准服务。例如，大企业的业务类型较多，涉税业务复杂，可增加预裁决等措施，增强税收的确定性。小企业主要财务人员力量薄弱，业务简单，可以采取加强预填报或自动报税的功能，尽量降低小微企业的税收管理成本。对中低收入人群，可以通过"春风行动"加大税收宣传等方式落实减税降费；高净值个人则通过针对性的服务引导纳税人依法纳税，保障税源。

精准的税务风险管控是保障有效税收收入筹集的关键。如果偷税漏税行为无法制止，就难以提高依法纳税人的满意度及遵从度。"十四五"时期精准的税务风险管控除了要精准执法之外，精确监管可依靠数据治税水平的提高。从纳税人开具发票开始，所有数据将得到有效归集。归集的数据构成了丰富的底层数据积累，从企业角度看，可以将底层数据与财务管理系统相汇合，从而有效地进行内部控制及风险管理；从税务机关角度看，底层数据将构成丰富的风险分析来源，可以通过各种风险模型进行识别，找到非正常纳税的动因及规律，及时为纳税人推送风险提示，既保证了信息的精准性，又减少了现场稽查及审计给征纳双方带来的管理负担。从社会角度看，精确监管有助于社会形成诚信纳税的意识及良好的诚信文化，人文环境有效改善。在精确监管的同时，通过建立纳税信用等级，并将信用与服务相互关联，可以在增强纳税人满意度的前提下用更低的管理成本有效管控风险。

有力的宏观决策支持是前期积累的现代化税收管理基础的升华。在经济业务行为中需要会计信息的记录，而合法的凭证主要为发票，发票仅是形式，更重要的是发票沉淀下来的数据。由于建立了现代化的征管体系，前期积累了大量有价值的数据，如果这些数据分散使用，它所创造的社会价值是有限的；但如果将这些信息归集，形成批量数据，则可以动态全面地反映经济运行的规律及区域、产业发展的状况。

此次新冠疫情对经济社会的影响是十分深刻的。据笔者的调研，往往经济发展水平高的地区政府治理水平就高，治理水平越高疫情防控精准度就越高，而疫情是否得到有效控制是复工复产恢复快慢的关键，所以反映出来的结果是经济发展水平越高的地区经济恢复越快，疫情影响越小，区域差距进一步拉大。产业也存在这样的规律，技术密集型行业依赖的人工越少，恢复速度越快，甚至有些新兴行业是逆势快速增长。宏观调控需要对冲疫情的影响，缩小区域、产业及人均收入水平差距，在此税收大数据可以发挥积极作用。我们要从事后管理提前到事前的预测、分析，同时利用各部门的数据共享，协同共治，使所分析的问题能够角度更广、内容更全面，从而形成系统，提升国家治理体系现代化水平。

总而言之，“十三五”时期，税收征管制度改革为税收现代化奠定了良好的基础，助力国家治理能力的提升；但“十四五”时期建设国家治理体系现代化对税收征管制度提出了更高的要求，也展现出更广阔的美好前景。

材料 3 海南自贸港税收政策吸引“资金”和“人才”汇聚[①]

海南自贸港税制安排和关键核心政策落实情况备受各界关注。记者（汪慧、杜倬荷）从 2022 年 4 月 13 日举行的海南自贸港政策落地实施和高质量发展专题新闻发布

① 资料来源：南海网，2022 年 4 月 13 日。

会上了解到，截至目前，已有 11 项海南自贸港税收优惠政策落地实施，一系列政策的实施降低了市场主体的税收负担，优化了营商环境，吸引了各类人才集聚，对海南的经济转型和产业发展发挥了积极作用。

据海南省财政厅党组成员、副厅长杨雷介绍，2020 年出台了 6 项政策，包括离岛旅客免税购物新政、企业和个人所得税优惠政策、原辅料“零关税”政策、交通工具及游艇“零关税”政策、国际运输船舶增值税政策。2021 年，又出台了 5 项政策，包括洋浦启运港退税政策、自用生产设备“零关税”政策、内外贸同船运输境内船舶加注保税油和本地生产燃料油政策、国际消费品博览会进口展品税收优惠政策和进出岛航班加注保税航油政策。

同时，海南积极与财政部等国家部委沟通，对已出台政策进行评估和动态调整，进一步释放政策红利。2021 年 12 月 24 日，原辅料“零关税”政策调整，清单商品实现翻倍扩容；2022 年 2 月 14 日，自用生产设备“零关税”政策调整，将过山车等游乐设备纳入清单，并将政策适用主体由企业扩大到事业单位。

一系列政策的实施增强了海南经济发展活力，初步形成了“资金”和“人才”向海南汇聚的局面。

新增市场主体呈现成倍增长。2021 年，海南新增市场主体是 2020 年的 1.4 倍，新增涉税企业户数是 2020 年的 1.6 倍，新增外资涉税企业户数是 2020 年的 1.9 倍。2021 年，引进人才 19.9 万人，同比增长 63%，人才集聚效应进一步彰显。

政策红利的释放促进了海南产业结构优化升级。海南的经济增长已经初步摆脱对房地产的依赖，经济结构持续优化升级。2021 年，现代服务业、高新技术产业、旅游业和热带特色高效农业这“3+1”产业增加值占比达 70%，上缴税收增长了 33.4%。现代服务业率先走出后疫情时代的“加速度”，2021 年相关税收增长 37.9%，成为拉动经济增长的新引擎。2021 年高新技术产业的涉税市场主体户数增长 69.3%，是 2019 年的 2.6 倍，投资增长 36.6%，高出全部投资增速 26.4 个百分点，创新驱动作用明显增强。

自贸港税收政策对促进海南国际旅游消费中心建设成效明显。目前，海南的离岛免税、消博会两项政策，已经成为海南旅游消费的新亮点和亮丽名片。2021 年离岛免税购物继续火爆，购物金额 505 亿元，购物件数 5349 万件，购物人数 968 万人次，同比分别增长 83%、71% 和 73%。消博会展品税收优惠政策助力中国国际消费品博览会在海口成功举办，4 天时间有来自 70 个国家和地区的 1505 家企业、2628 个品牌参展。这两项具有海南特色的税收优惠政策，吸引了部分境外消费回流，不仅惠及海南发展，也提高了游客的获得感、幸福感。

海南自贸港税制安排和关键核心政策落地实施也促进了西部陆海新通道国际航运枢纽建设。围绕洋浦港出台的启运港退税政策、内外贸同船加注保（退）税油政策和国际运输船舶退税政策等，极大地增强了“中国洋浦港”的吸引力。截至2022年2月底，共有412家航运业市场主体在洋浦注册，新登记船舶204艘。为推进洋浦港建设西部陆海新通道国际航运枢纽提供了支撑，也为海南进一步发展航运经济和海洋经济打下了基础。

未来海南将重点把握封关运作时间节点，做好销售税改革等工作，初步建立与贸易投资自由便利相适应的税收制度安排，并进一步加强顶层制度设计，逐步建立与高水平自由贸易港相适应的、具有国际竞争力的税收制度体系。

案例思考

1. 在国家现代化建设中，税收发挥着哪些重要作用？
2. 为什么税收是国家调控经济运行的重要手段？
3. 为什么税收数据能够折射经济发展的宏观面？

案例3

脱贫攻坚道路上这些数据值得铭记①

全国脱贫攻坚总结表彰大会于2021年2月25日上午在北京人民大会堂隆重举行。中共中央总书记、国家主席、中央军委主席习近平向全国脱贫攻坚楷模荣誉称号获得者颁奖并发表重要讲话。大会还对全国脱贫攻坚先进个人、先进集体进行了表彰。

2020年是全面建成小康社会的收官之年、脱贫攻坚的关键年。中央至地方上下一心、聚力克难，运用产业扶贫、旅游扶贫、电商扶贫、就业扶贫等方式精准帮持，取得了备受瞩目的成绩。随着2020年年底最后一批贫困县宣布退出贫困县序列，全国832个国家级贫困县全部摘帽。今天，通过一系列数据带你回顾脱贫攻坚道路上的那些事儿。

减贫时间线与扶贫大事记

自1978年改革开放起，在过去40多年间，中国共有7亿多人摆脱贫困。在重大时间节点上国家多次颁布重要政策，指导开展减贫任务。其中，国家于2001年和2011年先后两次实施为期10年的“中国农村扶贫开发纲要”，进一步加大了扶贫力度。数据显示，2000—2010年十年间贫困人口的减幅明显加大，由4.62亿人减为1.66亿人。截至2020年，中国消除绝对贫困的任务基本完成。

① 资料来源：腾讯新闻，统筹策划侯鑫森、执行王晓宇和王家兴、编辑陈皓迪、责编李娅琦，2021年2月25日。

原国务院扶贫办数据显示，2020 年全国共有 22 个省（区、市）的 832 个贫困县。自 2019 年 12 月西藏率先实现清零起，截至 2020 年 11 月贵州省脱贫收尾，我国贫困县“摘帽”计划已经全部完成。全国各省（区、市）脱贫时间线及脱贫县数量（2020 年）如图 8-1 所示。

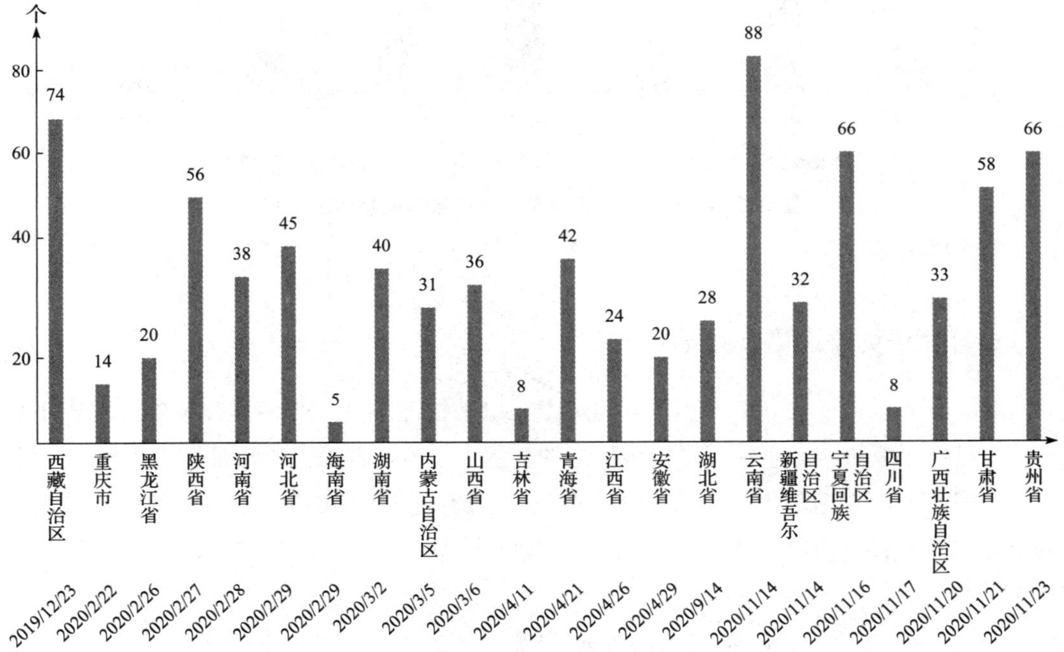

图 8-1　全国各省（区、市）脱贫时间线及脱贫县数量（2020 年）

数据来源：原国务院扶贫办。

从近五年看，国家紧抓扶贫事宜，成立脱贫攻坚普查领导小组，负责组织、实施、协调解决重大问题；重点召开系列会议及专题座谈会，在不同时间节点上制定相应的政策，成为扶贫专项规划的重要依据和行动指导，对深度贫困地区进行政策倾斜和重点支持。

2013 年习近平总书记首次提出“精准扶贫”，因人因户因村施策，“精准扶贫、精准脱贫”成为新一轮脱贫攻坚的基本方略。

2013 年至 2019 年，我国农村贫困人口数量由 8249 万人下降到 551 万人，贫困发生率从 8.5% 降低到 0.6%（见图 8-2），平均每年有超过 1000 万人成功脱贫，贫困县也在 2017—2019 年间逐步完成脱贫摘帽工作。

此外，中央和地方不断加大对贫困地区的投资力度。如加大农村危房改造力度，大规模实施易地扶贫搬迁，贫困农户最基本住房安全保障问题得到解决，住房及生活条件得到明显改善；贫困地区“四通”覆盖面不断扩大；积极推进教育文化扶贫，努力提高医疗卫生服务水平等。

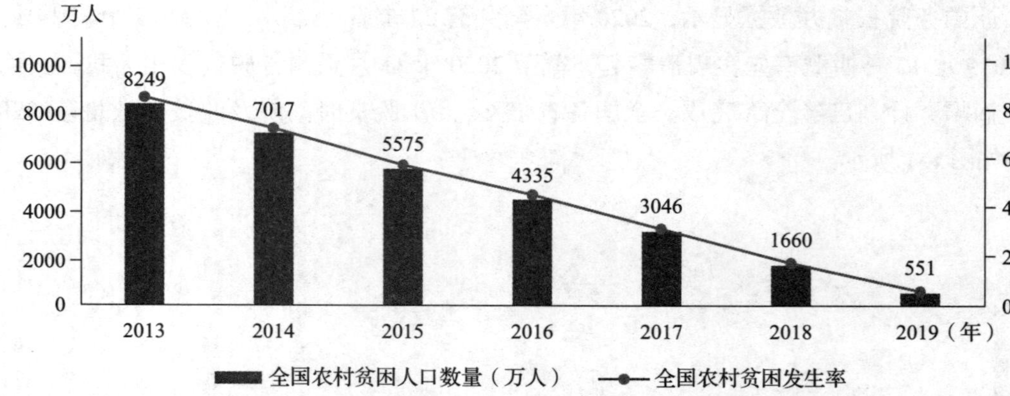

图 8-2　各年份全国农村贫困人口数量及贫困发生率

数据来源：国家统计局。

多样化扶贫模式助力脱贫攻坚

自“精准扶贫”提出以来，7 年间贫困人口数快速下降，与多样化扶贫方式密不可分。在社会不断进步、生活质量稳步提高的过程中，脱贫方式也紧随时代步伐变化更新，为农村发展不断创造新生机。从农林产业扶贫、旅游扶贫、就业扶贫再到目前火热流行的电商扶贫、直播带货，全面且精准地开展地区扶贫。多样化扶贫方式如图 8-3 所示。

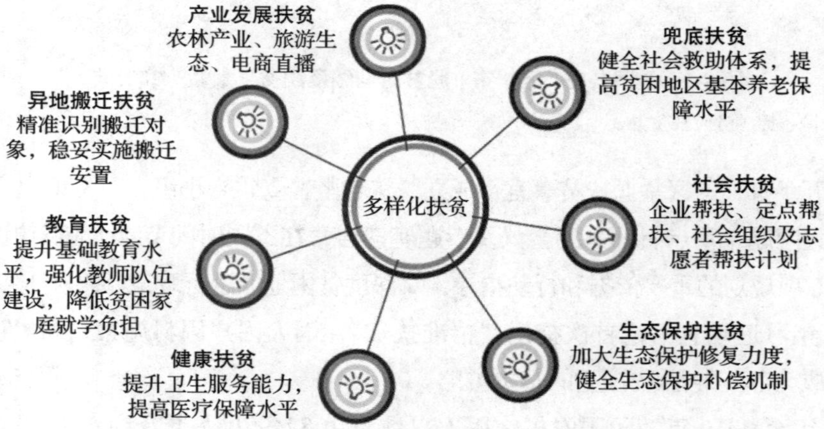

图 8-3　多样化扶贫方式

农业产业扶贫　夯实脱贫基础

农业产业扶贫是打赢脱贫攻坚战的核心内容，也是实现乡村振兴的关键所在。近年来，国家财政用于农林扶贫的支出成倍增加，一大批为家乡代言、体现乡村当地特色、带领老百姓脱贫致富的乡村企业发展壮大起来。截至 2019 年，我国农业产业化龙头企业与农户达成交易订单的比例超过 55%，达成交易订单的签约农户的平均经营收入高出未签约农户经营收入 50% 左右。2020 年 4 月农业产业化龙头企业数据如图 8-4 所示。

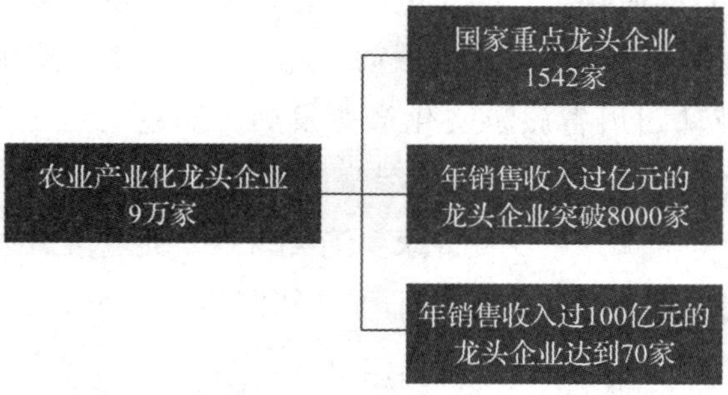

图 8-4　2020 年 4 月农业产业化龙头企业数据

数据来源：中华人民共和国农业农村部。

文旅扶贫　因地制宜发挥振兴新动能

对贫困地区进行旅游开发是国家精准扶贫计划中一项十分重要的内容，文旅部先后下发的相关指导性文件是精准扶贫的新引擎，有力推动了乡村旅游的发展。文旅部表示，旅游发展帮助贫困户脱贫占整体扶贫总任务的 17% ～ 20%，在帮助贫困地区摆脱物质贫困的同时实现精神富足的愿景。精准扶贫的政策支持如图 8-5 所示。

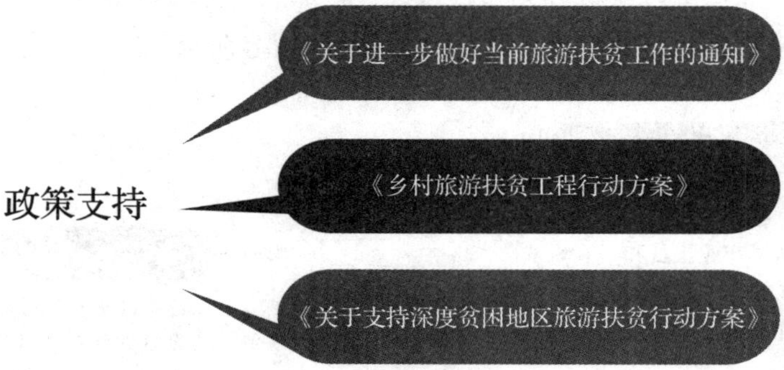

图 8-5　精准扶贫的政策支持

其中，“非遗扶贫”成为文旅扶贫中的亮点，通过传统工艺的制作、传承、加盟，并通过电商平台购物推动非遗项目生产发展。文旅部表示，目前全国建设的非遗工坊已经超过 2000 所，带动项目超过 2200 个，带动 20 多万建档立卡贫困户脱贫。

2020 年 11 月，因被拍照而意外走红的康巴汉子丁真，连续多天霸占热搜，不仅牵动全国文旅，而且在公众中强势“出圈”。在被“国家队”火速收编后，“@ 四川文旅”为丁真拍摄宣传片，拍摄其家乡甘孜理塘，全力为四川和甘孜代言。

2020 年 2 月，刚刚脱贫的理塘县早已为旅游发展做好重点准备，骑马节、康巴汉子选美大会、带货节等，而“丁真”爆火的契机让倾注扶贫干部心血的积累得以展现。去哪儿网数据显示，“丁真”爆火后，四川甘孜的酒店、机票预订量同比大幅增长，并在随后一周内保持每日酒店预订量同比增幅一倍以上。甘孜旅游局“趁热打铁”，顺势接连推出 A 级景区门票全免等多项优惠活动，进一步促进冬春旅游发展。

丁真走红不仅带动四川省旅游文化产业发展，而且延展出多省市文旅“争锋”，“西藏躺赢”“川藏大战”“山东也想拥有躺赢的快乐”等直冲热搜，名义上是邀请丁真到当地参观，实则借“丁真”热度宣传家乡绝美风景，促进落后地区旅游业繁荣向好；相关热门话题也是层出不穷，热度居高不下。从四川省厚积薄发到多省联动，文旅行业以“抱团”形式推动贫困地区旅游开发建设。

乡村旅游的推广不仅将当地特有的文化习俗传播给大众，与文化建设相辅相成，而且带动了周边餐饮、住宿等产业的发展，解决了当地村民的就业问题，充分体现出乡村振兴的时代主题。目前，已经有越来越多的贫困地区通过发展文旅业走上了这条可持续发展的脱贫致富之路。

就业扶贫　吸纳劳动力创造扶贫机遇

习近平总书记多次就就业扶贫做出重要论述，强调一人就业、全家脱贫，增加就业是最有效最直接的脱贫方式，长期坚持还可以有效解决贫困代际传递问题。人力资源社会保障部、原国务院扶贫办会同各地区、各部门，全力促进贫困劳动力就业创业，助力决战决胜脱贫攻坚。助力就业扶贫的举措如图 8-6 所示。

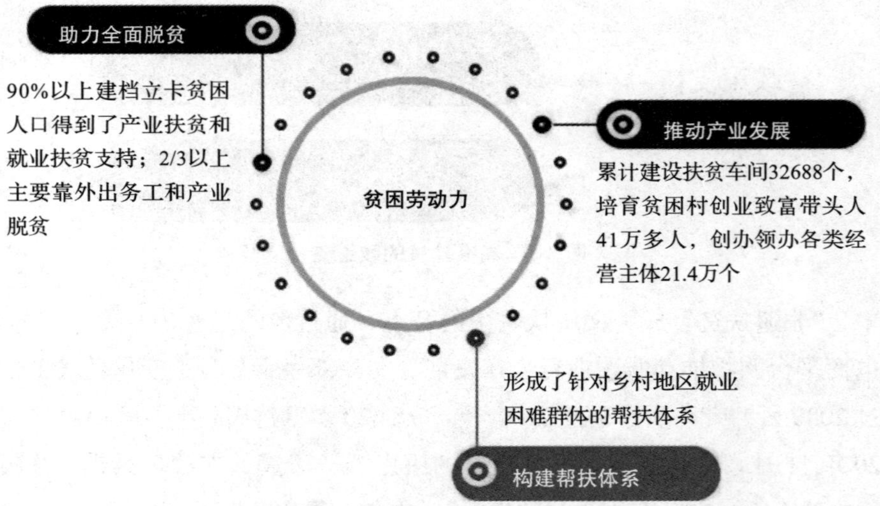

图 8-6　助力就业扶贫的举措

根据国务院新闻办公室举行的发布会上的数据，截至 2020 年 10 月底，全国外出务工贫困劳动力 2973 万人，是上年外出务工总人数的 108.9%。

新冠疫情的突袭而至，一定程度上影响了 2020 届毕业生就业，其中包含了来自 52 个贫困县的 4.5 万名贫困家庭毕业生。面对贫困生就业难的问题，教育部出台了一系列帮扶措施。其中，“五个专”政策取得了显著成效。

电商扶贫　直播带动产销经济起飞

近年来，国家高度重视“互联网＋农业”的融合发展，围绕农村电商、电商扶贫等领域陆续发布了《乡村振兴战略规划（2018—2022 年）》等一系列促进农村电商发展的政策文件。以直播带货为代表的社交电商新模式在县域地区乃至深度贫困地区快速发展，高效地带动了贫困地区的经济增长。

《2020 全国县域数字农业农村电子商务发展报告》显示，排名前三位的贫困县的网络零售额占全国贫困县网络零售额总额的 20.82%，之后各个区域之间的网络零售额差距较小，电商水平体现出齐头并进之势。其中，南康区作为实木家具之都，依托家乡特色，借助互联网技术，将当地产出的布艺软饰销售到全国各地，网络零售额高出排名第二位的平乡县五倍之多（见表 8-1）。

表 8-1　2019 年贫困县网络零售 TOP10

排名	所属省份	县域名	占全国贫困县网络零售额比例 /%	热销品类
1	江西省	南康区	15.50	布艺软饰
2	河北省	平乡县	3.07	玩具乐器
3	河南省	镇平县	2.25	翡翠玉石
4	西藏自治区	堆龙德庆区	1.83	白酒
5	黑龙江省	克东县	1.83	婴幼儿奶粉
6	河北省	武邑县	1.79	保险柜
7	安徽省	舒城县	1.19	婴童寝居
8	四川省	古蔺县	1.03	白酒
9	安徽省	砀山县	1.01	水果
10	河南省	虞城县	0.98	生活日用

数据来源：《2020 全国县域数字农业农村电子商务发展报告》。

随着直播带货的井喷式发展，县长走进直播间销售当地特产已经成为精准扶贫的新模式。2020 年新冠疫情期间，各个区域的农副产品都出现了滞销的情况。以县长、书记为代表的政府官员纷纷搞起了“副业”，成为家乡农副产品的代言人，有效解决了农副产品滞销的问题。

“县长带货”不仅是基层干部的探索，以“官方下场”的号召力和影响力，增加网友信任度，为百姓带来新一轮销量，带动地方经济起飞；也成为电商领域的创新发展，将传统的农业产品与新兴的互联网直播结合起来，为决战决胜脱贫攻坚、全面建成小康社会做出了不可磨灭的贡献。基层干部直播的途径如图 8-7 所示。

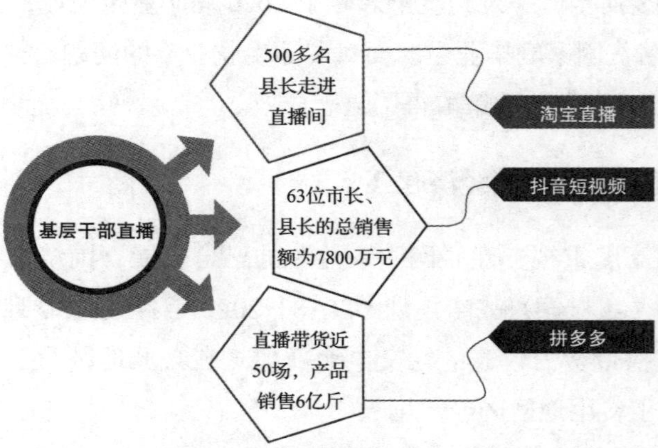

图 8-7　基层干部直播的途径

由此衍生而来的还有百姓“村播”，村民自发参与平台直播、直播培训，第一视角呈现原生态园。数据显示，自淘宝启动“村播计划”以来，覆盖超 90% 贫困县，既促进了滞销农作物的销售，又实现了健康食品入驻市场，让消费者食之安心。此“双赢”计划不仅仅在后疫情时代发挥着重要作用，也逐步成为助农经营的关键方式之一。

“扶贫日”热度不减　四川传播热度高

国务院在 2014 年 8 月 1 日决定，将每年的 10 月 17 日设为“扶贫日”，充分体现了党中央对扶贫工作的高度重视，成为动员社会各界广泛参与和支持扶贫活动的重要举措。

新闻报道、新媒体平台已然成为传播的重要渠道。百度指数显示，近 5 年间扶贫热度逐年升高并呈周期性波动；在每年春节前后处于当年低点，随着两会召开、政策落实、扶贫行动等的进行，尤其在 10 月 17 日“扶贫日”前后，搜索指数通常达到当年的热度高峰之一，其中 2019 年、2020 年“扶贫周”占据当年最高热度。

从地域来看，四川省占据扶贫舆论传播最高热度，在宣传报道、舆论发声等环节保持高水平，覆盖较广传播面。贵州省、湖北省两省次之，其中前者拥有较多数量的贫困县，成为脱贫的最后梯队，关注焦点集中倾斜。此外，甘肃省、河南省、广东省等地的扶贫舆论也有一定关注度。

影视文娱与扶贫工作联动叩响时代强音

此外，影视综艺宣传也成为一大亮点。一方面，国家新闻出版广电总局批准多部扶贫题材电视剧轮番播映，电影称霸大荧幕；另一方面，扶贫主题频频入驻热门综艺，成为节目看点之一，带动扶贫主题的文娱宣传。国家支持文娱项目与扶贫项目联动，进一步扩大了扶贫工作的影响力，数十部电视剧、纪录片、综艺、电影等陆续进入大众视野。

作为典型传统并极具影响力的传播载体，影视作品不仅具有广阔的市场和群众基数，而且承载着对外发声、交流的重要任务。2020 年 3 月，国家新闻出版广电总局发布《关于做好脱贫攻坚题材电视剧创作播出工作的通知》，确定 22 部脱贫攻坚题材的重点电视剧，指导做好播出与宣传工作，以小人物视角映射大时代变革，记录扶贫时代背景下的真人真事与社会变迁，浓缩扶贫力量，形成强大的媒体传播链条。

此外，传统广电也与新媒体平台联手输出，发挥王牌综艺的国民影响力：有户外探索实践旅游公益行，有明星嘉宾节目直播带货，有下乡选品建立品牌推销，聚综艺流量践行扶贫助农，与时代同频共振，以一种崭新的艺术形式铿锵有力地叩响助力脱贫攻坚强音。

深耕新媒体平台传播扶贫声音最后一公里

从 2020 年扶贫办新媒体传播内容看，微博、微信发布主题主要集中在服务信息、惠及民生、专题扶贫等类型上，以扶贫日记、视频剪辑、专题记录、流量代言等多元形式一一呈现。

各扶贫办不断耕耘新媒体平台，花式融合传播扶贫工作，记录干部创新脱贫的过程和实干奉献的精神，不仅让网友们倾听到扶贫“引路人”的一线奋斗故事，而且为社会输出了精准扶贫经验；以扶贫结对方式促进双方优势互补，利用人才输出为贫困地区创造自我发展条件，落实帮扶措施；及时发布与宣传推广当地脱贫攻坚的举措以及乡村振兴的工作经验，在获得群众认可与支持的同时，增强自身公信力，传递扶贫声音。

在党中央的政策指引下，面对艰巨任务，既有精准帮扶、专项输出、因势利导；又有下沉基层、人才反哺；有产业动能促进乡村发展与社会科技的有效衔接，稳步推进重点脱贫最后一程；有新兴形式增量提速，解决忧患；有新媒体与影视行业以小见大，通过丰富的内容延展和传播窗口，坚实高效地影响与传递脱贫事迹与精神，承担起文艺作品的使命，使得 2020 年成为承上启下的重要阶段，为下一步振兴乡村做好铺垫。

案例思考

1. 脱贫攻坚反映了公共经济学的哪些研究内容？

2. 通过脱贫攻坚战，如何更加深刻地理解政府和市场的关系？

3. 科学有效的宏观调控是实现经济社会平稳健康发展的必然要求。经济发展离不开宏观政策靠前发力、协同发力、精准发力。用足政策“工具箱”，打好政策“组合拳”，国家完全有条件、有能力稳住宏观经济大盘，保持平稳健康的经济社会发展环境。请问在脱贫攻坚中，国家运用了哪些“组合拳”？

第九章

依法行政

依法行政是依法治国基本方略的重要内容，是指行政机关必须根据法律法规的规定设立，并依法取得和行使其行政权力，对其行政行为的后果承担相应的责任。依法行政也是市场经济体制条件下对政府活动的要求，是政治、经济及法治建设本身发展到一定阶段的必然要求。党的十八大以来，在全面推进依法治国的征程中，各级政府依法行政，把权力关进制度的笼子，行政权力不再“任性”，行政执法越来越规范，简政放权也让群众得到实惠。党的十九届三中全会第一次把建设“职责明确、依法行政的政府治理体系”作为深化党和国家机构改革的目标之一，做出了全面部署，提出了具体要求，为进一步优化政府机构设置和职能配置、加快转变政府职能、深化行政体制改革指明了方向、明确了任务。

法律的生命力在于实施，法律只有得到严格执行，才能彰显权威和价值，而最大量的法律实施主体无疑是各级政府和行政机关。没有各级政府和行政机关依法行政，便没有法治政府，更遑论全面依法治国。习近平主席高度重视法治政府建设，以深刻的理论观点，科学阐释了“深入推进依法行政，加快建设法治政府”的重大意义，回答了如何将依法行政这一宏观目标落实到各个微观实践层面的重大问题。①

第一，用法治给行政权力定规矩、划界限；②第二，规范重大行政决策程序，积极推行政府法律顾问制度，保证法律顾问在制定重大行政决策、推进依法行政中发挥积极作用；③第三，不断深化行政体制改革，加快转变政府职能；第四，行政机关不仅要按照法定权限执法，还要按照法定程序执法，完善行政执法程序法制，有助于实现严格规范公正文明执法④；第五，完善预防性法律制度，以公开促公平，以透明促廉洁，要创新公开方式，

---

① 江必新，龙峰．“依法治国、依法执政、依法行政共同推进”的目标要求与实现路径 [J]. 求索，2022（2）：151-164.

② 习近平．坚定不移走中国特色社会主义法治道路　为全面建设社会主义现代化国家提供有力法治保障 [J]. 中国民政，2021（6）：4-9.

③ 中共中央文献研究室．习近平关于社会主义政治建设论述摘编 [M]. 北京：中央文献出版社，2017.

④ 习近平．论坚持全面依法治国 [M]. 北京：中央文献出版社，2020.

扩大政务公开参与，注重公开实效，让群众看得懂、听得懂、能监督、好参与[①]；第六，严格规范行政自由裁量权，习近平提出："要推行权力清单制度，公开审批流程，提高审批透明度，压缩自由裁量权。"[②]第七，坚持建设德才兼备的高素质法治工作队伍。[③]

依法行政是实现依法治国战略目标的重要保障。在十八届四中全会聚焦依法治国问题的背景下突出依法行政机制，能够进一步使政府机关朝着法治型、阳光型、责任型、廉洁型政府的方向发展，对落实依法治国战略目标，建设法治国家具有十分重要的意义。[④]

案例 1

行政机关有释明义务[⑤]

核心内容：当事人对行政管理的权辖并不能一一了解，若当事人越权提出申请或请求政府机关帮助，政府机关是否可以置之不理？最高院发出指导案例，明示政府有释明义务。这就是说，即使当事人越级申请或申诉，政府机关也有释明和指导当事人正确办理的义务。这是政府行政行为高效便民的要求。

基本案情

齐某与某长途汽车运输有限责任公司签订协议，承包鲁 A4xxxx 号客车，营运路线为济南至角峪。2012 年 11 月 9 日，齐某向山东省交通运输厅道路运输局邮寄申请，认为鲁 S3xxxx 号客车超线路经营，侵占了其营运路线，要求：依法查处该车超线路经营行为；禁止该车侵占其营运路线；吊销客运经营者的道路运输经营许可证。该局收到申请后，一直未做出答复。

裁判结果

某市中区人民法院一审认为，根据道路运输管理条例有关规定，客运经营者不按规定路线行驶的，由县级以上道路运输管理机构进行查处，情节严重的，由原许可机关吊销道路运输经营许可证。

本案中，某省交通厅道路运输局是鲁 S3xxxx 客车道路运输经营许可证的发证机关，齐某认为上述客车不按规定路线行驶，应当向县级道路运输管理机构投诉举报，

① 佚名．扭住全面深化改革各项目标　落实主体责任　拧紧责任螺丝 [J]. 紫光阁，2016（2）：7.

② 习近平．习近平谈治国理政：第 2 卷 [M]. 北京：外文出版社，2017.

③ 习近平．习近平谈治国理政：第 3 卷 [M]. 北京：人民出版社，2020.

④ 骆维．试论依法行政在依法治国中的地位和作用 [J]. 南方论刊，2017（4）：63-65+69.

⑤ 资料来源：《法律快车》2020 年 7 月 3 日的《行政机关有释明义务》。

县级道路运输管理机构认定违法情节严重的，才转交山东省交通厅道路运输局处理。齐某自我认定鲁 S3xxxx 客车违法情节严重，要求省级道路运输主管部门处理，不符合上述级别管辖规定，应予驳回。

某市中级人民法院二审认为，《山东省道路交通运输条例》等明确规定，由省内各级交通稽查机构对客运经营者不按规定路线行驶的行为进行查处。某省交通运输厅道路运输局虽然是鲁 S3xxxx 客车道路客运班线经营许可证的颁证机关，但不具有对该客车是否存在不按规定线路行驶的行为进行路检路查的执法权限，只有在客运经营者存在不按规定线路行驶的行为且情节严重的情况下，该局才具有吊销道路运输经营许可证的权力。

但鉴于上述规定属于行政许可法规定的行政许可机关对被许可人从事许可事项的活动进行监督检查职责的一项特殊规定，因此该局收到申请后，应当根据其职权范围的规定做出相应指导。判决撤销原审判决，责令山东省交通运输厅道路运输局自接到判决之日起 60 日内，按照其职权范围的规定对齐某的申请做出处理。

案例解读

法院对政府机关的行政行为有监督的权利，法院通过本案表明，对公民、法人或其他组织申请的事项，即使不在被申请机关职责范围之内，也要求该机关给予适当指导。但在司法实践中，法院往往只要求行政机关依法履职，这一次，最高院通过本案指出了行政机关的释明义务，明确了在申请人要求行政机关履行职责时，行政机关不能因内部职权划分问题而置之不理，应该给予必要的说明和指导，这将有力推进行政权力的公开高效和便民行使。

案例思考

1. 该案例体现了依法行政的什么原则？依法行政包括哪些原则？
2. 依法行政原则的重要意义体现在哪些方面？
3. 严格遵循建设职责明确、依法行政的政府治理体系的重要原则有哪些？

案例 2

市场监管总局对阿里巴巴集团的行政处罚决定书全文[①]

2021 年 4 月 10 日，市场监管总局依法对阿里巴巴集团控股有限公司在中国境内

① 资料来源：中华网财经频道，2021 年 4 月 10 日。

网络零售平台服务市场实施“二选一”垄断行为做出行政处罚，责令阿里巴巴集团停止违法行为，并处以其2019年中国境内销售额4557.12亿元4%的罚款，计182.28亿元。

以下为市场监管总局对于阿里巴巴集团的行政处罚决定书全文。

国家市场监督管理总局

行政处罚决定书

国市监处〔2021〕28号

一、当事人基本情况

当事人：阿里巴巴集团控股有限公司

住所：开曼群岛大开曼岛乔治城Capital Place一期4楼

基本情况：阿里巴巴集团控股有限公司（以下称当事人）于1999年成立，现任董事局主席兼首席执行官张勇，主营业务包括网络零售平台服务、零售及批发商业、物流服务、生活服务、云计算、数字媒体及娱乐、创新业务等。

二、案件来源及调查经过

根据举报，2020年12月起，本机关依据《中华人民共和国反垄断法》（以下简称《反垄断法》）对当事人涉嫌实施滥用市场支配地位行为开展了调查。期间，本机关进行了现场检查、调查询问，提取了相关证据材料；对其他竞争性平台和平台内经营者广泛开展调查取证；对本案证据材料进行深入核查和大数据分析；组织专家反复深入开展案件分析论证；多次听取当事人陈述意见，保障当事人合法权利。

2021年4月6日，本机关按照《中华人民共和国行政处罚法》（以下简称《行政处罚法》）的规定，向当事人送达了《行政处罚告知书》，告知其涉嫌违反《反垄断法》的事实、拟做出的行政处罚决定、理由和依据，以及其依法享有陈述、申辩和要求举行听证的权利。当事人放弃陈述、申辩和要求举行听证的权利。

三、本案相关市场

根据《反垄断法》和《国务院反垄断委员会关于相关市场界定的指南》规定，同时考虑平台经济特点，结合本案具体情况，本案相关市场界定为中国境内网络零售平台服务市场。

（1）本案相关商品市场为网络零售平台服务市场。调查过程中，当事人提出，本案相关商品市场应界定为B2C网络零售平台服务市场，理由是B2C网络零售平台服务与C2C网络零售平台服务在商业定位和商业模式上存在较大差异，不具有合理的替代关系。

本机关认为，本案相关商品市场应界定为网络零售平台服务市场。网络零售平台服务是指网络零售平台经营者为平台内经营者和消费者进行商品交易提供的网络经营场所、交易撮合、信息发布等服务，具体包括商品信息展示、营销推广、搜索、订单处理、物流服务、支付结算、商品评价、售后支持等。网络零售平台服务市场属于双边市场，服务平台内经营者和消费者两个群体，其显著特征是具有跨边网络效应，使双边用户对网络零售平台服务的需求具有紧密关联。因此，界定本案相关市场，需要考虑平台双边用户之间的关联影响。从经营者和消费者两个角度分别进行需求替代分析和供给替代分析，界定本案相关商品市场为网络零售平台服务市场。

①网络零售平台服务与线下零售商业服务不属于同一相关商品市场。线下零售商业服务为经营者和消费者进行商品交易提供实体经营场所、商品陈列及相关配套等服务，与网络零售平台服务在功能上具有一定相似性，但二者不具有紧密替代关系。

第一，从经营者需求替代分析，二者不具有紧密替代关系。

一是覆盖地域和服务时间不同。线下零售商业服务由于经营场所地理位置和交通等方面的限制，通常只能使经营者与周边一定区域内的消费者达成交易，覆盖地域范围有限。网络零售平台服务则能够借助互联网，在服务范围上突破地理空间限制，并通过物流体系使平台内经营者与全国范围内的消费者达成交易。同时，线下零售商业服务一般有固定营业时间限制，网络零售平台服务通过虚拟交易场所可以使平台内经营者实现全天候营业。

二是所服务经营者的经营成本构成不同。线下零售商业服务提供的经营场所一般是实体店铺，经营者经营成本主要包括店铺租金、装修费用、人工成本及仓储成本等。网络零售平台服务为平台内经营者提供的是虚拟交易场所，其经营成本主要为营销费用和佣金抽成等可变成本，试错成本相对较低。

三是支持经营者匹配潜在消费者的能力不同。网络零售平台服务借助大数据分析和算法等技术手段，可以汇总分析消费者偏好等市场需求信息，为消费者“画像”，使平台内经营者能够精准匹配目标客户，并通过营销推广将商品推送给更多潜在消费者，降低其对消费者针对性搜索和匹配成本，提升商品供应对消费者需求的匹配速度和程度。线下零售商业服务由于缺少相应的数据和技术支撑，难以为经营者提供精准匹配消费者等服务。

四是为经营者提供的市场需求反馈效率不同。网络零售平台服务可以利用交易积累的用户评价等海量数据，深入分析市场需求及其变化，使平台内经营者更好地以市场需求为导向进行商品生产和供应的调整。线下零售商业服务为经营者提供的市场需求反馈信息较为有限，经营者借此调整商品生产和供应的效率相对较低。

第二，从消费者需求替代分析，二者不具有紧密替代关系。

一是可供消费者选择的商品范围不同。网络零售平台服务不受营业场所物理空间限制，可以提供更多种类的商品供消费者选择。线下零售商业服务由于实体经营场所受物理空间限制，可供消费者选择的商品种类没有网络零售平台服务丰富。

二是为消费者提供的购物便捷程度不同。网络零售平台服务不受时间和空间限制，可以使消费者实现随时随地购物，并与物流系统紧密连接，为消费者提供送货上门服务，提高消费者购物便捷性。线下零售商业服务则需要消费者前往相应的实体店铺进行选购，且通常需要实地比较多家店铺才能选购到合适商品，时间成本相对较高，并且一般不提供送货上门服务。

三是为消费者比较和匹配商品的效率不同。网络零售平台服务能够呈现更为大量和丰富精细的商品信息，缓解信息不对称问题，使消费者便捷地进行商品比较，快速搜索意向商品，提升消费者比较和选择商品的效率。线下零售商业服务提供的商品信息相对有限，且受到营业场所地理位置、交通时间等方面限制，消费者通常需要花费更多的时间和精力搜寻意向商品，比较和选择商品的效率较低。

第三，从供给替代分析，二者不具有紧密替代关系。

一是盈利模式不同。网络零售平台服务主要通过向平台内经营者收取交易佣金、营销推广费等盈利。线下零售商业服务主要通过向经营者收取固定的店铺租金等盈利。

二是线下零售商业服务转变为网络零售平台服务难度较大。有效进入网络零售平台服务市场，不仅需要满足提供网络零售平台服务所必需的基础设施、技术支撑等方面要求，还需达到平台经济所必需的临界规模，线下零售商业服务经营者转为网络零售平台的成本很高。近年来，线下零售商业服务经营者实际发展为网络零售平台的情况较少。

因此，从需求替代和供给替代分析，线下零售商业服务与网络零售平台服务不具有紧密替代关系，不属于同一相关商品市场。

②网络零售平台服务构成单独的相关商品市场。

一是为不同类别经营者提供的网络零售平台服务属于同一相关商品市场。根据平台内经营者不同，网络零售可分为 B2C 网络零售和 C2C 网络零售两种模式。B2C 网络零售是指企业卖家对个人买家的零售模式，C2C 网络零售是指个人卖家对个人买家的零售模式。两种模式中的卖家均为平台内经营者，网络零售平台向其均主要提供网络经营场所、交易撮合、信息发布等服务，帮助平台内经营者与消费者达成交易。因此，B2C 和 C2C 两种网络零售模式下的平台服务并无本质区别，网络零售平台通过调整平台规则，即可以实现两种网络零售模式的转换。因此，为不同类别平台内经营者提供的网络零售平台服务属于同一相关商品市场。

二是为不同商品销售方式提供的网络零售平台服务属于同一相关商品市场。传统网络零售模式中，平台通常为平台内经营者提供货架式商品虚拟展示场所，消费者一般具有较为明确的购物需求，会主动到平台上搜索、浏览商品。新兴网络零售模式则主要通过直播、短视频、图文等多种内容展示方式向消费者推荐商品，引导消费者购物。在两种商品销售方式下，网络零售平台对平台内经营者提供的均为网络经营场所、交易撮合、信息发布等服务，均可以满足消费者网络购物需求。因此，为不同商品销售方式提供的网络零售平台服务属于同一相关商品市场。

三是为不同商品品类提供的网络零售平台服务属于同一相关商品市场。根据平台内商品品类不同，网络零售商品可分为服装、电子数码、家用电器、食品、化妆品、家居用品、家装建材等细分品类，各个细分品类又可进一步划分，但对平台内经营者和消费者而言，网络零售平台服务内容并无本质区别。因此，为不同商品品类提供的网络零售平台服务属于同一相关商品市场。

综上，本案相关商品市场界定为网络零售平台服务市场。

（2）本案相关地域市场为中国境内。

一是从经营者需求替代分析，中国境内市场与境外市场不具有紧密替代关系。中国境内平台内经营者主要通过境内网络零售平台，将商品销售给中国境内消费者。如果经营者有意通过网络零售平台向中国境内消费者销售商品，一般不会选择境外网络零售平台，而是考虑在中国境内运营的网络零售平台。

二是从消费者需求替代分析，中国境内市场与境外市场不具有紧密替代关系。中国境内消费者通过境外网络零售平台购买商品不仅面临服务语言、支付结算、售后保障等方面的障碍，还要支付一定的进口关税，且商品配送时间相对较长。因此，中国境内消费者通常通过境内网络零售平台购买商品，一般不会将境外网络零售平台作为其购买商品的替代选择。

三是从供给替代分析，中国境内市场与境外市场不具有紧密替代关系。网络零售平台服务属于互联网增值电信业务，境外网络零售平台在中国境内开展业务需要按照相关法律法规要求申请业务许可，同时需要搭建开展业务所需的物流体系、支付系统、数据系统等设施，难以及时、有效地进入中国境内市场，对现有的中国境内网络零售平台形成竞争约束。

四是为中国境内不同地域提供的网络零售平台服务属于同一相关地域市场。中国境内网络零售平台借助互联网可以为全国范围的经营者和消费者提供服务，且境内各地对网络零售平台服务的监管政策不存在较大差异。

综上，本案相关地域市场界定为中国境内。

以上事实，有当事人财务报告、总裁会会议纪要、内部钉钉群聊天记录、工作总结、相关人员调查询问笔录等文件、竞争性平台和平台内经营者相关人员调查询问笔录等证据证明。

四、当事人在相关市场具有支配地位

调查过程中，当事人提出其不具有市场支配地位，理由：一是衡量网络零售平台服务市场份额的指标多元且不统一，不能以单一指标推定当事人具有支配地位；二是平台服务市场高度依赖信息技术发展，第三方支付和社会化物流等快速发展，大大降低了行业准入门槛，新竞争者持续进入并快速发展；三是新兴平台的发展使经营者销售渠道多元化，对单一平台的依赖性有限，降低了经营者的迁移成本。

本机关认为，分析认定当事人是否具有市场支配地位需对有关因素进行综合考虑。当事人长期占有较高市场份额，且具有很高的市场认可度和消费者黏性，平台内经营者迁移成本较高，当事人提出的理由不成立。根据《反垄断法》第十八条、第十九条的规定，本机关认定，当事人在中国境内网络零售平台服务市场具有支配地位。

（1）当事人的市场份额超过 50%。一是从平台服务收入情况看。2015—2019 年，当事人网络零售平台服务收入在中国境内 10 家主要网络零售平台合计服务收入中，份额分别为 86.07%、75.77%、78.51%、75.44%、71.17%。二是从平台商品交易额看。平台商品交易额是指网络零售平台上的商品成交金额，是平台上所有经营者经营状况和消费者消费状况的综合反映。2015—2019 年，当事人网络零售平台商品交易额在中国境内网络零售商品交易总额中，份额分别为 76.21%、69.96%、63.58%、61.70%、61.83%。

（2）相关市场高度集中。根据平台服务收入市场份额，2015—2019 年，中国境内网络零售平台服务市场的 HHI 指数（赫芬达尔—赫希曼指数）分别为 7408、6008、6375、5925、5350，CR4 指数（市场集中度指数）分别为 99.68、99.46、98.92、98.66、98.45，显示相关市场高度集中，竞争者数量较少。近 5 年来，当事人市场份额较为稳定，长期保持较强竞争优势，其他竞争性平台对当事人的竞争约束有限。

（3）当事人具有很强的市场控制能力。一是当事人具有控制服务价格的能力。当事人在与平台内经营者的商业谈判中，通常以格式合同方式，直接规定交易佣金费率和年度营销推广费支出水平，平台内经营者谈判能力较弱。二是当事人具有控制平台内经营者获得流量的能力。当事人通过制定平台规则、设定算法等方式，决定平台内经营者和商品的搜索排名及其平台展示位置，从而控制平台内经营者可获得的流量，对其经营具有决定性影响。三是当事人具有控制平台内经营者销售渠道的能力。当事人经营的淘宝和天猫平台商品交易额在中国境内网络零售商品交易总额中占比超过

50%，是经营者开展网络零售最主要的销售渠道，对经营者具有很强影响力。

（4）当事人具有雄厚的财力和先进的技术条件。一是当事人具有雄厚的财力。2015—2019 年，当事人净利润年均增长率 24.1%；市值从 2015 年 12 月的 1.32 万亿元增长至 2020 年 12 月的 4.12 万亿元，强大的财力可以支持当事人在相关市场及关联市场的业务扩张。二是当事人具有先进的技术条件。当事人凭借进入网络零售平台服务市场的先发优势，积累了大量的平台内经营者和消费者，拥有海量的交易、物流、支付等数据，对比其他竞争性平台优势明显。当事人具有先进的算法，能够通过数据处理技术实现个性化搜索排序策略，针对性满足消费者需求，并精准监测平台内经营者在其他竞争性平台上的经营情况。同时，当事人是中国境内最大的公有云服务提供商，具有强大的算力，为当事人网络零售平台服务提供大规模计算、大数据分析等一整套云服务。当事人还具有先进的人工智能技术，并建立了可靠的安全系统。上述财力和技术条件巩固和增强了当事人的市场力量。

（5）其他经营者在交易上高度依赖当事人。一是当事人平台对平台内经营者具有很强的网络效应和锁定效应。证据表明，当事人平台拥有大量消费者用户，且平均消费水平远超其他竞争性平台。同时，当事人的消费者用户黏性很强，跨年度留存率达 98%。因此，当事人对平台内经营者具有很强的跨边网络效应和锁定效应，平台内经营者难以放弃当事人平台上的庞大消费者群体和巨大流量。二是当事人平台是品牌形象展示的重要渠道。在网络零售平台服务市场，当事人平台拥有很高的经营者和消费者认可度，是品牌形象展示的重要载体。调查过程中，平台内经营者普遍表示，与其他网络零售平台相比，当事人平台的影响力更大，消费者更为认可，放弃在当事人平台经营不仅影响营收，还会对其品牌形象产生较大不利影响。三是平台内经营者从当事人平台转换到其他平台的成本很高。调查显示，当事人平台是大多数平台内经营者最主要的网络销售渠道，在其网络销售额中的占比普遍较高。平台内经营者在当事人平台获得了众多固定用户，积累了大量的交易、支付、用户评价等数据，并依赖这些数据开展经营活动。用户和数据是重要资源和无形资产，难以迁移到其他竞争性平台，平台内经营者转换至其他竞争性平台面临较高成本。

（6）相关市场进入难度大。进入网络零售平台服务市场不仅需要投入大量资金建设平台，建立物流体系、支付系统、数据系统等设施，还需要在品牌信用、营销推广等方面持续投入，进入相关市场成本较高。同时，网络零售平台须在平台一边获得足够多的用户，才能实现有效的市场进入。目前中国境内网络零售平台获客成本逐年提高，潜在进入者达到临界规模的难度不断增大。

（7）当事人在关联市场具有显著优势。当事人在物流、支付、云计算等领域进行了生态化布局，为当事人网络零售平台服务提供了强大的物流服务支撑、支付保障和数据处理能力，进一步巩固和增强了当事人的市场力量。

综上所述，根据《反垄断法》第十八条、第十九条规定，认定当事人在中国境内网络零售平台服务市场具有支配地位。

以上事实，有当事人财务报告、工作总结等文件、与部分平台内经营者签订的协议以及国家统计部门统计数据、第三方机构统计数据、平台内经营者相关人员调查询问笔录、竞争性平台经营数据及其相关人员调查询问笔录等证据证明。

五、当事人实施滥用市场支配地位行为的事实和依据

经查，2015 年以来，当事人为限制其他竞争性平台发展，维持、巩固自身市场地位，滥用其在中国境内网络零售平台服务市场的支配地位，实施“二选一”行为，通过禁止平台内经营者在其他竞争性平台开店和参加其他竞争性平台促销活动等方式，限定平台内经营者只能与当事人进行交易，并以多种奖惩措施保障行为实施，违反《反垄断法》第十七条第一款第（四）项关于“没有正当理由，限定交易相对人只能与其进行交易”的规定，构成滥用市场支配地位行为。

（1）禁止平台内经营者在其他竞争性平台开店。当事人作为网络零售平台服务提供者，平台内经营者是其吸引消费者、提升竞争力的关键要素。平台上聚集的经营者越多，越能够吸引更多消费者，形成正向反馈效应，使平台保持竞争优势和市场力量。同时，不同类别的平台内经营者对于平台竞争力的贡献度不同。一般情况下，经营者品牌知名度越高、市场份额越大，对平台竞争力的贡献越大。当事人根据销售增长、商品能力、用户运营、品牌力、服务能力、合规经营等因素将平台内经营者由高到低划分为 SSKA、SKA、KA、核腰、腰部、长尾、底部等七个层次，其中 KA 及以上经营者（以下统称为核心商家）是网络零售平台的关键竞争力。为增强自身竞争力，削弱其他竞争性平台的市场力量，当事人对核心商家提出禁止在其他竞争性平台开店的要求。

一是在协议中直接规定不得在其他竞争性平台开店。2015 年以来，当事人在与部分核心商家签订的《战略商家框架协议》《联合生意计划》《战略合作备忘录》等多种协议中，明确规定核心商家不得进驻其他竞争性平台、专注于在当事人平台开展网络零售业务，或者将当事人平台作为中国境内唯一的网络销售渠道、不考虑自行或由代理商通过其他网络零售平台进行交易、改变现有网络零售渠道需经当事人同意等，达到使核心商家仅在当事人平台经营的目的。

二是口头提出不得在其他竞争性平台经营要求。经查，当事人更多是在签署相关合作协议或者促销活动谈判过程中，对核心商家口头提出仅在当事人平台经营，要求核心商家不在其他竞争性平台开设旗舰店，或者要求核心商家将其他竞争性平台上的

旗舰店降为非旗舰店、控制其他竞争性平台专卖专营店数量、下架全部商品、不予发货、限制库存等。由于当事人具有市场支配地位，平台内经营者对当事人网络零售平台服务具有较强依赖性，上述要求具有较强约束力。证据显示，当事人口头提出的不得在其他竞争性平台经营的要求普遍得到较好执行。

（2）禁止平台内经营者参加其他竞争性平台促销活动。为吸引消费者，增加平台的商品销量，网络零售平台每年定期开展集中促销活动，如“双 11”“6・18”等，对商品销量影响很大，成为网络零售平台开展竞争的重要节点。为获取竞争优势，当事人重点对平台内核心商家提出不得参加其他竞争性平台重要促销活动的要求。

一是在协议中直接规定不得参加其他竞争性平台促销活动。2015 年以来，当事人在与部分核心商家签订的《战略商家框架协议》《联合生意计划》《战略合作备忘录》等多种协议中，明确规定其不得参加其他网络零售平台组织的促销活动，或者未经当事人同意不得通过其他网络零售平台自行开展促销等，以减少其他竞争性平台的影响力。

二是口头提出不得参加其他竞争性平台促销活动要求。2015 年以来，在每年“双 11”“6・18”等促销活动期间，当事人均通过口头明确要求、发送核心商家在其他竞争性平台促销页面截屏等明示或暗示方式，要求核心商家不得参加其他竞争性平台的促销活动，包括不得参加其他竞争性平台的促销会场、不得在其他竞争性平台为商品打促销标签、不得在店铺内营造促销活动氛围等。证据显示，当事人口头提出的上述要求普遍得到较好执行。

（3）当事人采取多种奖惩措施保障“二选一”要求实施。当事人一方面通过流量支持等激励性措施促使平台内经营者执行“二选一”要求，另一方面通过人工检查和互联网技术手段监控等方式，监测平台内经营者在其他竞争性平台开店或者参加促销活动情况，并凭借市场力量、平台规则和数据、算法等技术手段，对不执行当事人相关要求的平台内经营者实施处罚，包括减少促销活动资源支持、取消参加促销活动资格、搜索降权、取消在平台上的其他重大权益等。上述处罚措施大幅降低消费者对被处罚平台内经营者的关注度，对其正常经营造成重大不利影响，同时具有很强的威慑效果，使得更多平台内经营者不得不执行当事人提出的“二选一”要求。

一是减少促销活动资源支持。促销活动中，网络零售平台一般会给参加促销的平台内经营者和商品打上特定标识，并在活动页面对特定经营者或商品予以优先展示，这是平台内经营者参加平台促销活动、增加商品销量的重要方式。当事人对违反“二选一”要求的部分平台内经营者，采取了取消其促销活动期间资源支持的处罚手段。证据显示，部分平台内经营者因参加其他竞争性平台“双 11”“6・18”等促销活动，被当事人取消了促销会场优先展示位置。

二是取消促销活动参加资格。当事人制定“灰名单”制度，将在其他竞争性平台开店或者参加其他竞争性平台促销活动的平台内经营者列入处罚名单，取消其参加当事人大型促销活动资格。证据显示，部分平台内经营者因未执行当事人“二选一”要求而被列入“灰名单”，进而遭到处罚，只有执行当事人要求并经当事人审核通过后，方能恢复参加当事人大型促销活动和“聚划算”“天天特卖”等日常促销活动的报名资格。证据表明，大部分被列入“灰名单”的平台内经营者执行了当事人“二选一”要求。

三是实施搜索降权。搜索算法的核心是提升搜索转化率，使商品得到消费者更多关注，从而提高商品销量，涉及平台内经营者的核心权益。搜索降权直接导致平台内经营者的商品在平台上排序靠后甚至无法被搜索到，严重影响商品销售。对部分未执行“二选一”要求的平台内经营者，当事人调低其搜索权重，以示严厉处罚。证据显示，部分平台内经营者因未执行当事人“二选一”要求受到了搜索降权的处罚。

四是取消平台内经营者在当事人平台上的其他重大权益。当事人对经多次要求仍不停止在其他竞争性平台经营或者仍不退出其他竞争性平台促销活动的平台内经营者，采取取消KA资格或者终止相关合作等手段，剥夺其相关服务保障等重大权益。证据显示，部分平台内经营者因未执行当事人“二选一”要求，被取消KA资格或者被终止相关合作。

调查过程中，当事人提出签订合作协议为平台内经营者自愿，会给予平台内经营者独特资源作为对价，属于激励性措施，具有正当理由。当事人采取限制性措施是针对平台内经营者没有按照约定执行的情况，实施有关行为是保护针对交易的特定投入所必须。

本机关认为，当事人提出的理由不能成立，实施有关行为没有正当理由。一是大部分含有“二选一”内容的合作协议并非平台内经营者自愿签订。调查显示，平台内经营者往往倾向于在多个平台同时开设店铺、销售商品，签订相关协议并非出于自愿。平台内经营者因违反合作协议要求而被当事人处罚，证明其并非自愿与当事人开展相关合作。二是调查发现，部分平台内经营者并未因执行当事人口头要求而获得对价，取消对价只是当事人对平台内经营者进行处罚的手段之一。三是排他性交易并非保护特定投入所必须。当事人在日常经营和促销期间投入的资金和流量资源是平台自身经营所需的投入，并非为特定平台内经营者进行的投入。当事人采取的激励性措施，可以通过多种方式得到回报，实施“二选一”行为并不是必须选择。

以上事实，有当事人相关人员调查询问笔录、内部钉钉群聊天记录、电子邮件、与部分平台内经营者签订的合作协议、各业务部门发展规划、工作总结、“双11”“6·18”招商规则、会议简报等文件、当事人自查报告以及竞争性平台和平台内经营者相关人员调查询问笔录等证据证明。

六、当事人行为排除、限制了市场竞争

当事人限制平台内经营者在其他竞争性平台开店或者参加其他竞争性平台促销活动，形成锁定效应，以减少自身竞争压力，不当维持、巩固自身市场地位，背离平台经济开放、包容、共享的发展理念，排除、限制了相关市场竞争，损害了平台内经营者和消费者的利益，削弱了平台经营者的创新动力和发展活力，阻碍了平台经济规范有序创新健康发展。

（1）排除、限制了中国境内网络零售平台服务市场竞争。

当事人限定平台内经营者只能与其进行交易，不能进驻其他竞争性平台或者在其他竞争性平台开展促销活动，直接削弱了其他竞争性平台与当事人进行公平竞争的能力和相关市场竞争程度，不当提高了潜在竞争者的市场进入壁垒，破坏了公平、有序的市场竞争秩序。

一是排除、限制了相关市场经营者之间的公平竞争。当事人要求平台内经营者不得在其他竞争性平台开店或者不得参加其他竞争性平台的促销活动，不当抑制了其他竞争性平台可能获得的经营者供给，削弱了其他竞争性平台的竞争能力，排除、限制了市场公平竞争。同时，由于平台经济具有跨边网络效应，相关行为在直接导致其他竞争性平台上经营者流失的同时，也会进一步减少其他竞争性平台上的消费者数量，使平台内经营者和消费者数量减少形成循环反馈，削弱其他竞争性平台的竞争能力，严重排除、限制相关市场经营者之间的公平竞争。

证据表明，当事人出于竞争需要，有针对性地对部分品类经营者或重点品牌经营者提出“二选一”要求，压制其他竞争性平台相关业务发展或阻碍其品牌升级，并实现了相应效果。

二是排除、限制了相关市场潜在竞争。由于平台经济具有网络效应和规模经济特点，新进入的平台服务提供者需要积累一定规模的用户才能有效进入市场。当事人对部分平台内经营者提出不得进驻其他竞争性平台、将当事人作为中国境内唯一线上销售渠道等要求，在将经营者锁定在自身平台的同时，不当增加了相关市场潜在进入者与相关经营者达成合作协议的难度，使其难以获取进入市场开展竞争所需的必要资源，提高了市场进入壁垒，排除、限制了相关市场的潜在竞争。

（2）损害了平台内经营者的利益。

当事人有关行为直接限制了平台内经营者的经营自主权，削弱了商品的品牌内竞争，损害了平台内经营者利益。

一是损害了平台内经营者的经营自主权。由于不同平台侧重的消费者群体有所不同，通常情况下平台内经营者具有多栖性倾向，希望通过多平台经营，提升经营效率，

获得更丰富的销售渠道，更广泛地接触消费者，以实现更大的销售额。当事人要求平台内经营者仅在当事人平台开店或者仅参加当事人平台的促销活动，剥夺了平台内经营者自主选择合作平台的交易权利，限制了其经营自主权。

二是不当减损平台内经营者合法利益。促销活动前，平台内经营者一般需要大量备货，并投入营销推广费等成本。当事人在大型促销活动期间向平台内经营者提出退出其他竞争性平台促销活动等要求，对平台内经营者实施取消促销活动资源、搜索降权等惩罚措施，严重影响平台内经营者正常经营，导致交易缺乏稳定性和公平性，直接损害平台内经营者的正当利益。当事人要求平台内经营者仅在当事人平台开店或者仅参加当事人平台的促销活动，也使其损失了原本可以在其他平台开展经营获得的收益。

三是削弱了品牌内竞争程度。同一品牌产品的经营者在不同平台上开展经营，可以在品牌内形成不同销售渠道之间的竞争。特别是在促销活动期间，网络零售平台往往通过对平台内经营者进行补贴，使其能够提供更为优惠的价格。当事人要求平台内经营者仅在当事人平台开店或者仅参加当事人平台的促销活动，限制了同一品牌商品的销售渠道和促销渠道，削弱了品牌内的竞争。

（3）阻碍资源优化配置，限制了平台经济创新发展。

当事人有关行为妨碍了网络零售平台服务市场的资源优化配置，抑制了市场主体活力，限制了平台经济创新发展。

一是阻碍了要素自由流动，降低资源配置效率。平台内经营者可以根据不同平台的经营效率、服务价格、管理水平、服务能力等在不同平台间自由选择，合理分配资源。当事人实施“二选一”行为，阻碍了生产要素在不同网络零售平台间的自由流动，影响了商品供需有效匹配，降低了经济循环流通效率。

二是限制了平台内经营者多样化差异化创新经营。平台内经营者可以根据不同平台用户特点，通过旗舰店、专营店、专卖店等不同形式和渠道，相机采取不同的竞争策略，开展差异化经营，从而为消费者提供更多选择。当事人限定平台内经营者只能与其进行交易，抑制了平台内经营者创新发展的动力和活力。

三是抑制了市场主体活力，影响平台经济创新发展。平台经济持续健康发展有赖于公平竞争和技术创新。当事人通过不正当手段维持和巩固自身竞争优势，削弱了平台经营者开展技术和商业模式创新的动力，影响了其他平台和潜在竞争者的创新意愿，不利于平台经济创新健康发展。

（4）损害了消费者利益。

当事人有关行为限制了消费者的自由选择权和公平交易权，损害了消费者利益。

一是限制了消费者的自由选择权。在网络零售环境下，消费者的搜寻和比价成本大幅降低，更容易在不同平台间进行商品和价格比较，做出最优选择。当事人有关行为减少其他竞争性平台上可选择的品牌及商品，限缩了消费者可接触的品牌和商品范围，限制了消费者的自由选择权。

二是限制了消费者的公平交易权。网络零售平台根据自身经营策略，为消费者提供多元化的服务和促销活动。当事人限制平台内经营者在其他竞争性平台开店或参加促销活动，使消费者只能被动接受当事人的交易条件，无法享受其他平台更具竞争力的价格和服务，限制了消费者的公平交易权，损害了消费者利益。

三是从长远看会对社会总体福利水平带来潜在损害。当事人有关行为排除、限制了市场竞争，降低了平台经营效率，妨碍平台经营模式创新，阻碍潜在竞争者进入市场，不当降低了市场竞争的强度和水平，影响网络零售平台服务在充分竞争中不断优化和发展，损害效果会传递到消费终端，不仅损害消费者现实利益，也会损害消费者期待利益，减损社会总体福利水平。

以上事实，有当事人各业务部门发展规划、竞争策略、工作总结、内部钉钉群聊天记录、电子邮件等文件、当事人自查报告以及竞争性平台和平台内经营者相关人员调查询问笔录等证据证明。

七、行政处罚依据和决定

经查，当事人自 2015 年以来，滥用其在中国境内网络零售平台服务市场的支配地位，禁止平台内经营者在其他竞争性平台开店或者参加促销活动，排除、限制了相关市场竞争，侵害了平台内经营者的合法权益，损害了消费者利益，阻碍了平台经济创新发展，且不具有正当理由，构成《反垄断法》第十七条第一款第（四）项禁止“没有正当理由，限定交易相对人只能与其进行交易”的滥用市场支配地位行为。

根据《反垄断法》第四十七条、第四十九条规定，综合考虑当事人违法行为的性质、程度和持续的时间，同时考虑当事人能够按照要求深入自查，停止违法行为并积极整改等因素，本机关对当事人做出如下处理决定。

（1）责令停止违法行为。

①不得限制平台内经营者在其他竞争性平台开展经营；不得限制平台内经营者在其他竞争性平台的促销活动。

②当事人应当自收到本行政处罚决定书之日起十五日内，向本机关提交改正违法行为情况的报告。

③根据《行政处罚法》坚持处罚与教育相结合的原则，本机关结合调查过程中发现的问题，制作《行政指导书》，要求当事人从严格落实平台企业主体责任、加强内控合规管理、保护消费者权益等方面进行全面整改，依法合规经营。

（2）对当事人处以其2019年度中国境内销售额4557.12亿元4%的罚款，计182.28亿元（大写：壹佰捌拾贰亿贰仟捌佰万元）。

根据《行政处罚法》第四十六条规定，当事人应当自收到本行政处罚决定书之日起十五日内，根据本行政处罚决定书，携缴款码到12家中央财政非税收入收缴代理银行（工、农、中、建、交、中信、光大、招商、邮储、华夏、平安、兴业）任一银行网点或者网上银行缴纳罚款。缴款码为：***。

根据《行政处罚法》第五十一条规定，当事人逾期不履行行政处罚决定的，本机关可以采取以下措施：①到期不缴纳罚款的，每日按罚款数额的百分之三加处罚款；②申请人民法院强制执行。

当事人如对上述行政处罚决定不服，可以自收到本行政处罚决定书之日起六十日内，向国家市场监督管理总局申请行政复议；或者自收到本行政处罚决定书之日起六个月内，依法向人民法院提起行政诉讼。行政复议或者行政诉讼期间，本行政处罚决定不停止执行。

市场监管总局

2021年4月10日

案例思考

1. 行政处罚有哪些原则？
2. 市场监管总局对阿里巴巴集团行政处罚的依据和种类是什么？
3. 行政处罚的目的是什么？

案例3

对行政许可应重点审查行政行为的程序和依据[①]

【案例要旨】

海洋功能区划是做出海域使用行政许可行为的重要依据，行政机关在履行海域行政使用权批准行政职权过程中，未将海洋功能区划作为依据，所做出的具体行政行为便依据不足。与行政许可存在重大利益关系的人是该行政许可程序中的利害关系人，在行政许可决定前享有陈述、申辩及要求听证的权利，行政机关未予告知和保障该权

① 资料来源：《对行政许可应重点审查行政行为的程序和依据》，作者单位为福建省漳浦县人民法院，2019年6月24日。

利便构成行政许可程序违法，据此做出的行政登记也应依法撤销。

【案例索引】

本案案号：

一审：漳州市中级人民法院（2005）漳行初字第1号。

二审：福建省高级人民法院（2005）闽行终字第13号。

【案情】

2004年5月8日，第三人张某填写海域使用申请书，向被告漳浦县人民政府提出海域使用申请，申请使用址在漳浦县盐场竹屿村“寮西凹”的海域，用于养殖，面积277.5亩。申请书还附坐标图一份，并向被告提交了其与漳浦盐场竹屿居民委员会2000年1月13日签订的滩涂承包合同鉴证书、漳浦县盐场竹屿居民委员会证明、漳浦县盐场竹屿居民委员会收款收据二份等申请材料。被告漳浦县人民政府的海洋行政主管部门漳浦县海洋与渔业局，于2004年6月22日受理了该申请，于2004年7月5日做出初审意见：“该宗用海，一、符合海洋功能区划；二、界址、面积清楚；三、未设置使用权。”2004年7月12日，漳浦县海洋与渔业局填写海域使用审批呈报表，报被告批准。被告于2004年7月14日给出“同意办理”的审批意见，批准了第三人的申请，审批号为3506232004152。原告陈天某、陈火某于2004年5月6日向漳浦盐场海域管理站申请使用“乌坪嘴”西北侧海域，漳浦盐场海域管理站于2004年6月2日给出同意申请的意见，并向原告收取了人民币3000元的海域使用金。原告得知第三人向被告提出海域使用申请后，认为第三人申请使用的“寮西凹”海域包含其申请使用的“乌坪嘴”海域，将会出现重复发证问题，于2004年6月22日向漳浦县海洋与渔业局提出异议。在被告做出行政许可前，第三人与原告就讼争海域的使用权问题发生纠纷，诉至漳浦县人民法院。

漳浦县人民法院于2004年7月13日将审理情况向漳浦县海洋与渔业局做了通报。被告认为原告的异议理由不充分，驳回了原告的异议。被告在做出行政许可决定前没有告知原告享有听证的权利，也没有举行听证。2004年7月14日，漳浦县海洋与渔业局向第三人发出海域使用权批准通知书，告知第三人其提出的海域使用申请已得到被告批准。2004每年7月18日，第三人张某向被告提出海域使用权登记申请表，申请办理海域使用权登记并颁发海域使用权证书。被告于2004年7月14日颁发给第三人国海证043563152号《海域使用权证书》，2004年7月22日第三人张某交纳了海域使用金人民币5500元，2004年7月28日，被告的海洋行政主管部门漳浦县海洋与渔业局做出浦海证告字〔2004〕5号发证公告。原告不服被告的具体行政行为，向漳州市人民政府申请复议，漳州市人民政府于2004年10月12日做出漳政复决〔2004〕45号复议决定书，维持了被告的具体行政行为，并于2004年10月28日送达原告，原告仍不服，于2004年11月10日向漳浦县人民法院提起行政诉讼。2005年2月16日，漳浦县人民法院将该案移送漳州市中级人民法院审理。

【裁判】

漳州市中级人民法院审理后认为：①根据《中华人民共和国海域使用管理法》第十二条第三款、第十五条第一款、第十七条第一款规定，依法经有权机关批准的海洋功能区划，是做出海域使用行政许可行为的依据。但被告漳浦县人民政府在履行海域使用权批准行政职权过程中，未依法履行审查职责，在没有有权机关依法批准的海洋功能区划作为依据的情况下，即做出3506232004152号海域使用行政许可和颁发国海证0423563152号《海域使用权证书》给第三人张某，违反了上述法律规定。②被告在行政复议程序中未提交而在诉讼程序中才提交的海域使用论证报告表，不能作为本案认定的依据。③被告应按照《海域使用申请审批暂行办法》第六条规定，对申请海域是否符合海域使用规划进行审查，未尽审查义务。其做出的该行政许可事实不清，证据不足。④本案原告认为第三人申请的海域使用范围与其申请使用的海域范围存在重叠情形和界址不清，并向被告提出异议，且原告与第三人对该海域的使用权争议已在漳浦县人民法院审理，法院也已函告被告。被告的行政许可行为涉及原告与第三人之间的重大利益关系，因此，原告具有本案诉讼主体资格。被告本应就原告的主张给予其充分的陈述和申辩权利，但被告在做出行政许可决定前，没有告知原告及第三人享有听证的权利，同时在没有举行听证的情况下将讼争的海域使用权批准给第三人，属行政程序违法。根据最高人民法院《关于执行〈中华人民共和国行政诉讼法〉若干问题的解释》第十二条的规定，被告做出的该具体行政行为与原告有利害关系，故原告主体资格适格。综上，被告漳浦县人民政府做出的3506232004152号海域使用权行政许可行为主要证据不足，事实不清，违反法定程序，依法应确认该行政许可行为违法。被告据此颁发给第三人的国海证043563152号海域使用权证书依法应予撤销。原告的诉讼请求合法，应予支持。

据此，漳州市中级人民法院依照《中华人民共和国行政诉讼法》第五十四条第（二）项第1、3目，最高人民法院《关于执行〈中华人民共和国行政诉讼法〉若干问题的解释》第五十七条第二款第（三）项之规定，做出如下判决：确认被告漳浦县人民政府对第三人张某的海域使用申请做出的3506232004152号行政许可决定违法，并撤销被告颁发给第三人的海域使用权证书。

一审宣判后，被告及第三人不服向福建省高级人民法院提起上诉，请求撤销一审判决，改判维持被告做出的具体行政行为。

福建省高级人民法院审理后认为：上诉人漳浦县人民政府在审批张某的海域使用申请过程中，在利害关系人陈火某提出异议，并且漳浦县人民法院亦函告存在海域使用纠纷的情况下，既没有进行调查核实，又未依法认定陈天某、陈火某是行政许可程序中的利害关系人，进而未告知申请人与利害关系人有陈述、申辩及要求听证的权利，违反了《中华人民共和国行政许可法》第三十六条、四十七条的规定。同时，上诉人漳浦县人民政府也没有充分的证据证明其依法审查海域使用论证报告表，并将海洋功能区划作为审查行政许可申请的依据。故漳浦县人民政府做出3506232004152号海域使用行政许可决定，认定事实不清，违反法定程序，依法应予撤销。依据3506232004152号海域使用行政许可所做出的海域使用权登记亦应予以撤销。上诉人漳浦县人民政府与张某的上诉理由均不能成立，本院不予支持。原审判决认定事实清楚，适用法律正确，程序合法，依法应予维持。根据《中华人民共和国行政诉讼法》第六十一条第（一）项的规定，判决如下：驳回上诉，维持原判。本判决为终审判决。

【评析】

本案是一起不服海域使用权行政许可、行政登记行政纠纷案。正确审理本案，关键是对以下三个争议焦点做出正确分析认定：①原告是否属本案行政程序中的利害关系人；②本案行政许可程序是否违法；③本案有否将海洋功能区划作为海域使用权行政许可的依据。

一、关于原告陈天某、陈火某是否为该行政程序中的利害关系人的问题

本案中“乌坪嘴”与“寮西凹”均为不规范地名，虽为不同的海域，但系相邻海域。张某与陈天某、陈火某亦系在两个相邻海域生产。漳浦县人民政府将讼争海域使用权许可给张某，陈天某、陈火某认为该许可所涉海域“寮西凹”的范围内包含了另一海域“乌坪嘴”，即两个海域存在重叠情形，同时双方还因该海域使用问题产生民事纠纷并诉至漳浦法院。陈天某、陈火某与张某各自申请使用的海域是否发生重叠，对双方均具有重大影响，涉及双方重大利益关系。也就是说，漳浦县人民政府将该海域使用权许可给任何一方，都将对另一方产生直接、切实利益影响。因此陈天某、陈火某是该行政许可程序中的利害关系人，也就与被诉具体行政行为具有法律上的利害关系，两原告便具有本案行政诉讼的诉讼主体资格。

二、关于本案行政许可程序是否违法的问题

《中华人民共和国行政许可法》第三十六条规定：“行政机关对行政许可申请进行审查时，发现行政许可事项直接关系他人重大利益的，应当告知该利害关系人。申请人、利害关系人有权进行陈述和申辩。行政机关应当听取申请人、利害关系人的意见。”第四十七条规定：“行政许可直接涉及申请人与他人之间重大利益关系的，行政机关在做出行政许可决定前，应当告知申请人、利害关系人享有要求听证的权利……”

本案中被上诉人（原告）系本案海域使用权行政许可、登记程序中的利害关系人，依照上述法律规定享有充分陈述、申辩和要求组织听证的权利，但上诉人（被告）未予依法告知并在未组织听证的情况下将该海域使用权许可给上诉人（第三人）张某，构成行政程序违法，其做出的行政许可决定显属违法，其据此颁发的《海域使用权证书》也应依法予以撤销。

三、关于海洋功能区划有否作为本案行政许可的依据问题

《中华人民共和国海域使用管理法》第十二条第三款规定："沿海市、县海洋功能区划，经该市、县人民政府审核同意后，报所在的省、自治区、直辖市人民政府批准，报国务院海洋行政主管部门备案。"第十五条第一款规定："养殖、盐业、交通、旅游等行业规划涉及海域使用的，应当符合海洋功能区划。"第十七条第一款规定："县级以上人民政府海洋行政主管部门依据海洋功能区划，对海域使用申请进行审核，并依照本法和省、自治区、直辖市人民政府的规定，报有审批权的人民政府批准。"可见，依法经有权机关批准的海洋功能区划是做出海域使用权行政许可行为的重要依据。根据《最高人民法院关于行政诉讼证据若干问题的规定》(以下简称《行政证据规定》) 第一条的规定，被告应当在收到起诉状副本之日起十日内，提供据以做出被诉具体行政行为的全部证据和所依据的规范性文件。被告不提供或者无正当理由逾期提供证据的，视为被诉具体行政行为没有相应的证据。本案中，依法经有权机关批准的海洋功能区划，是做出海域使用行政许可行为的重要依据。上诉人（被告）漳浦县人民政府应在举证期限内向人民法院提交上述依据，但漳浦县人民政府在诉讼中未向人民法院提交，其辩称已对公众公布即可，无需再向法院提交的理由于法无据，不能成立。因此，应视为漳浦县人民政府在履行海域使用权批准行政职权过程中，未将海洋功能区划作为本案行政许可的依据，故其做出 3506232004152 号海域使用行政许可决定和颁发国海证 043563152 号《海域使用权证书》给第三人张某，明显依据不足。依据《行政证据规定》第一条的规定，本案上诉人（被告）漳浦县人民政府所做出的海域使用权许可的具体行政行为缺乏相应的证据证明，依法应予确认违法，其据此做出的行政登记行为也应予以撤销。

案例思考

1. 行政许可的含义、特征、作用和原则是什么？
2. 行政许可的种类有哪些？
3. 本案例属于哪一类行政许可？

案例 4

公务员经商所签订的合同是否均归于无效[1]

【案情】

2006 年 5 月，公务员李某（卫生部门工作）和吴某共同创办了一机动车驾驶员培训学校，双方订立合办驾校协议后，李某投入股金 50 万元。由于吴某管理混乱，2008 年 10 月李某遂提出退股。经双方协商后，李某退股，由吴某支付退股金 50 万元及红利 10 万元，由于吴某暂无钱支付，便出具了欠条一张，欠条内容为："今欠李某人民币 60 万元整。在一年内付清，利息按月息 2 分计算。"李某多次催付无果后，诉至法院。现吴某以李某是公务员为由，认为其与李某订立的合办驾校协议为无效协议，故不应给付红利 10 万元和股金 50 万元及其利息。

【分歧】

对因李某是公务员的特殊身份其与吴某订立的《合办驾校协议》是否有效有两种不同意见。

第一种意见认为，因李某是公务员身份，其从事有偿经营活动违反了《公务员法》[2]第五十三条第（十四）项规定，公务员必须遵守纪律，不得从事或者参与营利性活动，不得在企业或者其他营利性组织中兼任职务。《中华人民共和国合同法》(以下简称《合同法》）第五十二条第（五）项规定，违反法律、行政法规的强制性规定的合同为无效合同。因此吴某与李某签订的《合办驾校协议》为无效合同，为此，吴某只需返还李某的投资本金 50 万元。

第二种意见认为，李某与吴某签订的《合办驾校协议》为真实、合法、有效合同，吴某应当支付其所欠的 60 万元及其利息。

【解析】

本案的焦点是公务员违反《公务员法》中的禁止性从业的规定而从事或者参与营利性活动，是否属于违反强制性规定而导致合同无效的问题。

法院支持第二种观点，其理由为：首先，在法理上对强制性规定分为强制规定与禁止规定二种。强制规定是指当事人应为一定行为的法律规定。禁止规定是指令当事人不得为一定行为的法律规定。禁止性规定又分为取缔规定与效力规定，前者取缔违

---

① 资料来源：《公务员经商所签订的合同是否均归于无效？》，作者张玲，抚州市中级人民法院；作者邹文胜，宜黄县人民法院，2019 年 6 月 22 日。

② 本案例适用 2005 年施行版本。

反规定的行为，对违反者加以制裁，并不否认其私法上的效力，后者不仅取缔违反规定的行为，而且否认其私法上的效力。因此，此类规定旨在管理和处罚违反规定的行为，但并不否认该行为在民商法上的效力。《合同法》第五十二条第（五）项明确规定“违反法律、行政法规的强制性规定的合同无效”。此处的强制性规定，笔者理解是取缔性规定。由于李某违反的是《公务员法》中的取缔性规定，因此，并不影响其在民商法上的效力。其次，《公务员法》的立法本意是加强公务员队伍管理，约束公务员言行，规范公务员晋升与奖惩，保障政府公务人员廉洁、效能。如有违反《公务员法》，受到的只是内部纪律惩处，但并不影响身为公务员的行为人从事民商法律行为的效力。本案中，李某身为公务员参与营利性活动虽违反了公务员管理方面的法律、行政法规的强制性规定，但并未违反效力性强制性规定，为此，不影响其作为自然人订立合同的效力，其合同效力应为有效。

综上所述，李某与吴某订立的《合办驾校协议》为有效合同。由此衍生的欠款也是合法的民间借贷关系，为此，吴某应当支付其所欠的60万元及其利息。

案例思考

1. 公务员职务行为和个人行为划分的依据是什么？
2. 公务员的行为准则有哪些？

案例5

海口博泰隆房地产开发有限公司诉海口市人民政府有偿收回国有土地使用权案①

基本案情

2007年3月，海口博泰隆房地产开发有限公司（以下简称博泰隆公司）通过公开挂牌出让方式取得642351.28平方米国有土地使用权。2012年，原海口市国土资源局（以下简称市国土局）做出的多份函件中，认为涉案土地存在权属纠纷和征地遗留问题，暂缓报建，待问题解决后再进行申报。海口市人民政府（以下简称市政府）亦认可涉案土地未开发是政府原因所致。2015年，海南省人民政府做出的琼府〔2015〕24号《关

① 资料来源：人民法院新闻传媒总社，2020年7月27日。

于进一步做好闲置土地处置工作的通知》（以下简称24号文）规定，因政府原因造成土地闲置的，以协议方式收回闲置土地使用权的价格，可以按照土地使用权人已缴交的土地出让价款、前期合理投入以及自土地出让金缴交之日和前期合理投入资金之日至收回土地使用权期间利息总额予以确定；如该价格高于市场评估价格的，按照市场评估价格协议收回土地使用权。2017年，市国土局告知博泰隆公司涉案土地构成闲置土地并拟有偿收回涉案土地使用权，但双方协商未达成一致意见。2018年1月3日，市政府对博泰隆公司做出了收地决定书，以促进国民经济和社会发展等公共利益需要为由，决定收回涉案土地的国有建设用地使用权，并给予适当补偿，“适当补偿标准按24号文的规定执行”。博泰隆公司不服，提起行政诉讼，请求撤销该决定书。

裁判结果

海南省海口市中级人民法院一审认为，涉案土地因政府原因导致闲置，市政府因促进国民经济和社会发展公共利益需要，决定有偿收回涉案土地，认定事实清楚。24号文规定的有偿收回国有土地使用权的补偿标准适用于因政府原因导致土地闲置、政府部门与土地使用者协商一致的情形。涉案土地因公共利益需要被收回，却适用24号文中相关闲置土地标准给予补偿，属于适用法律错误。遂判决撤销市政府做出的收地决定书中“适当补偿标准按照24号文的规定执行”的内容，并驳回博泰隆公司的其他诉讼请求。双方当事人均提出上诉。

海南省高级人民法院二审认为，土地同时存在因政府原因造成闲置和因公共利益需要使用土地的情形下，政府既可通过闲置土地处置程序有偿收回土地使用权，也可通过因公共利益需要国家依法有偿提前收回程序收回土地使用权。因为公共利益需要而收回国有土地使用权的，对使用权人应当给予适当补偿。该款规定的“适当补偿”应当是公平合理的补偿，即综合考虑被收回土地的性质、用途、区位、评估方法、闲置原因等因素，参考市场价格予以补偿。涉案收地决定书简单以土地使用权人已缴交的土地出让价款、前期合理投入以及相应的利息总额进行补偿欠妥，且不符合自然资源部办公厅自然资办函〔2018〕1903号函（以下简称自然资源部1903号函）和海南省人民政府琼府〔2019〕12号文（以下简称海南省人民政府12号文）的规定。遂判决驳回上诉，维持原判。

典型意义

本案的意义在于确定了有偿收回国有土地使用权补偿标准的问题。根据2004年修正的《中华人民共和国土地管理法》第五十八条第二款规定，因为公共利益需要使用土地而收回国有土地使用权的，对土地使用权人应当给予适当补偿。该款规定的“适当补偿”应当是公平合理的补偿，即综合考虑被收回土地的性质、用途、区位、评估方法、闲置原因等因素，参考市场价格予以补偿。为了适时解决有关历史遗留问题，切实维护土地使用权人及其他投资人合法权益，营造良好营商环境，自然资源部 1903 号函以及海南省人民政府 12 号文均规定，县级以上人民政府有偿收回存量商品住宅用地的补偿金额不低于土地使用权人取得土地的成本，并综合考虑其合理的直接损失，参考市场价格确定。本案中，行政机关应本着实质化解行政争议的目的，按照自然资源部 1903 号函以及海南省人民政府 12 号文的精神，依法合理做出补偿，合法合理保护土地使用权人的合法权益，营造良好营商环境。

案例思考

1.“法治是最好的营商环境，是防范化解重大风险的重要手段。”如何理解这句话？

2. 查阅资料，分析海南自由贸易港制度创新案例中哪些属于加强依法行政的案例？

3. 关于海南自由贸易港的建设，依法行政还有哪些方面需要继续完善？

第十章
公共部门人力资源管理

千秋基业，人才为本。党的十八大以来，习近平总书记在不同场合多次谈到人力资源特别是人才的重要性，既表示了求贤若渴的爱才之心——“我们比历史上任何时期都更接近实现中华民族伟大复兴的宏伟目标，我们也比历史上任何时期都更加渴求人才”；又抒发了聚才广揽博用的情感——“聚天下英才而用之，让更多千里马竞相奔腾”；更表达了用才任人唯贤的决心——“坚持德才兼备、以德为先，坚持五湖四海、任人唯贤，坚持事业为上、公道正派，把好干部标准落到实处”。习近平总书记也用行动显示了爱才重才的理念，他的“为院士让座”“躬身为科学家颁奖”的行为获无数网友点赞。社会各界爱才敬才蔚然成风，各行各业选才用才更加注重“德才兼备”，一系列激发人才创新活力、维护人才切身利益的制度和政策文件陆续出台。“天下英才聚神州，万类霜天竞自由”的创新局面正在逐渐形成。如何更好发挥“英才”的作用，激励他们更好地为国家和社会做出贡献，仍需要进行研究。公共部门人力资源管理就是一门研究在公共部门如何更好发挥人力资源作用的科学。公共部门人力资源管理是指公共部门中的各类组织依据相应目标，对所属人力资源展开的战略规划、招聘录用、任用培训、职业发展、薪酬管理、绩效评估及权利保障等一系列事务的管理活动和过程。公共部门人力资源管理主要研究内容有公共部门的职位分类与管理、公共部门人力资源规划、公共部门人员招募、甄选与录用、公共部门人力资源培训、公共部门人力资源绩效管理和薪酬管理。

人力资源管理是极其重要的一项工作，高效化的人力资源管理不但能够有效提高相关公共部门人力资源管理的水平，还能有效促进公共部门的稳步化发展。但是目前，在新公共管理视角下，公共部门人力资源管理方面还存在一些问题，导致公共部门人力资源管理水平较低。首先是人力资源管理理念较落后，比如说严重的官本位思想和缺乏竞争和法制机制；其次缺乏完善的激励机制；最后是缺乏完善的考核机制。[①]

① 高原. 新公共管理视角下的公共部门人力资源管理探究 [J]. 中国集体经济，2021（31）：107-108.

在整体上，公共部门人力资源管理包括宏观管理和微观管理两部分。前者指在整个公共部门系统中，为保证人力资源整体结构的匹配和发展需要，依据法律规定对公共部门内外人力资源的供求状况进行宏观、中长期的统计、预测和规划，建立公共部门人力资源的基本制度和相应对策，对公共部门人力资源的发展进行战略性规划，保持良性的人才市场秩序和前瞻性的人力资源规划。后者则是指具体的公共组织依法对本部门进行人力资源开发和管理的活动和过程。两者互为条件，相互保障。

美国学者罗纳德·克林格勒和约翰·纳尔班迪将公共部门人力资源管理所涵盖的内容概括为四个方面：一是公共部门人力资源管理各种必备功能的组合；二是使公共工作得以分配的管理过程，它同时成为某种政治导向与管理取向的具体反映；三是基本社会价值之间的互动关系，这些价值在由谁得到公共工作职位以及如何分配公共工作职位等问题上存在着经常性的冲突；四是包括一系列法律、规则、组织、程序的人事制度，在履行人事管理职能的过程中，被用于具体表达那些抽象的基本社会价值。

由此可见，公共部门人力资源管理是民主社会和高效公共行政中十分关键的要素，在具体实践中折射出不同价值观间的竞争与冲突。某个特定公共部门的人力资源管理常常体现出一种居于主导地位的价值取向。

在我国，公共部门人力资源管理的具体职能可包括人力资源的获取、保持、发展、纪律与保障几个方面。

一是公共部门人力资源的获取。这一职能包括科学地确定组织结构，进行公共部门人力资源的预测和规划，为组织培养和最终获取所需人员创造条件；设计与实施公共部门人力资源选拔和录用程序，以公正合理地选用最适合于组织系统的人员。在公共部门录取人员的过程中，组织系统的合理设置与合格人员被科学公正地录取成为重要环节。

二是公共部门人力资源的保持。其核心内容为更好地招聘、使用、留任、激励公共部门人力资源而建立有效的激励机制，保持良好的工作环境，具体包括建立科学合理公正的任用、升降与测评机制，有合理的工资待遇、畅通的沟通渠道与良好的组织氛围。在公共部门人力资源的保持过程中，部门的主导价值取向、制度结构以及管理水平与使命愿景发挥着重要作用。

三是公共部门人力资源的发展。这一职能具体体现在为推动组织发展和组织目标的实现、由部门主导或予以支持的旨在提高公共部门人员素质的活动上，包括提高员工知识、技能、道德、专业素养和综合素养等。通过对公共部门人力资源包括一般工作人员和管理人员的工作引导、职业培训、道德与心理训练等去保持和增强工作人员的工作能力，以推动公共部门工作的开展。

四是公共部门人力资源的纪律与保障。这是当今公共部门人力资源管理中应特别予以关注的问题。首先在公共部门与工作人员之间建立合理的期望和权利义务关系，它成为公共部门管理者与员工之间的人事契约和心理契约关系。其次在公共部门中建立和完善惩戒与申诉控告程序及相应权利义务保障机制。公共部门管理者与员工之间，既要构建良好的人际关系，也必须以合理有效的制度加以保证，通过科学、合理、公正的组织制度去约束组织行为者，协调组织行为者之间的关系，保持组织秩序。

总之，公共部门人力资源管理所关注的是实施公共管理的主体——人的问题，目的在于最大限度地发挥人力资源的作用，从而最大限度地实现组织目标。

案例 1

努力打造一支高素质专业化公务员队伍①

把准方向　精准施策
推动公务员分类改革落地见效

江苏省委组织部

江苏省深入贯彻中央关于公务员分类改革的决策部署，以实施公务员职务与职级并行制度为契机，不断拓展分类管理的广度深度，持续推动改革落地见效。

把握大局大势，筑牢政治统领“压舱石”。适应推进国家治理体系和治理能力现代化要求，将公务员分类改革作为重大政治任务。一是政治站位力求“高”。以习近平新时代中国特色社会主义思想为指导，深入贯彻落实新时代党的组织路线，以政治建设统领推进分类改革。省委常委会专题研究公务员工作，将分类改革列入省委常委会和省委深改委年度工作要点，高起点谋划、高质量推进。二是领会精神务求“准”。准确把握分类改革总体要求和目标任务，印发职务与职级并行制度、高素质专业化公务员队伍建设 2 个实施方案，强调坚持和加强党对公务员队伍的集中统一领导，统筹不同类别公务员选拔使用，健全科学化精细化管理机制。省委组织部制定深入推进行政执法类公务员分类管理实施方案，提出具体政策措施，将中央精神转化为江苏深化改革的路线图。三是部署实施讲求“实”。成立职务与职级并行制度实施工作领导小组，细

① 资料来源：“全国公务员工作推进会发言摘登”，2021 年 4 月 14 日。

化各部门责任分工。加强与干部工作融会贯通，共同研究职级晋升审批权限等重要事项，建立职数动态调整、职数审核备案、任职资格审核3项机制。加强宣传引导，开展政策解读和业务培训，累计培训3万余人次。

聚力布局开局，下好职位划分“先手棋”。以职务与职级并行制度为基础和牵引，把职位划分作为第一步，落子布局，确保分类改革开局稳、起步早。一是突出“分”的精度。严把人员登记关，出台涉改人员安置政策，做到人员身份清晰，为职位划分奠定坚实基础。测算分析各类别职位数量，围绕职级套转、职数核定、晋升管理等方面，对有关问题明确政策口径，为分类改革提供积极支撑。二是加大“分”的力度。对标中央规定及时“分”，在并行制度入轨时，同步将市以下市场监管、生态环保、文化市场、城市管理4支综合执法队伍3.46万个职位划入行政执法类范围。结合省情实际合理“分”，调研综合行政执法体制改革中机构整合、力量下沉情况，提出逐步在农业、应急管理等6个领域设置行政执法类职位。聚焦主责主业有效“分”，明确市、县执法机构一线职位数量占比不低于80%，基层队、站、所应全员从事执法工作。三是统筹“分”的广度。开展专业技术类公务员管理专题调研，研究审计系统专业技术类职位设置方案。科学划分法检系统各类职位，结合员额等因素动态调整。根据人民警察职责特点，合理设置执法勤务、警务技术职位。

坚持精准科学，打出选育管用“组合拳”。以行政执法类为突破口，探索制定职位职责规范文本，系统推进选拔任用、培训考核等工作。一是明确选人靶向。突出政治素质和专业能力，在需求分析、人选产生和考察等环节把准资格条件。明确根据行政执法类职位特点组织考录，设置报考条件和测查内容，探索心理素质测评和体能测评。明确调任、转任行政执法类职级公务员，重点面向具有专业背景和法律教育经历的人员。注重通过公开遴选方式选拔司法、执法等职位公务员，两年来选拔150余人。二是突出育人取向。以提升专业素养为重点，加强分类分级培训规划，整合优化培训资源。省委组织部增设行政执法类公务员培训示范班次，省文化和旅游厅运用岗位带教等方式培训本系统执法人员，盐城市大丰区市场监管局开展“精准培训推进规范执法”行动，以队伍高素质保证执法高质量。三是鲜明用人导向。把政治标准放在首位，坚持实干实绩导向，一大批在脱贫攻坚、疫情防控中表现突出的公务员优先晋升职务职级；坚持基层导向，职数向基层一线倾斜，明确上级机关不得占用基层职数，其他类别不得占用行政执法类职数。研究行政执法类公务员平时考核办法，坚持定量考核与定性评价相衔接，指导各部门细化考核指标和等次评价标准，注重考核执法绩效和纪律作风，激励公务员担当作为。

强化正向激励　完善工作机制
持续深入开展做人民满意的公务员活动

浙江省委组织部

2005 年习近平同志在浙江工作时，部署开展了首届全省“人民满意的公务员”评选表彰活动。历届省委持续不断抓深化，鲜明倡导做人民公仆、为人民服务、让人民满意的价值取向，大力弘扬干在实处、走在前列、勇立潮头的精神，激励全省公务员在争创社会主义现代化先行省中奋发进取、担当作为。

高质量选树宣传，立起典型标杆。一是高标准组织评选。坚持政治标准，突出工作实绩，注重把那些在贯彻党中央决策部署、推进省委中心工作、解决群众“急难愁盼”问题中表现突出的优秀公务员推选出来，省委和省政府召开大会隆重表彰，礼敬先进、褒奖先进。2019 年评选表彰的 39 名全省“人民满意的公务员”，都是在乡村振兴、“最多跑一次”改革等重大工作中涌现出来的先进典型，其中乡科级以下基层一线公务员占 90%，表彰对象事迹感人，得到群众高度认同。二是立体化开展宣传。依托主流媒体，创新融媒形式，推动先进典型事迹上电视、入网络、进手机，在地铁、公交等户外视频滚动播放。省委组织部“之江先锋”抖音号中，“人民满意的公务员”事迹短片点击量普遍在 10 万以上。三是多层面深化拓展。在全省五年一届评选表彰基础上，指导各个层级开展记功嘉奖，以优者奖的鲜明导向推动干事创业。一年来，有 5200 余名公务员、700 多个公务员集体受到奖励。继 2017 年全省首次开展“最美公务员”选树活动后，2021 年再次评选百名“最美公务员”，从基层一线发现树立了一批扎根基层、忠于职守、甘于奉献、为民爱民的先进典型。

多维度发挥作用，强化示范效应。一是搭建示范教育平台。每次党内集中学习教育中，组建巡回宣讲团，组织先进典型为党员干部做报告、上党课，将“人民满意的公务员”事迹作为各级党校、干部学院重要教学内容。近 3 年参加宣讲、访谈、授课等超过 200 人次。二是搭建导师帮带平台。引导推动“人民满意的公务员”设立工作室，组建“家园卫士”等志愿队伍，助力年轻公务员成长进步。三是搭建干事创业平台。根据人员的特点特长，交任务、创条件，激励他们在推动改革发展、创新社会治理、为民排忧解难等方面持续发挥作用。

全方位关怀关爱，做实跟踪管理。一是落实待遇措施。把“人民满意的公务员”纳入全省劳模库，按政策落实晋升工资档次、走访慰问、医疗补助等待遇，去年省委组织部专门组织 6 名全国“人民满意的公务员”休假疗养。二是完善信息管理。依托全省公务员管理信息系统，建立“人民满意的公务员”信息库，完善个人基本信息、工作业绩、奖励等情况。三是注重跟踪培养。采取谈心谈话、上门走访、电话、微信等形式，实时掌握现实表现，提出培养使用建议。2019 年以来，6 名全国“人民满意的公务员”晋升职务职级，39 名全省“人民满意的公务员”中已有 25 人晋升职务或职级，彰显了有为者有位、能干者能上、优秀者优先的用人导向。

坚持守正创新　聚焦精准科学
努力提升公务员考录工作质量和水平

山东省委组织部

山东省坚持以习近平新时代中国特色社会主义思想为指导，聚焦精准科学、优化招录流程、严把选人源头，统筹做好公务员招录和常态化疫情防控工作，2021 年 7 月、12 月两次组织“四级联考”，积极营造“近悦远来”的良好环境，为服务高质量发展提供有力保障。

坚持“三个突出”，树立鲜明用人导向。一是突出政治标准。设置职位条件旗帜鲜明对考生政治素质提出要求，结合实际命制试题，重点测查运用习近平新时代中国特色社会主义思想指导分析和解决问题的能力。落实落细政治素质考察，制定出台考察办法，明确 7 类“负面清单”，对政治素质有问题的“一票否决”；细化考察内容，制定录用考察表、干部档案审核登记表列为入档材料，建立考察责任倒查追究机制；实行差额考察，避免简单以分取人。2021 年，全省有 106 人在考察环节被取消录用资格。二是突出事业需要。紧紧围绕山东新旧动能转换综合试验区等国家级战略平台建设需要，引导招录机关合理设置招录职位，加大专业化人才招录力度。2022 年，根据海洋产业、智能制造等领域发展急需，设置专业人才招录计划 1647 个。鼓励各地区各部门根据重点工作任务需要开展专项招录，及时补充紧缺人才。三是突出广纳贤才。建立报名容缺机制，采取“承诺＋容缺”方式，允许考生在职位要求证书材料暂缺的情况下，先承诺考试、后补充材料，方便考生报考。对非全日制研究生与全日制研究生同等对待。适当延长留学归国人员学历认证时间，对国内外高校毕业生一视同仁。根据职位空缺开展二次补充录用，进一步优化人才资源配置。

注重“三个结合”，精准科学识才辨才。一是分类与分级结合。针对不同层级机关特点，分别命制市级以上、县级以下笔试试题。建立“2+X”和“通用面试＋专业能力测试”的评价模式，强化专业能力测查。先后开展专业技术类公务员胜任特征研究、县级机关公务员录用测评体系研究，为分类分级考录提供指导。二是标准化与精细化结合。制定录用考试标准化手册，将政策要求转化为具体实施步骤。丰富面试测评方式，探索开展了无领导小组讨论、结构化小组、演讲、“专家评审＋实践操作”等多样化面试。三是严格规范与温馨服务相结合。建立考试联席会议制度，将常态化疫情防控要求贯穿到考录各环节，多部门合力做好疫情防控和考务安全工作。依托大数据比对，对考生健康状况进行多轮动态筛查，对健康"黄码"考生一对一跟踪服务。召开新闻发布会广泛宣传招录政策，将温馨提示短信推送给每位考生。

夯实"三项基础"，提供发展动力保障。一是夯实制度基础。近年来，就职位条件设置和资格审查、录用考察、特殊职位公务员录用、贯彻实施《公务员录用规定》等出台一系列办法，提高考录制度执行力。二是夯实信息技术基础。推进"互联网 + 考录"，实现从报名到录用结果查询"一网通办"。研发公务员招录职位申报系统、面试管理系统，提高工作效率。依托信息化手段，对命题效度、面试考官评分等及时分析，增强工作精准性。三是夯实队伍基础。加强命题专家队伍建设，面向不同领域征集专家人选 5065 名，首批遴选 476 人进入省级专家库。加强面试考官队伍建设，2021 年对 6749 名面试考官考核认证，由于不符合履职要求等原因，注销资格 552 人。对县级以上公务员主管部门同志开展全员培训，打造过硬的考录工作者队伍。

服务脱贫攻坚乡村振兴大局
加强基层公务员队伍建设

湖南省委组织部

在脱贫攻坚、乡村振兴的征程中，基层公务员队伍肩负着特殊重要的历史使命。近年来，湖南省深入贯彻落实习近平总书记关于大抓基层、决战脱贫攻坚、推进乡村振兴的重要指示精神，加强基层公务员队伍建设，取得较好成效。

完善政策措施，充实稳定基层公务员队伍。适应脱贫攻坚需要，采取面向社会招录、精心选调选派、加大调任力度等措施，及时补充基层公务员，近两年全省招录县乡公务员占新招录总数的 74%，其中乡镇公务员占 63%。建立常态化机制，面向优秀村（社区）党组织书记、大学生村官、乡镇（街道）事业编制人员和选调生择优选拔乡镇（街道）领导班子成员。从国内重点高校和国（境）外知名大学选拔选调生，统一安排到基层锻炼。从省市县机关选派优秀年轻干部到乡镇任职。落实调任规定，将县乡机关公务员调任年龄由 45 岁放宽到 50 岁，调任充实县乡工作急需人员。严格执行新招录乡镇公务员最低服务年限等规定，开展借调抽调基层公务员专项清理行动，确保在编在岗、坚守一线。

加强培训指导，着力提升基层治理能力。巩固拓展"不忘初心、牢记使命"主题教育成果，深入开展县乡领导班子政治建设考察，促进基层公务员牢固树立以人民为中心的发展思想，自觉扛起脱贫攻坚、乡村振兴的政治责任。依托省委党校和省属高校，举办乡镇党政正职培训班，开设乡镇党政正职学历提高班，实施脱贫攻坚专项培训。市县两级通过党校培训、开办“流动党校”和“乡镇夜校”，选派基层公务员到高校学习或到发达地区和上级机关挂职等途径，形成基层公务员全员培训格局，近两年共培训6万余人次。全省选派2.6万名公务员驻村帮扶，指导驻点村加强党组织建设，规划产业发展，提高乡村治理水平。拓宽成长路径，让基层公务员有为有位。严格落实职级职数向基层一线倾斜的要求，明确县乡机关分开核定、分级使用等政策措施，让基层公务员充分享受改革红利，3.1万余人次晋升职级。深入开展脱贫攻坚专项考察，一批乡镇（街道）党政正职、驻村扶贫和长期在乡镇工作的公务员得到提拔重用或交流到县直单位任职。近两年来，省市机关面向基层公开遴选公务员2019人，选拔505名乡镇公务员到市州直单位担任科级以上领导职务。

强化激励保障，关心关爱基层公务员。明确从2021年7月起，乡镇公务员工资收入要高于县（市、区）直单位同职级人员13%～15%，逐步达到20%的目标。对在乡镇工作累计满20年或在乡镇工作时间较长且年满50周岁、表现优秀的公务员，可根据本人意愿优先安排到县（市、区）直机关或离家庭居住地较近的乡镇工作。落实公务员体检等政策，开展暑期集中休假，鼓励基层公务员轮休。2021年8月，省委组织部首次组织有脱贫攻坚任务的乡镇（街道）党政正职集中开展健康疗养活动。为基层减负减压，下大力气清理规范“一票否决”和签订责任状等事项，为基层公务员心无旁骛谋发展、干实事创造良好环境。

立足新征程　奋进新时代
推动高素质专业化公务员队伍建设开新局

广东省委组织部

习近平总书记要求广东在全面建设社会主义现代化国家新征程中走在全国前列、创造新的辉煌。全省深入贯彻总书记重要指示精神，采取有力措施，全面加强高素质专业化公务员队伍建设，为推动高质量发展提供坚强组织保证。

坚持政治引领，注重统筹谋划，全面加强党对公务员队伍的集中统一领导。贯彻习近平总书记“加强党的政治建设，要紧扣民心这个最大的政治”重要要求，始终把准公务员队伍建设的根本政治原则和价值取向。一是围绕凝心铸魂加强政治引领。坚守党的集中统一领导这个“根”和“魂”，把学习贯彻习近平新时代中国特色社会主义思想作为首要政治任务，2021年培训公务员92.6万人次，制定措施促进终身学习，深入考察识别政治表现，教育引导公务员增强“四个意识”、坚定“四个自信”、做到“两个维护”。二是围绕服务大局找准政治定位。按照推动高质量发展要求，突出系统谋划、统筹推进，自觉在事业发展大局下做好做实公务员工作，主动融入干部工作全局，制定建设高素质专业化公务员队伍措施，统筹职级职数资源，有效保障机构改革、服务换届班子调整。三是围绕人民满意强化政治担当。服务脱贫攻坚，选派700多名公务员参加新一轮援藏援疆援川和东西部扶贫协作，近3年选派2771名公务员任驻村第一书记，从珠三角地区选派1000多名公务员到省内欠发达地区对口帮扶。服务大战大考，推动县级以上机关40多万名公务员下沉疫情防控一线。服务“六稳”“六保”，近两年招录公务员2.5万多名，60%以上职位定向招录应届毕业生。

坚持事业为上，注重培养选拔，全面增强公务员队伍服务新发展格局的能力。贯彻习近平总书记对广东提出的加快形成区域协调发展新格局的重要要求，围绕打造新发展格局战略支点，抓好公务员培养选拔工作。一是注重精准科学抓差异化进人。坚持分区施策，近3年为珠三角核心区招录国际高端型人才1.2万人，为沿海经济带招录开拓创新型人才1.3万人，为北部生态发展区招录务实进取型人才1万人。坚持分类分级，实行乡镇与县级以上机关分别命题考录，对专业性较强职位加考专业科目（技能），创新“案例式”考试题型。坚持拓宽渠道，近3年调任急需优秀人才700多名，招录村（社区）党组织书记1102名，专设36个职位定向招录港澳籍公务员。二是着眼长远需要抓复合型培养。夯实主阵地培训，省委党校中青班向副厅级干部到乡镇党政正职拓展，全覆盖建成1609个镇街党校，提档升级省干部培训网络学院，新上线课程611门；选派5715人到重大任务一线挂职锻炼，培养公务员世界眼光、战略思维和实战能力。三是聚焦分类改革抓专业化建设。印发通知明确行政执法类职位设置标准、审批程序和职级套转等要求，明确行政执法类职位约5.9万个，制定专业技术类公务员管理试点方案，逐步形成分类管理新格局，推动公务员队伍专业化建设迈上新台阶。

坚持严管厚爱，注重激励约束，全面调动新时代公务员队伍干事创业的精气神。贯彻习近平总书记“要把严格管理干部和热情关心干部结合起来”的重要要求，完善激励约束机制，推动公务员永葆“闯”的精神、“创”的劲头、“干”的作风。一是提升考核质量、强化干事动力。制定公务员平时考核试行办法，根据主体功能区规划实施精准考核，引导公务员分赛道“赛龙夺锦”。建立党群、政府、民主党派机关分类考核机制，完善省级机关绩效考核制度，对疫情防控表现突出的单位核增年度考核优秀等次人数。二是注重关心关爱、优化干事氛围。拓宽基层公务员职业发展空间，制定乡镇公务员选拔任用办法，两年来晋升职级4.24万人次，约占同级公务员19.1%。差异化发放乡镇工作补贴，积极探索解决异地任职公务员退休安置问题，建立因公殉职干部抚恤保障联动响应机制。三是严格管理监督、净化干事生态。坚持从严管理主基调，将“八小时以外”活动监督管理纳入平时考核，推进工资津补贴专项清理和清单管理，对调任、转任把关不严和违规晋升职级等问题严肃督查整改。

加强公务员培训
助力决战决胜脱贫攻坚

云南省委组织部

云南曾经是全国贫困县数量最多的省份，2019 年年底仍有贫困人口 44.2 万、贫困村 429 个，9 个贫困县未脱贫摘帽，占全国未摘帽县的 17%。决战决胜脱贫攻坚冲锋号吹响后，全省坚决贯彻落实习近平总书记关于扶贫工作重要论述和考察云南重要讲话精神，以提升贫困地区公务员脱贫攻坚能力为突破口，大力开展公务员培训，助推打赢脱贫攻坚战，历史性地解决了延续千年的绝对贫困问题。2021 年，省委组织部直接培训各级公务员 6.42 万人次，其中基层公务员占 95% 以上，少数民族公务员占 40% 以上。

聚焦决战决胜脱贫攻坚，大力推进精准施训。一是精准确定培训需求。深入基层开展培训需求调研，开展公务员队伍巩固脱贫攻坚成果治理能力研究，综合调研情况与研究成果科学制定培训计划。二是精准设置培训内容。把习近平总书记关于扶贫工作重要论述作为“必修课”，把提升为民服务意识、群众工作能力、基层治理能力作为“基础课”，把解决“两不愁三保障”问题作为未摘帽县“重点课”，把巩固拓展脱贫攻坚成果、优化产业发展、推进乡村振兴等内容作为已摘帽县“公共课”。三是精准构建培训体系。针对不同地区、不同层级、不同类别公务员服务脱贫攻坚亟须提升的能力，采取省州示范、县级普遍、乡镇兜底的培训方式，推进工作落实。突出基层一线，增加案例教学、现场教学、体验式教学等方式，做到“扶贫干部到哪里，培训工作就延伸到哪里；哪里最需要培训，培训资源就向哪里倾斜”。

突出重点持续发力，破解深度贫困难题。一是突出重点地区。对 9 个未摘帽县开展“送教基层”培训，举办 11 期培训班、培训 3600 余人次，占公务员总数的 23%。对班子成员注重提升政治素质和政策解读能力，对基层一线公务员注重提升实战能力，推动培训资源向重点地区倾斜。二是突出重点问题。瞄准群众工作不够深入、易地搬迁后续帮扶力度不够、产业发展小散弱等问题，开设“扶贫开发农户行为及其引导”、农村流转土地经营、高原特色农业发展等 10 多门实用课程，着力提高基层公务员政策执行能力、群众工作能力、抓落实能力。三是突出少数民族。结合部分人口较少民族公务员队伍建设实际，开设边疆民族地区社会治理、推进民族团结进步等课程，推动各民族交往交流交融，促进民族地区和谐发展。

创新培训方式方法，着力提高培训实效。一是创新培训模式。针对培训形式单一、手段落后等问题，既用好传统培训方式，又创新采用“云课堂”“现场＋网络”培训模式，组织5万余名基层公务员同步参加培训；依托云岭先锋App“网上党校”开展培训，以训促学、以学促干。二是加快信息化建设。推进公务员管理信息系统培训模块开发运用，整合培训资源，建立由行业部门业务骨干、知名高校专家学者等组成的公务员培训师资库，实现优质资源共建共享。三是注重培训实效。通过实战化培训，基层公务员政策执行、服务群众、沟通协调、应急处置等能力明显提升，有效推动脱贫攻坚战取得全面胜利，贫困县如期摘帽，脱贫成果得到巩固。

坚持“四个突出”
以高质量考核激励公务员担当作为

青海省委组织部

青海省深入学习贯彻《公务员法》和贯彻落实《党政领导干部考核工作条例》电视电话会议精神，下大力气加强和改进公务员考核，以高质量考核增添动力、激励担当、促进发展。

在考核内容上突出政治引领。一是做实政治素质考核。针对青海多民族聚居、多宗教并存的实际，引导公务员增强“四个意识”、坚定“四个自信”、做到“两个维护”，不断提高政治判断力、政治领悟力、政治执行力。省民政厅把政治表现作为关键指标，实行正向激励加分、反向测评减分，拉开评分档次，严把政治首关。二是强化立足本职贯彻落实党中央决策部署情况的考核。对标对表习近平总书记对青海工作提出的“四个扎扎实实”重要要求，每年年初各地区各部门各单位设置年度目标任务，制定年度岗位职责目标责任书，督促推动公务员自觉履职尽责、担当实干。将习近平总书记关于祁连山南麓青海片区生态保护重要指示批示精神贯彻落实及整改情况，作为相关地区和职能部门公务员年度考核的重中之重，严格考核，确保令行禁止。

在方式方法上突出精准科学。一是针对层级和类别特点进行分类考核。公安系统推行“一网考”，加强对办案数量、质量的大数据分析，客观评价办案民警行政执法能力。人社系统将考核与政务服务“好差评”“人社服务快办行动”等结合起来，使群众评价成为评判窗口一线公务员的重要标尺。二是推进平时考核、年度考核、专项考核相互印证。全面推行平时考核，考核结果以60%权重计入年度考核，防止“平时不算账，年终凭印象”、年度考核“一张测评票考全年”等问题。坚持“少而精”开展专项考核，考核结果采取加减分方式以10%权重计入年度考核。三是实行组织绩效与个人绩效挂钩。根据组织绩效考核结果，差异化核定年度考核优秀比例，改变不管干好干坏优秀等次比例都一个样的现象。2019 年，西宁市、省发展改革委等 57 个组织绩效考核优秀的地区和单位公务员年度考核优秀比例提高到 20%，考核一般、较差的地区和单位降低了比例。

在结果运用上突出奖优罚劣。一是正向激励有“温度”。印发激励干部新时代新担当新作为的指导意见以及在疫情防控中勇于担当的通知，对考核一贯突出的公务员予以通报表扬，在选拔任用、晋职晋级时优先考虑，把年度考核优秀作为推荐评选人民满意的公务员等先进典型的重要条件。做好关心关怀心理健康工作，帮助公务员特别是艰苦边远地区公务员保持心理健康。海南州出台疫情防控人员工作激励、精神激励、待遇保障措施，60 多名考核表现突出的公务员及时得到提拔。海西州从年度考核优秀人员中遴选一批好苗子，纳入优秀年轻干部名单动态管理。二是反向约束重警醒。建立反馈机制，采取个别谈话、会议点评等方式，及时咬耳扯袖、督促整改。对平时考核较差、年度考核基本称职及以下等次的公务员，严格控制职务职级晋升、年度考核奖金发放；对不胜任、不适合现岗位工作的调整交流。针对考核发现的问题，海东市集中实施“专业能力提升培训工程”，增强公务员推进脱贫攻坚、乡村振兴等方面能力。

在组织实施上突出系统推进。一是抓制度先行。制定公务员平时考核实施办法、进一步加强改进公务员考核工作提高工作能力和水平的意见，明确改进考核工作的目标方向、总体思路和重点举措。二是抓学习培训。针对机构改革后公务员考核工作人员变动较大的情况，省级层面开展专题培训 10 余次，到基层集中宣讲 12 次，推动相关人员学习政策、提高业务水平。三是抓督促指导。印发平时考核工作指南及答复意见，总结推广省林草局等 15 家单位经验做法。探索“互联网 + 考核”，在省市县三级贯通的基础上，将考核信息管理系统延伸到省直部门对内设处室、市州对县市区的考核中，建设便捷高效考核工作平台。对 64 家省直单位、8 个市州开展专项督导，对问题较多的该约谈的约谈、该批评的批评。

案例思考

1. 上述材料反映了公共部门人力资源管理的哪些内容？
2. 结合材料，谈谈公共部门人力资源管理应如何激励员工。
3. 公共部门人力资源培训应如何规划和实施？
4. 公共部门应如何加强基层公务员队伍建设？
5. 公共部门人力资源管理应如何改革？

案例 2

海南自由贸易港人才政策

材料 1　海南自贸港：70 多项人才政策确保人才“引得进、留得住、用得好”①

2020 年 6 月 1 日，《海南自由贸易港建设总体方案》公布，随着系列政策陆续落地并释放效应，海南全面开放新格局，正从“规划图”加快变成“实景图”。

自贸港建设离不开人才的支撑，2018 年 4 月 13 日以来，海南认真贯彻落实习近平总书记“4・13”重要讲话和中央 12 号文件精神，扎实推进《中国（海南）自由贸易试验区总体方案》《海南自由贸易港建设总体方案》和《关于支持海南开展人才发展体制机制创新的实施方案》等中央重大支持举措落地落实，大力实施“百万人才进海南”战略，以实施更加积极、更加开放、更加有效的人才政策为主要抓手，相继制定出台了 70 多项人才政策，基本构建了覆盖人才引进、培养、使用、激励、服务保障的制度体系，初步形成了人才引得进、留得住、用得好的良好局面。

近日，在“行走自贸区”海南自由贸易港云座谈上，中共海南省委人才发展局人才一处处长王建浩对当地引进人才的相关政策措施、具体效果做出了详细介绍。

培养人才团队　筑建人才“蓄水池”

在人才引进方面，海南自贸港打造“千人专项”引才工程、产业团队建设工程、国际人才集聚工程、柔性引才聚智工程四大引才工程，广泛吸引集聚国内外各类人才。今年重点打造的人才团队建设工程，评选首批 200 个“海南省人才团队”和后备人才团队，进行支持、培养和服务保障，有力引导用人单位发挥引才育才的主体作用，引进集聚和挖掘培养业内认可、国内领先、国际一流的人才团队，推动人才团队支撑、引领、服务重点产业发展。

全面放开毕业生落户限制，筑建自贸港人才“蓄水池”。中共海南省委人才发展局联合省人社厅、省公安厅等七部门印发《吸引留住高校毕业生建设海南自由贸易港的若干政策措施》，允许离校三年内的全日制本科学历及以上的高校毕业生在海南省先落

① 资料来源：中国青年网，记者高蕾，2020 年 9 月 2 日。

户后就业，为自贸港建设培养储备更多自贸港建设急需的青年人才。

持续开展2020年首批面向全球招聘3万岗位人才工作，聚焦三大产业类型、十个重点领域、十二个重点产业发展需要，吸引集聚自贸港建设所需人才，活动持续到目前，网站浏览量已突破300万次，接收简历29.4万份次。

推动人才个人所得税优惠政策落地落实。“对在海南自由贸易港工作的高端人才和紧缺人才，其个人所得税实际税负超过15%的部分，予以免征。”这项政策是《海南自由贸易港建设总体方案》中央给予海南自贸港人才队伍建设的重磅支持，这项政策与国内其他地区相比可以说是独一无二的，与粤港澳大湾区和国际其他自贸港相比也有明显优势。据介绍，该政策适用的对象不仅限于境外高端人才和紧缺人才，对境内高端人才和紧缺人才同样适用，比如，政策规定2025年前个人所得税税负不超过15%，2025年后直接实行3%、10%、15%三档税率，比中国香港、新加坡的税率还要优惠。

我局配合省财政厅、省税务局加快研究，推动国家财政部、税务总局于6月23日出台《关于海南自由贸易港高端紧缺人才个人所得税政策的通知》（财税〔2020〕32号）；通过对照《通知》精神，8月26日印发实施《海南自由贸易港享受个人所得税优惠政策高端紧缺人才清单管理暂行办法》，并召开新闻发布会，面向国内外人才解读享受个人所得税优惠政策。

打造人才服务机制　助力人才留得下

据介绍，海南重点实施“南海系列”育才计划，培养千名以上高层次专业技术、经营管理、农村实用和技能人才。比如，两批次遴选1022名南海名家、南海英才、南海工匠和南海乡土人才，有力调动本土人才的积极性。

同时，聚焦区域协调发展，出台专项试点意见，推行“双放双保”激励机制，放宽招录（聘）条件，明确可以采取组织考察方式公开招聘录用；放宽退休年龄限制，具备一定条件的卫生人才可申请延长至65岁退休；以高待遇保收入，基层教育、卫生人才每月补贴最高可达万元，相当于基本工资的2倍；以双住房保安居，通过建设周转性住房和开发安居性商品房以房引才留才，促进基层人才发展。通过积极开展基层教育卫生人才激励机制改革试点，培养支持基层人才队伍，增强基层人才的获得感和满足感。

王建浩介绍，《关于推进“1+N”人才评价机制改革的实施意见》的制定，突出品德、能力、业绩评价人才的导向，以科技人才、哲学社会科学和文化艺术人才、教育人才、卫生健康人才、技能人才、企业人才、农村实用人才、法律人才、国际人才等9类人才为重点开展分类评价。同时，启动《海南省高层次人才分类标准（2019）》修订工作，结合海南自贸港建设实际，充分体现“以薪酬水平为主要指标评估人力资源类别”要求，将外籍“高精尖缺”人才标准分类纳入海南省高层次人才分类标准，逐步建立起一套符合国际惯例的、相对统一的海南自贸港人才认定体系，根据认定结果提供优惠政策支持和相关服务保障。目前，正推进形成《海南自由贸易港高层次人才分类标准（2020）》送审稿。

海南自贸港在人才服务保障上下足功夫，着力营造宜居宜业的人才环境。据悉，海南自贸港打造了“四个一”人才服务机制，解决人才来琼后顾之忧。王建浩介绍说，一是制定“一系列”服务政策。自习近平总书记发表“4·13”重要讲话以来，海南省先后制定出台人才落户、安居、购房、购车、子女入学、配偶就业、医疗保障等一系列专项政策，为人才来琼提供全方位人才服务保障。二是推行“一站式”服务。围绕为人才提供“一站式”服务，积极打造省、市县、园区三级人才服务“一站式”平台，统一受理人才服务事项，采取“一枚印章管到底”和“一网通办”等有力举措，直接实现人才服务事项不见面审批和高效办结。三是实行“一张卡”服务人才。实施“天涯英才卡”服务制度，高层次人才持卡即可享受出入境、落户、住房保障、子女入学、医疗保健、商事主体登记等11项便捷服务，让高层次人才“一卡在手，在琼无忧”。四是提供“一专员”个性服务。实行高层次人才服务专员制度，为人才提供个性化、精准化服务。在“四个一”人才服务机制带动下，海南省人才服务保障水平明显。

材料2　海南自贸港建设已出台政策文件：人才、教育方面政策①

人员进出自由便利方面

省委人才发展局、省人社厅等部门联合出台《吸引留住高校毕业生建设海南自由贸易港的若干政策措施》(2020年6月19日)。

全面放开对高校毕业生的落户限制，允许离校三年内的全日制本科学历及以上的高校毕业生在海南省先落户后就业，相应享受引进人才落户待遇。

省政府印发《海南自由贸易港外籍“高精尖缺”人才认定标准（2020—2024年试行)》(2020年9月16日)。

省委人才发展局印发《关于开展海南自由贸易港国际人才服务管理改革试点工作的实施方案》(2020年9月21日)。

省内事业单位、国有企业和法定机构可根据需要引进境外人才，按人事管理权限进行报批任命。在省内高校、医院、科研院所和法定机构拿出一定数量专业技术高级岗位和工勤技能一级、二级岗位，开展面向外籍人员招聘工作。

省政府印发《海南自由贸易港境外人员参加职业资格考试管理办法（试行)》《海南

① 资料来源：海南自由贸易港公众号，2021年4月26日。

自由贸易港境外人员执业管理办法（试行）》（2020 年 9 月 21 日）。

取得境外执业资格的境外人员，符合条件并通过技能认定，可直接为海南自由贸易港内企业和居民提供相关专业服务。未取得境外执业资格的境外人员，可自愿在海南自由贸易港参加有关执业资格考试，考试合格并取得执业资格证书后，可在海南自由贸易港就业创业。

省委人才发展局等部门联合印发《海南自由贸易港对境外人员开放职业资格考试目录清单（2020）》和《海南自由贸易港认可境外职业资格目录清单（2020）》（2020 年 9 月 22 日）。

人才引进方面

省委办公厅、省政府办公厅联合印发《海南自由贸易港高层次人才认定办法》（2020 年 9 月 23 日）。

省委人才办印发《海南自由贸易港高层次人才分类标准（2020）》（2020 年 9 月 23 日）。

省委办公厅、省政府办公厅联合印发《海南省有突出贡献的优秀专家奖评选奖励实施办法》（2020 年 9 月 23 日）。

人力资源社会保障部印发《关于支持海南自由贸易港人力资源和社会保障事业创新发展的实施意见》（2020 年 10 月 23 日）。

建设国际教育创新岛方面

省教育厅印发《引进知名高校补助资金管理办法（暂行）》（2020 年 6 月 9 日）。

支持知名高校在琼设立分支机构，补助资金专项用于高校分支机构办学活动，采用负面清单管理。

省委、省政府印发《海南省深化教育教学改革全面提高义务教育质量行动方案》（2020 年 9 月 3 日）。

《海南省加快医学教育创新发展实施方案》印发（2021 年 4 月 6 日）。

案例思考

1. 海南自由贸易港的建设，离不开人才的支撑。海南人才政策应该如何完善才能够让人才“引得进、留得住、用得好”？

2. 有学者说，海南亟须多领域的人才，但是最缺的其实是公共部门的人才，你如何理解这种观点？

3. 海南自由贸易港的建设需要引进国际人才，和中国香港、新加坡相比，海南还存在哪些困难？

案例 3

广东靠什么保持人才“吸力”[①]

第七次全国人口普查数据显示，广东在此次人口普查中揽下多个“第一”：连续 14 年常住人口规模居全国第一；和 2010 年第六次全国人口普查时相比，广东新增人口总量位居全国第一；同时也是港澳台居民和外籍人口居住人数最多的省份。

这些数据背后是广东强大的吸引力和发展活力。如今，越来越多的人选择来到广东、留在广东，在这片改革开放的热土上实现自己的人生梦想。

经济有活力，形成强大吸引力

此次人口普查结果显示，广东常住人口超 1.26 亿，自 2007 年以来，已连续 14 年常住人口规模居全国首位；和 2010 年相比，增加了逾 2170 万人，新增人口总量居全国首位。

十年间，广东增加了一个一线城市的人口总量，这背后是相对较高的自然增长率和庞大的外来人口数量。目前广东尚未公布最新的人口普查数据，但可以从以往数据中窥见一斑。根据广东省统计局发布的数据，2019 年年末，广东出生人口 143.38 万人，自然增长人口 92.38 万人，自然增长率 8.08‰；广东的人口出生率高于同期全国平均水平 2.06 个千分点。

除了自然人口增长，还有大量外来人口流入。“东西南北中，发财到广东”，多年前流行的这句话，如今依然是广东的真实写照。作为全国第一经济大省，广东多项经济指标在全国占据重要位置，无论是经济体量还是发展潜力，都位居全国前列，这些都是广东能够“聚天下英才而用之”的重要原因。

政策有保障，留住更多优秀人才

在广东超 1.2 亿常住人口里，15 ～ 59 岁人口比重占了 68.8%，每 10 万人中拥有大学（大专以上）文化程度的人口数为 15699 人。近年来，越来越多年轻、学历高的人才集聚广东，为广东经济社会发展带来更多活力。此外，数据显示，在广东居住的港澳台居民和外籍人口多达 41.8 万人，居全国首位。

“致天下之治者在人才”。近年来，广东尤为重视人才资源作为第一资源和战略资

---

① 资料来源：《羊城晚报》，记者丰西西，2021 年 5 月 12 日。

源的重要作用，大力实施人才强省战略，先后出台《广东省深化人才发展体制机制改革的实施意见》《广东省培养高层次人才特殊支持计划》《广东省人才优粤卡实施办法》《进一步加强高技能人才队伍建设若干意见》等一系列政策举措，着力于培养和引进优秀人才。近年来，广东通过实施“珠江人才计划”“特支计划”“扬帆计划”等重大人才工程，对外来高端人才形成很大的吸引力。

在各项人才政策的吸引下，广东正形成人才聚集效应。截至2020年10月，全省技能人才达1330万人，其中高技能人才达443万人，均居全国第一，为推动经济高质量发展提供了有力支撑。

目前，广东的人才政策已从最开始的创新创业扶持、重金揽才，转向形成住房保障、配偶安置、子女入学等人才配套服务“组合拳”。比如，广州的“人才绿卡”制度，让骨干人才在不落户的情况下同样享受购房购车、孩子入学等市民待遇。

案例思考

1. 结合案例思考，广东靠什么保持人才“吸力”？值得借鉴的有哪些？
2. 查找资料延伸分析，广东公共部门是怎样进行人力资源管理的？

案例4

建立更加开放灵活的用人机制

材料1 建立更加开放灵活的用人机制——国家公务员局有关负责人就《聘任制公务员管理规定（试行）》答记者问[①]

2017年9月，中共中央办公厅、国务院办公厅印发了《聘任制公务员管理规定（试行）》（以下简称《规定》）。为什么要出台聘任制规定？聘任制公务员管理有哪些具体措施？需注意哪些问题？对此，国家公务员局有关负责人接受了记者的采访。

问：请介绍一下《规定》出台的背景和意义。

答：聘任制是我国《公务员法》的重要制度创新。《公务员法》第十六章对聘任制

① 资料来源：《人民日报》，记者赵兵，2017年09月30日。

作了规定。按照深入实施《公务员法》的要求，2011 年中组部、人社部、国家公务员局制定出台了《聘任制公务员管理试点办法》（以下简称《试点办法》），指导各地区、各部门有序扩大和深化试点。党的十八届三中全会提出，加快建立聘任人员管理制度。按照中央要求，通过总结试点工作经验，我们在《试点办法》的基础上，研究起草了《规定》。2017 年 7 月 19 日，中央全面深化改革领导小组第三十七次会议审议通过了《规定》。

《规定》的出台，体现了以习近平同志为核心的党中央对公务员队伍建设的高度重视，是党的十八大以来公务员管理制度改革的重要成果，是完善选人用人制度、加强公务员队伍建设的重要制度安排。《规定》引入了市场机制，为社会优秀人才进入机关开辟了新渠道。《规定》的实施，有利于党政机关吸引和择优选用专业化人才，提高我国公务员队伍专业化水平，有利于构建更加灵活的用人机制。

问：制定《规定》的总体考虑是什么？

答：《规定》建立了符合我国国情和公务员管理实际的聘任人员管理制度。制定《规定》的总体考虑：一是坚持党管干部、党管人才原则。贯彻党的干部路线方针政策，立足于我国公务员队伍特点和现状，着眼于服务经济社会发展和满足机关用人需求，吸收干部人事制度改革的成果，提高选人用人的开放度。二是坚持依法合规、从严管理。《规定》在《公务员法》和党政领导干部选拔任用管理的有关政策框架内进行制度创新，注重与相关法律法规的衔接，落实中央推动全面从严治党向纵深发展的要求，坚持公开、平等、竞争、择优，坚持监督约束和激励保障并重，提高聘任制公务员管理的制度化、规范化水平，确保聘任工作按照法定权限、条件、标准和程序进行。三是坚持实事求是、改革创新。立足于解决公务员队伍建设的实际问题，聘任制定位于满足党政机关短期急需的高层次专业人才的需求，尊重高层次人才的吸引使用规律，通过合同管理、聘期管理与市场接轨，着力构建能进能出的管理机制，切实发挥聘任制灵活用人的优势，达到提高效率、降低成本的目的。

问：《规定》对规范聘任制公务员管理有哪些具体举措？

答：《公务员法》只对聘任制作了原则规定，《规定》按照于法周延、于事简便的原则，在公务员法确立的框架下，围绕聘任制公务员进、管、出的主要环节作了细化。主要措施有：一是明确了实行聘任制的职位范围。吸收近年来试点机关主要通过聘任制吸引专业性人才的经验，《规定》明确，机关聘任公务员，主要面向专业性较强的职位，确有特殊需要的，也可以面向辅助性职位。二是对职位招聘作了细化。《规定》明确机关聘任公务员一般应当公开招聘，对工作急需、符合聘任职位条件的人选少、难以进行公开招聘的专业性较强的职位，可以从符合条件的人员中直接选聘，并对公开招聘和直接选聘的方式及程序作了细化。三是完善聘任合同管理。《规定》对聘任合同的签订、变更、解除和终止等进行了明确，将公务员管理的相关要求在合同管理中予以细化和体现，充分体现聘任制用人的灵活性。四是规范聘任制公务员的日常管理。《规定》明确了聘任制公务员的考核、续聘、协议工资、社会保险、人事争议处理等，为机关使用和发挥聘任制公务员的作用提供政策依据。

问：聘任制公务员的管理有什么特点？

答：聘任制公务员的管理引入市场机制，用人更加开放灵活，其主要特点：一是合同管理。机关对聘任制公务员的管理主要是依据《公务员法》和聘任合同进行。聘任制公务员根据合同约定履行职责，享受相应的待遇。二是平等协商。在聘任关系确定过程中，机关与应聘人员的地位是平等的。签订聘任合同以后，虽然机关与聘任制公务员已经是行政隶属关系，但双方仍然可以通过协商一致，变更或者解除聘任合同。三是聘期明确。聘任制公务员都有明确的聘任期限，聘任合同期限为一年至五年。聘任期内，聘任人员是公务员。聘任期满，任用关系自动解除，聘任人员就不再是公务员。

问：推进聘任制公务员管理工作需要注意哪些问题？

答：聘任制公务员的适用范围是特定的，是拓宽公务员来源渠道的一种重要补充形式，不是用来替代其他来源渠道。要坚持公开招聘为主，严格程序和条件，对直接选聘要加强监督。按照《规定》，专业性较强职位上的聘任制公务员，符合条件的可以转为委任制公务员。这是一项增加职位吸引力的政策，但要从严把关，避免执行制度的走形变味。实施工作要把握好节奏，结合本地区本部门实际，具体情况具体分析，根据工作需要适时有序开展，确保取得实效。

材料 2 全国多地探索聘任制公务员①

党的十九大报告提出“建设高素质专业化干部队伍”，这为深入推进公务员管理制度改革、优化公务员队伍结构、激发公务员队伍内在动力指明了方向。近年来，全国多地围绕聘任制公务员开展了相应的探索和尝试。

① 资料来源：《浙江日报》，编辑熊宪斌，2020 年 6 月 18 日。

青岛：引入第三方评价

2020 年，青岛市市北区开展聘任制公务员试点，计划选聘城市治理大数据高级职员。当地通过借鉴考核评价高层次人才的方法，运用市场化手段引入第三方评价，聚焦用人单位需求，通过构建素质模型、开展潜力测评、参考外部专家评价等手段，精准反映岗位所需和个人具备的核心能力素质，多维度综合考量聘任制公务员的工作实绩和适岗程度，为聘任单位使用和个人发展提供有效依据，有利于聘任制公务员更好地发挥专业优势效应，实现“双赢”。

上海：协议年薪、一职一薪

2019 年 12 月，上海市委组织部（市公务员局）、中国（上海）自由贸易试验区临港新片区管委会决定面向海内外公开招聘离岸业务研究员、智慧城市研究员、国土空间规划师、企业上市推进专员、水务总工程师等 5 名聘任制公务员，聘期 3 年。聘任制公务员实行协议年薪、一职一薪等工资政策，综合考虑市场同类人员和应聘人员的资历、能力，通过与应聘人员协商的方式确定工资，年薪为 50 万～ 80 万元人民币。

舟山：紧缺职位引入“猎聘”模式

2018 年 3 月，舟山发布聘任制公务员招聘公告，推出的紧缺职位在通过网络公开报名的同时，舟山市公务员主管部门还主动与人才猎头企业进行广泛的合作对接，尽可能扩大目标人才的选择范围。在测评方法上，实行专业素质评估与专家面谈相结合，为灵活高效引进优秀人才提供了可能。最终入职的 8 名聘任制公务员，大多来自猎头企业的牵线搭桥。

材料 3　雄安新区“一律聘任制”迈出人事改革第一步①

2017 年 9 月 10 日，雄安公众号发布消息称中央新闻媒体采访团赴雄安新区集中采访。雄安新区用人制度将有重大创新，通过体制机制创新，集聚全国乃至全世界的人才和智慧到雄安新区，并让人才引得来、留得住、发展得好。

新区将不拘一格选人才，一律实行聘任制。这可以说是本次雄安新区发布消息的最大看点。公务员、高校毕业生、社会自然人、工人、农民，只要是新区需要的人才，都欢迎。在笔者看来，雄安新区无疑要种好人事改革“试验田”，通过先行先试为人事

① 资料来源：千龙网，责任编辑倪恒虎、作者隔山，2017 年 9 月 10 日。

制度改革提供经验。

现今改革发展已进入关键阶段，而不管是创新、协调发展，还是绿色、开放发展，或是共享发展，首先必须发展人才。雄安新区建设也不能例外，人力资源和人才管理是关键。而在现有的人事管理制度下，一是受编制制约，人才引进模式僵化，要么是急需的人才引进不了，要么是引进的人才因能力得不到发挥和重用而选择放弃离开；二是受同工不同酬的影响，人才如走马灯式地频繁变动，难以留住人才。笔者认为，一律实行聘任制，无疑是打通了人才引进和留住人才的通道，也体现了能者多劳、多劳多得的分配原则。

一律实行聘任制打破了长期以来的编制束缚。众所周知，聘任制是以合同的形式确定单位与职工基本人事关系的一种用人制度。两者的关系是合同聘用关系。就雄安新区而言，需要什么人才完全取决于新区建设所需、新区发展需要，按岗位需求为聘用人员设置条件和人数，而不再考虑所聘用人员的编制问题，更不用担心新区编制是否满员，也无须随时向上级人事部门申请编制。如此一来，在选人用人上更具灵活性，也利于人才引进和正常退出机制的完善。人才管理这一从身份管理向岗位管理的转变，将彻底解决人才配置不合理、人才利用率低下、人才流失严重等一系列问题。

一律实行聘任制破解了同工不同酬的难题。没有了编制影响的用工制度，也就没有了编制内外的区分，这无疑开启了同工同酬的大门，有效规避了一些部门单位长期存在的男女同工不同酬、不同身份同工不同酬、不同部门或行业同工不同酬、同一单位内的同工不同酬等现象。通过聘任制，破除一些部门单位长期存在的"终身制"，实现收入分配的公平、公正，让真正有才能的人愿意进、留得住。既有利于人才的引进以及人才积极性的发挥，又维护了《宪法》赋予劳动者的基本权利。

虽然人事制度改革远非解决"编制"和"同工不同酬"的问题，但雄安新区的"一律实行聘任制"确实是走出了坚实的第一步，为社会期盼已久的人事制度改革点燃了星星之火，其在先行先试中将为这一改革积累经验。

材料 4　最高 80 万年薪招聘聘任制公务员①

2019 年 12 月，上海市委组织部（市公务员局）、中国（上海）自由贸易试验区临港新片区管委会决定面向海内外公开招聘聘任制公务员 5 名，面向全国公开遴选和公开选调公务员 30 名。

其中，面向海内外公开招聘 5 名聘任制公务员，包括离岸业务研究员、智慧城市

① 资料来源：上海市公务员局网站，2019 年 12 月 2 日。

研究员、国土空间规划师、企业上市推进专员、水务总工程师 5 个职位，聘期 3 年。聘任制公务员实行协议年薪、一职一薪等工资政策，将综合考虑市场同类人员和应聘人员的资历、能力，通过与应聘人员协商的方式确定工资，年薪为 50 万～ 80 万元人民币。

面向符合条件的在职公务员及参照《公务员法》管理的机关（单位）工作人员公开遴选公务员 28 名（含副处长职务 2 名），面向符合条件的国有企业、高等院校和科研院所工作人员公开选调公务员 2 名（均为副处长职务）。

公开招聘程序包括网上报名、资格审核、考试测评、考察公示等环节。有意向的报考人员可于 12 月 5 日至 11 日登录“2019 年中国（上海）自由贸易试验区临港新片区管委会公开招聘专栏”查询相关信息并报名。

公开遴选和选调程序包括网上报名、资格审核、综合比选、考察公示等环节。报名采取个人意愿与组织推荐相结合的方式进行。有意向的报考人员可于 2019 年 12 月 5 日至 11 日登录“2019 年中国（上海）自由贸易试验区临港新片区公开遴选和选调专栏”查询相关信息并报名。

材料 5　江西试水公务员聘任制释放“鲇鱼效应”，激活公务员队伍一池春水[①]

牵头打通政务服务“一网通办”市级自建系统；核定缩减新建政务系统资源需求量 60% 以上，一年节省财政资金近 200 万元……这是赣州市行政审批局聘任制公务员程功勋入职以来交出的成绩单。

2020 年 7 月，赣州市发布公告面向社会公开招聘聘任制公务员，标志着江西省试水公务员聘任制工作启动。2021 年 4 月，经过一系列严格聘用程序，最终 3 人成功签约入职赣州 3 家单位，成为江西省首批聘任制公务员。近日，记者从赣州市委组织部了解到，履职这一年，3 名聘任制公务员均较好地完成了合同规定的职责任务，交出了优异成绩单，实现了“引进一个，带动一片”的良好效果。

“入职以来，刘建春充分发挥其专业特长和经验优势，在平台建设、招商引资、项目服务等方面尽心竭力，为推动赣州新能源汽车产业提档升级贡献了自己的力量。”赣州经开区新能源汽车发展办公室主任温世伟对去年入职的聘任制公务员刘建春赞不绝口。

“聘任制公务员如同鲇鱼，激活了公务员队伍的一池春水。他们与委任制公务员同

① 资料来源：《江西日报》，记者邱辉强，2022 年 7 月 8 日。

台竞争，不仅起到了示范引领作用，还带动了用人单位的思想解放和观念更新。”赣州市委组织部相关负责人介绍，首批 3 名聘任制公务员视野开阔、专业能力强、工作作风好，岗位契合度高，助推了一个单位甚至一个城市相关领域的发展，取得了良好的经济效益和社会效益。

如何释放聘任制公务员的“鲇鱼效应”？选好“鱼”是关键。赣州市坚持因需设岗、因岗用人，聚集金融、稀有金属、电子信息等产业发展急需的紧缺专业人才，通过聘任方式解决制约地方发展的人才瓶颈问题，让专业的人干专业的事。在确定聘任对象的过程中，每一名应聘人员都经过层层筛选，不仅要看其专业水平、实战能力，还要考察其政治素质、品德修养等，确保选进来的人德才兼备。

如何让“鱼”欢快畅游？“水环境”是重点。赣州市突出“契约为重、以绩定效”原则，用合同约定双方的职责义务等事项，3 名聘任制公务员指导薪酬均在每年 40 万元至 50 万元之间，还可同时叠加享受赣州市人才引进政策；对连续五年表现优秀、实绩突出的聘任制公务员，经报省级以上公务员主管部门批准，可以转为委任制公务员。此外，用人单位还通过搭建好干事创业平台、提供优质服务等措施，让人才愿意来、留得住、能出彩。

35 岁的杨硕是山东郓城人，曾在江苏泰州医药高新区管委会招商中心任职，去年 4 月受聘为赣州市卫健委四级高级主管。他说，医药健康产业是赣州市“1+5+N”的主导产业之一，发展势头强劲，为自己发挥专业才干提供了广阔舞台。为了安心投入工作，杨硕已经在赣州买了房子，准备把家人接来一起生活。

“实践证明，我省试水公务员聘任制是机关拓宽选人用人渠道的一次成功探索。”江西省委组织部相关负责人表示，下一步，江西省将围绕建设高素质专业化公务员队伍，继续推进公务员聘任制工作在全省各地开展，不断完善招聘、管理、考核、使用等机制，吸引更多高层次专业人才投身于全面建设社会主义现代化江西新征程，让人才成就江西，让江西成就人才。

材料 6　四川 2020 年拟聘 70 名聘任制公务员，年薪可达 45 万元①

2020 年 7 月 9 日，记者从省委组织部获悉，为进一步健全用人机制，拓宽选人视野，优化队伍结构，满足机关吸引和使用优秀人才需要，近日，省委组织部印发文件，对全省首次联动开展聘任制公务员招聘工作做出部署，全省各级机关 2020 年拟面向社会公开招聘 70 名聘任制公务员，年薪可达 45 万元。

① 资料来源：《华西都市报》，记者钟振宇，2020 年 7 月 9 日。

这次招聘工作紧贴为新时代推进西部大开发形成新格局、建设成渝地区双城经济圈、实施“一干多支”“全域开放”战略布局提供坚强有力人才支撑和组织保障的需要，引进急需紧缺的高精尖专业人才；紧贴决战脱贫攻坚、决胜全面建成小康社会需要，在阿坝、甘孜、凉山州探索通过聘任制方式引进具有低替代性的应用型专业人才，进一步激发人才助推脱贫攻坚的强大活力，为改善区域深度贫困落后面貌提供持续智力支持。

为进一步加强宣传动员、确保好中选优，除网络、现场报名外，省委组织部将择机组织有关省直机关和市（州）到人才相对集中的高等院校、科研院所、大中型企业等开展宣讲并发动相关单位组织推荐报名人选。对于工作急需、符合聘任职位条件人选少、经广泛动员后仍难以形成有效竞争的专业性较强职位，经省委组织部批准，可按规定程序从符合条件的人员中直接选聘。分级分类开展笔试、面试、考察，赋予用人单位更大权限，重点测查应聘人员的专业素养、业务能力和岗位匹配度，更加侧重考察用专业知识解决实际问题的能力。

这次招聘工作鲜明突出政治标准。按照高素质第一位是政治素质要高的要求，坚持党管干部、党管人才原则，将政治要求贯穿招聘全过程、各方面。把应聘人员应当拥护《宪法》、拥护中国共产党领导和社会主义制度、具有良好的政治素质和道德品行等条件作为拟聘人员的基本条件。突出对政治信仰、政治立场、政治意识等的考察测查，政治上不合格的，坚决“一票否决”。

据介绍，这次聘用制公务员待遇高于委任制公务员，除底薪和五险一金外提供目标绩效，年薪可达 45 万元。对在专业性较强的职位上表现突出、做出显著成绩和贡献、工作长期需要的聘任制公务员，聘期满 5 年，年度考核结果均为称职以上或者聘期考核结果为优秀的，经省委组织部批准，可转为委任制公务员。除薪酬提升、职业规划外，鼓励各用人单位从制度探索、平台搭建等多方面持续发力，多维度激励优秀专业人才主动担当作为，积极干事创业。招聘公告将于近日集中发布，有意者可关注四川组工网。

案例思考

1. 结合案例思考，聘任制公务员和普通公务员有什么区别？实施公务员聘任制能带来哪些变化？

2. 结合实际思考，公务员聘任制实施的背景是什么？公务员聘任制能否打破“铁饭碗”？

3. 怎样对聘任制公务员进行绩效考核？与传统的公务员评价体系是否相同？

4. 公务员聘任制改革是我国行政管理体制改革的重要一环，也是运用法治思维和法治方式实现政府自我管理的重要手段，只有统筹思考，与其他改革一体推进，才能实现改革手段与目标的相得益彰。怎样理解这段话？

第十一章

电子政务与数字行政

电子政务的概念一般是随着时间推移而不断优化的。不同于传统的政府政务和电子商务，电子政务通常指的是政府机关利用互联网通信技术，将时间、空间以及条块分割的限制打破，优化整合政府机关管理服务职能，巩固对政府的监督，提高工作效率，为人民群众和企事业单位提供高效率、高品质的持续综合管理与服务。[①]“十三五”时期，我国电子政务政策环境持续优化，国际认可度不断提升，网上政务服务供给能力持续改善，政务信息资源开发利用深入推进，企业和群众的获得感不断增强。我国电子政务取得了历史性的成就：政策环境持续优化，国际排名大幅上升，网上政务服务能力和水平持续提升，政务信息资源开发利用深入推进。[②]

电子政务的构成要素包括“谁构建（即主体）”“构建谁（即客体）”“在哪构建（即环境）”。电子政务的主体是政府与技术提供方，电子政务的客体是政府，电子政务的环境是信息网络技术。[③]信息网络技术是实现电子政务的技术支撑，也是其运行的环境与条件。信息网络技术的稳定性对电子政务的正常运行会产生直接影响，包括运行的畅通度、交互的速度等；另一方面，信息网络技术的安全性对电子政务的安全运行也起到至关重要的作用。[④]

电子政务的主要内容包括：①政府从网上获取信息，推进网络信息化；②加强政府的信息服务，在网上设有政府自己的网站和主页，向公众提供可能的信息服务，实现政务公开；③建立网上服务体系，使政务在网上与公众互动处理，即“电子政务”；④将电子商业用于政府，即“政府采购电子化”；⑤充分利用政务网络，实现政府“无纸化办公”；⑥政府知识库。

联合国《电子政务测度：全球透视》报告中，将电子政务的发展阶段划分为：①网上初现阶段，“政府有什么就提供什么”；②增强出现阶段，“公众需要什么，政府就提供

① 颜磊. 服务型政府视角下的电子政务研究 [J]. 信息系统工程，2021（10）：111-113.

② 李季.“十四五”期间电子政务发展趋势展望 [J]. 行政管理改革，2020（11）：4-9.

③ 陈朝东. 电子政务服务的要素、本质与特征探究 [J]. 行政与法，2022（4）：25-34.

④ 李建华. 新型电子政务及其安全保障技术 [J]. 上海交通大学学报，2018（10）：1370-1381.

什么”；③交互出现阶段，政府与公众可以进行双向、动态的信息交互；④在线处理出现阶段，实现在线式的业务处理；⑤网络化评估阶段，政府实现电子化治理的阶段①。

电子政务的作用如下。

一是提高政府的行政效率，降低行政运行成本。传统的政府结构特点是部门林立、条块分割、等级森严，行政信息流通渠道不畅，信息处理手段落后，行政效率低下。电子政务的实施，改变了政府信息的传递方式，克服了各种物流阻碍和组织障碍，部门协作得到加强，政府运作程序和办事流程得到简化，提高了政府管理能力。同时，电子信息技术的运用为政府进行管理提供了方便，政府获得了更快的信息处理工具，降低了信息传递的时间成本和人力成本，改变了传统的靠人脑和纸质文件传递信息所消耗的时间成本和其他成本，将公务人员从常规的事务性工作中解脱出来；利用计算机来处理各种信息，比传统的处理纸质文件速度更快、更方便和灵活。面对纷繁复杂的信息，能够做出快速灵活的反应，从而使政府更加精干高效。网上数字政府的建立，大大简化了行政运作的环节和程序。

二是促进政府职能的转变。当下电子政务已成为世界各国政府行政管理改革的重要方向。②政府可以通过网络为社会提供平等公平的信息资源和快捷、周到的服务，如政府信息的查询、企业登记、养老金发放等，通过使用电子信息技术不断优化政务服务，抓住人民最关心最直接最现实的利益问题，大力保障和改善民生，促进社会公平正义，电子政务的运用可以从技术层面为民众提供一个有效的表达诉求、与政府沟通的平台。同时，电子政务传输信息速度快，极少出现信息失真问题，最关键的是信息获取与反馈更为迅速，民众表达意见的渠道更为便捷，③让人民群众有更多获得感、幸福感、安全感，依托电子政务加快服务型政府的建设。

三是增加了公共管理的透明度。在传统社会，由于政府是法律法规的制定者、信息的掌控者，政府处于信息优势地位，再加上民众获取信息的渠道有限，获得信息的成本也很高，因此民众在面临涉及自身利益的问题时无力去获得信息。而信息社会的到来，特别是互联网信息技术的运用，使得信息交流与传递的成本大大降低，人们获取信息的渠道增加了，政府想要保持对信息的垄断变得越来越困难。电子政务的实施打破了政府对信息的垄断，为公民平等参与社会公共事务的管理创造了平台和机会，扩大了公民的参与权，同时也使政府暴露在公众面前，提高了政府管理的透明度。

相比电子政务，我国数字政府的内涵可归结如下：在党的集中统一领导下，以推动国家治理现代化为出发点，强化技术嵌入和数据赋能，推动数据按需有序共享和政

---

① 陈群民. 打造有效政府——政府流程改进研究 [M]. 上海：上海财经大学出版社，2012.

② 黄璜，成照根. “互联网 + 监管”：政策演变与模式划分 [J]. 电子政务，2019（7）：68-78.

③ 陈玉妹. 电子政务在服务型政府构建中的作用与实施策略 [J]. 投资与创业，2022，33（1）：208-210.

务流程优化，从“碎片化”管理走向“整体型”治理，实现政务部门高效协同、数据要素活力充分释放、网上服务一张网供给、社会治理精细运转、公共参与积极有序、决策支撑精准高效、基础保障安全可管可控的政府运行新形态[①]。

数字政府具体包括三个方面的变革：第一个转变是观念上的转变，通过运用电子和信息技术，将政府政务进行数字化转型，这是对原有思维方式的一种变革，它不仅仅需要技术上的支持，还需要部门之间的协同与合作。第二个转变是流程的变革，传统政务流程的复杂性与政府的结构有关，适应扁平化和并行化，数字政府通过运用信息技术，推动信息技术协同服务的开展，实现从过去“办事跑政府不同部门”，到按事务流程解决的转变。第三个变革是业务数字化变革，传统的电子政务存在“信息孤岛”现象，数据采集难度大、质量不高，限制了大数据在电子政务方面的发展。未来电子政务的发展离不开业务数字化，政府的业务越来越需要数据资源的支撑，通过业务数字化变革，可以打破“信息孤岛”，将分散的数据和信息联系起来，形成一定的数据价值。

数字政府以新一代信息技术为支撑，重塑政务信息化管理架构、业务架构、技术架构，通过构建大数据驱动的政务新机制、新平台、新渠道进一步优化调整政府内部的组织架构、运作程序和管理服务，全面提升政府在经济调节、市场监管、社会治理、公共服务、环境保护等领域的履职能力，形成“用数据对话、用数据决策、用数据服务、用数据创新”的现代化治理模式。

数字政府对推进国家治理现代化起着重要作用，数字政府对国家治理现代化的作用和意义在于，它使政府决策科学化、社会治理精准化、公共服务高效化、政府治理民主化，还在许多方面使腐败的产生失去了条件。[②]

案例 1

数字政府建设

材料 1 推行电子居住证首日 过千名广州街坊申领[③]

2022 年 6 月 1 日起，广州在全市范围内全面推行广东省电子居住证，实现申领、

① 翟云. 数字政府替代电子政务了吗——基于政务信息化与治理现代化的分野 [J]. 中国行政管理，2022（2）：114-122.

② 周文彰. 数字政府和国家治理现代化 [J]. 行政管理改革，2020（2）：4-10.

③ 资料来源：新快报新闻 . 记者庄嘉宝、林钢威，2022 年 6 月 2 日。

签发、使用全流程数字化管理。记者从广州市公安局获悉，截至6月1日16时，全市已累计受理群众申领广东省电子居住证1204宗，今年预计将有约140万在穗流动人口可通过“粤省事”“粤居码｜粤治安”微信小程序端申领电子居住证。

与实体证具有同等法律效力

记者了解到，流动人口在广东省内居住地办理居住登记已满半年，符合合法稳定住所、合法稳定就业、连续就读等三个条件之一的，可以申领广东省电子居住证。流动人口通过扫“粤居码”葵花码，或通过“粤居码｜粤治安”微信小程序，经认证登录后，填报（关联）常住地址，经屋主或民警、网格员确认后，完成居住登记申报并领取“粤居码”。

持有“粤居码”满半年，通过政务数据核验符合申领居住证条件的，小程序自动推送申领提醒信息，且可免材料申办居住证。居住证每年签注一次，在居住地连续居住的，在居住每满一年之日前一个月内，系统会自动提醒到期签注居住证。群众可通过“粤省事”“粤居码｜粤治安”微信小程序办理电子居住证申领和签注等业务。

广东省电子居住证所记载信息与实体证相同，且具有同等法律效力。广东省公安机关通过“粤省事”“粤居码｜粤治安”等微信小程序提供广东省电子居住证申请、签注、亮证等服务。在公安、人力资源社会保障、卫生健康、司法、民生、就学就业等省内各政务服务办事场景，群众可使用电子居住证或居住证实体证。

最快半小时审核通过

昨日，新快报记者来到广州市海珠区琶洲街政务服务中心，现场有成功试饮“头啖汤”的办证市民向记者出示了自己的电子居住证。“我在网上看到今天可以申领电子居住证，就立马请了半天假过来了解情况。”来自重庆的李春燕告诉记者，比起传统的居住证，电子居住证办事更加方便。“之前我的小孩上学报名需要我的居住证，但当时我不小心遗漏在重庆老家，只能拜托亲人邮寄过来，耽误了几天，非常不方便。”李春燕在工作人员的指引下，在“粤省事”小程序点击“户政（治安）”，在“申领居住证”页面按照要求上传纸质住房合同和身份证等资料，20分钟左右就办理成功了。“办理电子居住证只需要自己在手机上操作，以后就不需要请假亲自来窗口了，外出办事只要在手机上出示证件就可以了。”李春燕还表示，回家后会教家人一起申领电子居住证。

除了便利市民办证流程，电子居住证还减轻了基层窗口现场办理、证件制发等工作压力。“以前办理居住证，群众需要携带身份证、租房合同等资料来窗口登记，登记满180天后再来办理居住证，我们受理后在10个工作日内出证。”琶洲街出租屋服务管理中心工作人员曾观智介绍道。“现在办理电子居住证，市民只需要自己在家上传相关材料，我们在网上审核，最快半小时就能通过。”他表示，市民上传的材料会即时同步到系统后台，工作人员会争取当日申请当日审结。

材料 2　数字政府广东样本：数据到云上　市民好省事[①]

到“云”上去！一场大规模的“迁徙”正在广东紧锣密鼓地进行。近日，广东潮州举行“数字政府”战略合作框架协议签订仪式，并对外透露，正全力推动地市非涉密政务信息系统迁移上云。而早在 2019 年年初，广东省民政厅召开政务信息系统接管及迁移上云工作启动会，提出将在年中将所有需迁云系统迁移上云。

近来，广东“数字政府”基础设施集约化水平变得越来越高，更多的数据来到“云”上，替群众、企业等“跑腿”，让老百姓享受到了实实在在的便利。

省直单位向“云”冲刺

政府部门向“云”冲刺，与广东“数字政府”改革建设有关。根据广东 2018 年年底发布的《广东省“数字政府”建设总体规划（2018—2020 年）实施方案》，广东将分批次推进省直部门政务信息系统接管工作，逐步实现省直部门政务外网和地市非涉密业务系统迁移上云。

上云有什么用？很多原本没有上云的省直单位，虽有各自的信息系统，但容易导致“数据孤岛”的形成。通过迁移上云，可使相关系统性能及运维质量得到提升，并且众多业务数据可在云上实现汇聚与共享。如广东电子证照系统、广东省妇幼信息网、广东省地理信息公共服务平台等一批关键政务信息系统，都因此受益。除了该项工作，广东还通过推进统一政务云平台应用和政务外网应用，来提升广东“数字政府”基础设施集约化水平。

记者获悉，截至目前，在广东省政务服务数据管理局的指导下，数字广东网络建设有限公司（以下简称“数字广东”）已派员对接了 57 个省直单位，共梳理出 500 多个可迁移上云的系统，其中近 300 个系统已迁移上云。

许多地市也成效显著。肇庆市政府副秘书长、市政务服务数据管理局局长王诗军表示，通过推进云网建设和构建统一的数据标准体系建设，肇庆提升了基础设施集约化水平，也推动了政务信息资源整合共享。据介绍，去年 9 月“广东政务服务网”肇庆专区在与“广东政务服务网”同步上线时，网办对账表和保障业务数据可在 2 小时内，将办事过程数据上传到前置服务器。

---

① 资料来源：金羊网，作者马化展、肖隆辉，2019 年 7 月 4 日。

数据上云服务下沉

“数据上云、服务下沉”是广东“数字政府”改革建设的主线。很多人或许明白“服务下沉”的意义，但“数据上云”是如何让广东老百姓省心省事的？大家未必清楚。

让数据替百姓“跑腿”。“广东政务服务网”高级产品运营经理吴志浩以办理事项过程中的结婚证举例，解释“数据上云”带来的好处。他说：“把结婚证做成了电子证照，对用户来说无须再拍照上传；对审批人及其单位来说，证件真伪由民政局负责，他们无须存储照片信息。”

在“数据上云”基础上对流程进行优化，也能让用户享受便利。“粤省事”高级后台开发工程师黄建昌介绍，广东很多地市有关社保卡的民生服务事项原本不尽相同，在打通接口后能展示的内容也不一样，因此要对流程进行优化再造，包括变得更加标准化。如此梳理一番，部分异地办理社保的群众可免去异地办理相关事项的奔波。“粤省事”社保方面除了身份凭证、信息记录、自助查询等功能外，还在优化增加新的功能。如在广东省人民医院就医，市民可以在线扫码医保支付。

超千企业联合发力

广东“数字政府”的建设，表面上可见的是一项项便民服务的推出，但其背后需众多企业联手共建，才能让“数字政府”越来越懂民情、为民解忧。

数字广东是广东“数字政府”改革建设的建设运营中心，由最大投资方腾讯搭建数字化平台；同为股东的三大运营商及重要合作伙伴华为，在运营服务、数据管理、基础设施等方面做出很大贡献。“广东政务服务网”和“粤省事”等就由他们联手建设。

除此之外，还有一大批合作伙伴为此努力。例如：提供信息系统集成等服务的广州中大凯旋电子科技有限公司，承接了有关不动产登记云服务、施工许可云服务等方面的业务；打造“数字政府”大数据可视交互管理系统的北京光启元数字科技有限公司，将政务大数据中心繁杂的数据进行实时化、场景化管理。光启元 CEO 张果介绍说：“大数据管理能让政府部门和数字广东等更直观地了解用户需求，从而做出相应改善，使得产品更好地服务于用户。”

据数字广东生态合作中心负责人黄妙玲介绍，政务大数据平台上有多家专业大数据合作伙伴参与研发；数字广东的明星产品“粤省事”，有超过 100 家合作伙伴参与了前端及后端的开发；而“广东政务服务网”也有超过 10 家合作伙伴共同参与。

数字广东提供的数据显示，截至 2022 年 6 月，注册成为数字广东合作伙伴的企业已经超过 1100 家，他们分别是优秀的应用开发商、大数据厂家、系统集成商、咨询规划商等。

在提升广东“数字政府”基础设施集约化水平方面，目前数字广东已派员对接了57个省直单位，共梳理出500多个可迁移上云系统，其中近300个系统已迁移上云。

广东“数字政府”企业生态圈还将扩容

如何做大做强广东“数字政府”企业生态圈，使得各行各业对广东“数字政府”改革建设的助推效果最大化，对产业链发展带动作用最大化，是目前“数字政府”建设需要持续探索和不断完善的课题。

浪潮集团是数字广东的合作伙伴之一，有意更深入地参与广东电子政务市场。不久前，浪潮2019云数智中国行·粤港澳大湾区技术与应用峰会在广州举行。其执行总裁王洪添表示：“现在很难有一家公司能够把所有的业务接通，包打天下。数字政务市场尚在初级阶段，合作大于竞争，浪潮愿意与同行携手合作共同推动‘数字政府’改革建设。”

企业在助力打造“数字政府”，而广东这场声势浩大的变革也在推动着数字经济向前发展。光启元CEO张果表示，广东“数字政府”改革建设助推相关产业的发展，加快数字经济发展脚步，也扩大了电子政务市场规模。

“从过去以商务关系主导转变为以技术主导”。黄妙玲表示，广东的改革还要使行业生态圈得到良性发展，目前数字广东正招募新的合作伙伴，希望与合作伙伴联合推出行业解决方案，更好地服务行业客户；也希望通过核心能力的融合，共同提升竞争力，更好地服务广东“数字政府”改革建设，共建开放、合作、共赢的生态圈。

“参与广东‘数字政府’改革建设的企业，充分运用互联网思维及政务云的优势等，推动广东‘数字政府’改革建设发展，也在一定程度上促进参与其中的企业发展。未来，广东可考虑推出明确的管理办法及对生态圈企业做出更加明确的定位，力求更加规范、公平，从而形成更好的产业协作关系。”华南师范大学教授、广东重大专项云计算与大数据主任范冰冰说。

材料3　智慧锦林①

在锦林区社会治理综合指挥中心，一块巨大的显示屏实时显示着交通、餐饮、环境等领域的几十个监控场景，每个场景的运行都配有详细的数据和指标。这个集管理、执法、服务于一体的“智慧锦林”综合平台是锦林区社会治理的中枢神经。它可以通

① 资料来源：《2020年国家公务员考试申论真题（地市级）》，2020年5月21日。

过网格巡查、视频监控、无人机巡防、移动终端接受举报等多种手段，对公共秩序、公共环境、公共安全等相关问题进行巡查，“触角”延伸至辖区的每一个角落。

“触角”的末端，除了智能设备，既有各部门下沉到基层的工作人员，也有街道社区干部、网格管理员，还有使用专门App的市民。区委李书记介绍，通过“智慧锦林”综合平台，锦林区打造了部门联动、街道配合、群众参与的机制，实现了以指挥中心为圆心，以网格责任体系为基础，以全方位快速响应队伍为力量的社会治理共建、共治、共享新格局。

专门的App里，设置有水、电、气、物业等多种生活缴费功能，并提供养老金、老年证、低保申请等常用便民服务咨询与网上办理服务。在“锦林群众”栏，设有“你是我的眼”平台，提供违法、违规及扰民行为的举报渠道及奖励方式；而在“政民互动”栏，则有市民关于入学、物业、环境卫生等各方面的诉求，以及相关单位的具体答复和联系人等内容。指挥中心王助理介绍，在平台上，大到环境整治、食品安全、治安防控、物业纠纷，小到车辆违停、占道经营等各类杂事烦事，群众都可以上来反映，通过App实现信息源头全覆盖。

网格员童大姐每天都会巡察自己负责的网格，并上报各种情况。通常情况下，这些事由网格员发现并处理。“在我们这儿，小事不出网格，大事不出社区。”童大姐自豪地说，“网格员就像社区客服，有求必应。我处置过群租扰民、违规占道等好多事情，也举报过安全隐患、河道污染等问题。”像童大姐这样的网格员，在锦林区共有五百多名。这是一支充分发动各社区党员、志愿者，按照“一格一员”原则组建的专兼职队伍。“主动发现的问题多了，市民的投诉也就少了。”王助理说，“平台上70%的问题信息是由网格员上报的，问题隐患可以在第一时间被发现、处置、解决，改善了源头发现和前端处置能力。”

初夏，新开业的德嘉酒店将空调外挂机组安在锦绣小区绿地，噪声扰民严重。居民举报当日，酒店经理满口答应整改，却迟迟未见行动。举报的第四天，指挥中心启动共治机制，通过平台通报，区综合执法局、园林局、派出所和街道办事处等组成联合执法队，进行联合执法。在处理现场，联合执法队查看了酒店规划设计图，指出“空调外挂机组占用绿地并不在规划之中，属非法占用绿地”，责成其立即整改。经过一个月的施工，原本想拖过夏季再做改造的酒店方将机组搬到了酒店楼顶。

“办案中，3天内属于社区端自治机制，尽力将问题在社区、网格员、居委会、物业、业主委员会协同自治层面处置。对自治无效的，4天后启动‘大联动’执法共治机制，打破了社区工作人员单打独斗处理问题的困难局面。”社区马书记说，“过去解决这些难题时，协调过程复杂、耗时长，现在通过综合平台的应用，实现了‘平台一吹哨，大家来报到’的智能化联合管理。”执法中队队员小方同样也感受到了变化：“现在和‘大联动’小分队一起处理案件，执法过程顺利多了，也能实实在在帮老百姓解决问题。”

“2018 年，我们经过对举报数据的长期观察，发现餐饮行业的油烟污染是市民反映的热点、难点问题。”王助理说。研判数据提交后，区政府多次召开专题会议研究部署，在餐饮行业集中的街道，开展绿色餐饮示范街区建设。“在综合平台，大数据的运用无处不在。针对居民诉求较多的问题，指挥中心工作人员定期分析研判，为政府提供决策依据。”区综合执法局吴局长说。平台借助视频天眼系统，利用 1000 多个摄像头对关键点区域进行不间断监控，抓拍采集油烟污染线索，及时取证，第一时间将数据下派执法队员查处。此外，还利用无人机反应迅速、覆盖范围广、无死角监控等特点，对餐厨油烟、焚烧垃圾、锅炉黑烟等问题进行空中取证，形成了平台化、科学化、效能化的管理与执法常态，有效解决了空气污染环境违法难管、难罚的问题。

案例思考

1. 上述三则材料提到了哪些推行电子政务的方法或者手段？
2. 结合上述材料，简述推行电子政务和数字政府的优点。
3. 推行电子政务和数字政府相比于传统政府办事流程有哪些不同之处？

案例 2

“一网通办”——方便群众和架起“经济走廊”

材料 1　“一网通办”：城市云端的速度与温度①

2018 年 10 月 16 日深夜，贝聿运望着窗外的万家灯火，思绪难平。

App 程序稳定吗？页面会闪退吗？市民体验流畅吗？这位应用开发部部长打开电脑，把已经检测了无数次的程序又运行了一遍。工作群里，他的同事——上海市大数据中心的技术团队和管理团队，几乎所有人都在线。他们在等待，信心满满又遐思迩想。

这注定是个不眠之夜。天亮时，经过新一轮改造升级的上海“一网通办”总门户将正式上线，上海所有市民和企业将迎来一个“办事像网购一样便利”的时代。一场

① 资料来源：《光明日报》，2019 年 12 月 2 日。

围绕“以人民为中心”的政务改革，将从他们创建的这朵“政务云”出发，延伸到城市的寻常巷陌。

上海市大数据中心是“一网通办”的中枢神经，它通过重新布局整合的电子政务系统，为神经末梢——上海全市所有行政服务中心、所有社区事务受理中心提供数据支撑，最终将便利而人性化的服务送到企业法人手上，把政策的善意传导至群众心里。

潮起黄浦江，上海再领航。一条政府服务全生态链，从此贯穿社会治理体系和治理能力现代化进程，为智慧城市的高质量发展涵养内功、激发潜能、汇聚创新力量。

这场刀刃向内的改革是首创，在世界范围内无更多经验可借鉴。“排头兵”只有义无反顾，在社会发展激流中摸着石头勇敢地往前蹚。这项事业在肇端伊始便深深打下“社会主义”烙印，注入“中国特色”灵魂。上海市委党校副校长曾峻说，这是中国城市发展永远不能丢掉的八个字。

人民城市为人民，流溢在细节处

如今，全新的“一网通办”正式上线已有一年多。贝聿运担心的问题没有发生，迎来的是上海活力迸发的营商环境、市民企业办事的高效便利、城市的健康运转。

市民只要在手机上点开“随申办”，便可得到劳动就业、企业开办等服务；开饭店、开咖啡店，在线即可办理；户籍证明、出入境记录证明等在线就可开具，无须“跑一次”。降低行政成本、提高行政效率的数据平台，让上海的政府服务现代化成为现实。

“一网通办”可概括为四句话：“一”就是一个总门户，服务事项一口进出；“网”就是线上线下融合，服务事项全覆盖；“通”就是全市通办、全网通办、单窗通办；“办”就是只跑一次，一次办成。

以人民为中心，所有分散的信息可让群众一次性获取，市民和企业无须在政府部门之间往返。无声的电流奔腾中，“政务云”打破数据壁垒，打通数据孤岛，构建信息交互通道，遥接不同部门地域，重塑供给侧联动协调新格局。

“我们中国的政府真正做到了尊重群众的时间和精力，我能体会到它在不断进步。”市民吴玉芬在跨国餐饮企业工作，熟悉证件业务，她算了一笔账：“过去新开一个饭店要准备 30 多份材料，现在只要 12 份；过去要将近 3 个月才能办完，现在只要 10 天；令人赞叹的是，过去要跑很多次，给 4 个部门提交 4 份申请表，现在只用交 1 份，跑 1 次！”

人民政府的本质属性，在速度和效率中体现了出来。曾峻说，对比西方国家，中国一能最快速度运用新技术，二能集中力量办大事，在短时期内迅速见效，这归功于社会主义制度优势。

改革之后，群众“找部门”转变为“找政府”。“原来各政府部门碎片化的服务职能整合为一件件群众企业具体要办的‘事情’，群众和企业不必再操心要跑哪些部门。”上海大数据中心副主任朱俊伟说，“整体政府的理念有了实践成果。”

在杨浦区行政服务中心，线下窗口日均办件量比2018年同比减少26%。“‘一网通办’让很多事项只需网上办理，群众不必来大厅，让数据替他们去跑。”杨浦区行政中心主任杨菊芳介绍。

“人找服务”转变为“服务找人”。市民主页和企业专属网页能“记录一生、服务一生、一人一档、一企一档”，提供主动服务、精准服务、个性服务。过去相对死板的目录不见了，取而代之的是“我要问”“我要办”“我的生活档案”；过去“企业登记设立”“食品经营许可”等生硬的行政语言不见了，取而代之的是“我要开超市”“我要开咖啡店”……

人民城市为人民。点滴间，细节处，流淌着全心全意为人民服务的价值追求。朱俊伟介绍，上海市大数据中心最初拟定的名称是“上海市政务大数据管理中心”。后来“政务”二字删掉了，因为归集的很多数据涉及民生福祉，关乎更广泛的社会服务；“管理”二字也删掉了，因为设立大数据中心的目的不是要“管”数据，而是要用好数据、服务群众。

敢于刀刃向内，知道往哪下刀

上海市委书记李强曾发问：今后群众和企业找政府办事，能不能做到像网购一样便利？像网购一样便利，意味着需求端手指一点，供给端的整个系统就要联动协作、高效运转。

这是改革的深水区。站在历史与未来的交汇点上，上海要不断提高社会主义现代化国际大都市治理能力和治理水平，就必须破解世界特大城市治理的共同问题——办成一件事之难。

上海信息化建设起步早、基础好，早已建成法人、人口以及空间地理三大基础数据库。但彼此间的数据处于“各自为政”状态。复旦大学教授朱春奎介绍，市场监管、公安、出入境管理等领域自成体系，不容易整合，更不可能打破。

问题症结在此——“条线强，板块弱”是现实，而群众、企业要办成一件事，对应的往往是板块。能否刀刃向内自我革命，破除固有的体制机制障碍，实现业务流程的革命性再造，成为破题之需。

党委和政府发出了坚定的号召，政府部门通力协作，开始向业务流程再造的重重困难进发。2018年4月，上海市大数据中心成立，统一组织和负责上海市的公共数据归集、整合、共享、开放和应用管理，开始不停歇的技术攻关；上海各区的政府服务中心，开始进一步重塑业务办理流程；各政府部门协调重组职能，放权，向自身“动刀子”……

政府数据归集共享后，各部门从“单打独斗”转变为“协同作战”，以往需要往返于多个部门办理的事项，由一个部门牵头办理；以往需要在部门间来回调取的资料，由大数据中心集中提供。

改革成效显著，服务领域的活跃因子得以释放。过去，律师刘虎为了立案，频繁奔波于律所和法院之间。“一网通办”运行后，他一次为手头的22个案件在线立案，仅用了3个小时，通过手机支付就完成了缴费。这样的故事在上海传播开来。

追求卓越的上海仍未止步。2019年4月3日，上海市召开“一网通办”工作推进会议，市委、市政府强调要将“一网通办”推向纵深，“一抓到底，久久为功”。

“一网通办”还要继续升级，做到实战中管用、基层干部爱用、群众感到受用。在“一网通办”已接入2113项政府服务事项、92%的审批事项实现“只跑一次、一次办成”的基础上，上海又提出“双减半”目标——行政审批事项办理时限减半、提交材料减半。

为实现这一目标，上海市区两级联动，按照具体办理情形逐一压减审批承诺时限，推动审批部门缩短审批办理时限，大幅精简办事过程中需要申请人提交的申请材料。没有法律法规依据的证明材料、能通过数据共享或网络核验的材料、能通过电子证照库调取的证照、能通过告知承诺方式解决的材料，一律不需提交。

认真细致工作下，市区两级行政审批事项“减时限”达到59.8%，“减材料”达到50.5%，双双实现年度目标。

“节省市场主体的时间、精力和运营成本，就是为市场主体营造机会，为他们抓住商机创造条件。”曾峻说，在中国特色社会主义制度之下，“一网通办”持续优化营商环境，帮助上海不断解放社会生产力。

今天，“一网通办”全流程一体化在线服务平台的“一梁四柱”架构已经稳固。上海在解决特大城市治理难题的路上向前迈进，为全球城市治理应对深层次变革提供了一份中国方案。

做人民的“店小二”，是自信也是荣耀

徐汇区行政服务中心分党组书记、主任宋开成自称“店小二”。“‘一网通办’提升了线上办事的速度，而我们要做的是实现线下办事的体验度。”宋开成认为，奋斗在线下的“店小二”直接面对群众诉求，是实现“一网通办”线上线下一体化的重要角色。在“一网通办”系统的神经末梢，上海政府服务部门的工作人员都认领了“店小二”这一光荣的称谓，用心用情服务群众。

坐镇综合窗口的业务员，被市民尊为“十八罗汉”。改革进程中，徐汇区行政服务中心把 83 个部门专窗压缩为 18 个综合窗口，实现收件审批分离。从此，群众和企业只需取一个号，进一扇窗，办所有事。

“十八罗汉”之一吴菁菁，过去负责食品生产咨询的窗口，只需掌握市场监督管理局单一领域的专业知识。“零差别受理”综合窗口的设立，意味着她要承接人社、工商、卫生等多线条的业务，从“专科能手”升级为“多面能手”。

2018 年夏天，吴菁菁与同事经历了 3 个月的“魔鬼训练”，要掌握的新知识令她震惊——29 个部门 353 项法人事项、1015 种办事情形！她们把一天 24 小时精细地掰开使用，全身心扑在学习上。在吴菁菁看来，自己的耐心、专业技能和脸上的笑容，能照亮政府为民服务“最后一公里”的“最后一米”，她为自己感到骄傲。

“店小二”下班后，“永不打烊的店小二”依然在岗。24 小时自助服务大厅里，自助证照柜、自助政务服务机为群众和企业提供不间断的服务。

24 小时自助服务大厅被复制到社会服务领域。在中国建设银行上海徐汇支行，市民李女士在自助政务服务机前，简单操作后，便领取了就业创业证。

“政府服务大厅搬到了银行，银行的智慧柜员机也嵌入了政务功能。‘智慧政务 + 银行服务’方案找到了实践路径。”支行党委书记、行长孙薇介绍，政银“双引擎”驱动模式正努力向纵深发展。“店小二”精神，在更广泛的领域传播开来。

政府服务讲秩序，讲效率，在“全科店小二”戴海燕看来，更要讲人性。再高端的云、再完善的政务网络，要传递政策和服务的善意和温度，最终离不开人。

2019 年 3 月的一天，一位 70 多岁的老人在中午 11 点来到徐汇区行政服务中心办理社保卡更新业务。恰逢当天社保卡系统升级，要 11 点 40 分后才能办理。

了解到老人身体欠佳、下午还要去医院看病，戴海燕建议老人留下申报材料，先回家吃饭。“老奶奶曾是支内回沪知青，就医需要使用三代社保卡。”戴海燕第一时间帮助老人办好社保卡，放弃午饭和午休时间送证上门。

戴海燕把社保卡交到老人手里，顺便拿起手机帮助预约医院的网上挂号和出租车接送服务。一位刚刚来到上海不久、住在老人家里的交换生，用手机默默记录了整个过程，发到社交网络。他评论道：“这就是中国，这就是上海。”

材料 2 数字政务，银行架起“一网通办”的“数字走廊”[①]

在大航海时代来临之前，位于中国西北的“河西走廊”是一条连接东西方文明的

① 资料来源：中国电子银行网，作者王超，2022 年 6 月 9 日。

枢纽。在数字化转型全面接管银行科技发展战略之后，数字政务也成为银行融通数字金融生态的“河西走廊”。连接政务和民生，银行通过数字政务这条数字化的“河西走廊”架起“一网通办”的“数字走廊”。

2016 年以来，国家针对“互联网 + 政务服务”和“互联网 + 监管”发布的文件不少于 30 份，并逐年对技术标准和实施进度予以明确。以国家政务服务平台为例，我国在 2018 年就明确提出，到 2019 年年底平台要上线运行；2020 年年底前，各省与国家政务服务平台应接尽接、政务服务事项应上尽上；2022 年年底前，全面实现“一网通办”。

银行就这样开展数字政务，作为数字经济的重要参与者，银行无论从商业角度还是社会责任角度，都有动力积极参与数字政务建设，这不仅是银行响应国家政策的体现，也是银行打通数字金融生态的必经之路。实际上，多家银行利用自身核心优势顺利挺进了数字政务领域。

近年来，中国工商银行不断加强与 G 端政府部门互联互通，在财政、社保、住房等领域，运用大数据、区块链、人工智能等技术，强化政务服务与金融服务深度融合，实现数字化和智能化。

2021 年 5 月，工商银行的工银 e 政务累计服务政府客户近 4 万家，特别是疫情严重期间，通过推广业务线上办，支持疫情防控工作。另外，工行与宁夏政府打造的“我的宁夏”App，涵盖了社会保障、营商服务、医疗健康等服务。

中国建设银行将数字政务命名为智慧政务，相关平台由渠道服务层、门户集成层、业务应用层、应用支撑层、管理分析及数据服务层、公共技术基础服务层、外联服务总线接入层等 7 层 40 多个系统组成，通过大数据等技术的运用，丰富了政务服务内容。

2019 年 1 月上线的云南“一部手机办事通”，建行是其重要参与者。2019 年 6 月，陕西安康的“中国建行援建·安康智慧治理”项目成功上线，该项目创新性地打造了线下、PC、App、微信公众号四位一体的互联网 + 政务服务体系。

交通银行围绕金融支持数字政务、数据赋能乡村振兴，积极打通与政府对接的“最初一公里”。在广东省，交行广东省分行联合该省政务服务数据管理局打造“智慧政务进网点”惠民项目，在多个城市上线银政服务系统，涵盖发改、公安、民政、司法、人社、公积金、社保、医保、税务、自然资源、卫健、医疗、残联、海关等 20 多个部门百余项高频政务服务事项。

2022 年 4 月 1 日，北京银行手机银行社保权益查询服务通过北京市人力资源和社会保障局验收，客户可以通过手机银行查询社保个人登记信息、五险缴费信息、养老待遇信息等 10 项服务。同步推出的政务惠民专区不仅是该行 App 推动民生服务的一项重要工作，同时也标志着该行 App 在场景生态建设方面迈出了实质性的一步。

银行发展数字政务，百利无一害

推出数字政务的银行远不止前文提到的这几家银行。据易观分析称，将数字政务融入手机银行的就有工行、建行、招行、北京银行和宁波银行等多家银行。

虽是如此，依然有人对此表示不理解。有部分银行工作人员表示，银行去接入政务工作十分辛苦，需要做大量的地推工作，表面上看好像是一件费力不讨好的苦差事。

其实，银行发展数字政务有诸多益处。

一方面，数字政务是重要数据生产者。连接着用户和政务的数字政务平台是银行拓展自身业务的重要场景，也是获取线上数据的重要途径。很多银行通过手机银行将部分政务服务接入进来，不仅方便了群众，还提升了手机银行的打开率和活跃度，而活跃度已成为各家银行越来越看重的运营指标。

另一方面，数字平台能力成为银行生态建设的重要能力。银行不仅要广泛连接 C 端、B 端、G 端等不同类型的用户，还可以通过自己的优势帮助各类用户牵线搭桥，发挥“数字走廊”的作用，从而提升自己的商业价值，完善自己的生态服务能力。

此外，发展数字政务是检验和加强银行数字化能力的一块“验金石”。数字政务是一项高标准的数字化服务内容，银行能否利用成熟的科技应用来完善自己的服务能力，直接体现了银行的科技武装能力，也可以为银行科技提供优化路径。显然，对银行而言，发展数字政务有百利而无一害。

需要明确的是，银行发展数字政务有天然优势。数字政务作为重要的应用场景，是用户的刚需，银行容易就此找到市场的切入点。另外，与互联网平台相比，银行有着较为深厚的群众基础和有力的安全保障，与政府机构协同方面，银行也具有很大的优势。

案例思考

1. 材料 1 中“一网通办”在城市的发展中发挥了什么作用？为人民群众的生活带来了哪些便利？

2. 从材料 2 中，我们可以看出银行发展数字政务的优势或作用，请思考，除了银行，电子政务还能在哪些行业发挥更大的作用？

3. 在发展电子政务过程中会遇到哪些困难？如何去解决？

材料 3 大庆市 2021 年优化政务服务环境十佳案例发布[①]

2021 年，大庆市立足打造东北地区最优营商环境，助力服务“三个城市”建设，聚焦企业和群众办事创业的难点堵点关切点，持续深化“放管服”改革，优化营商环境，推动数字赋能，大胆改革创新、勇于担当作为，推出了大量针对性强、成效显著的改革举措，形成了一批典型经验做法。为充分发挥典型引领示范作用，调动激发各地、各部门主动改革创新积极性，形成比学赶超浓厚氛围，市营商局从政务服务领域典型案例经验做法中精选了 2021 年优化政务服务环境十佳典型经验案例（本书节选 6 例）。

例 1：创新打造“政务服务环境态势感知大脑”

大庆市建设了东北地区首家“政务服务环境态势感知大脑”，“大脑”依托政务区块链系统，利用政务服务大数据，从“望、闻、问、切”四个方面全面感知政务服务环境的“好”与“差”，让好服务好得更明白，让差服务差得更清楚。一是望：目前，通过 30 个全量数据模型，“大脑”已累计汇聚政务服务事前、事中、事后全量数据信息 3.5 亿条，数据信息均通过可视化平台展现，通过表象数据透视数据本质，从而发现问题、精准施策。二是闻：“大脑”原汁原味汇聚群众和企业好评、差评数据 265 万条，通过“大脑”数据既可以听群众和企业“笑声”，也能够听群众和企业“骂声”，根据不同声音疏通堵点、破除痛点、解决难点。三是问：根据数据反映出来的问题，2021 年组织开展各级“领导干部走流程”2302 人次，问政策机制是否存在落实欠缺、问窗口服务流程是否存在问题、问群众办事体验是否不尽如人意，在供给侧和需求侧两端审视发力，以此推动问题迅速整改。四是切：通过线上、线下数据的研判更容易抓住影响政务服务环境的主要矛盾，从而找准共性问题，对营商环境建设辨证施治，进而把脉态势，对营商环境预期未雨绸缪，以此不断提升大庆营商环境建设的科学性、前瞻性和有效性。

例 2：创新推行政务窗口涉企办事服务“一表制”

大庆市推行政务窗口涉企办事服务“一表制”，提升工作效能，降低办事成本。通过“政务服务环境态势感知大脑”发现群众在办理个体工商户登记时需要填写多个表单，这些表单中很多信息都是重复填写。以开办小饭店为例，办理 4 个事项需要填写 15 张表、122 个信息项，其中重复信息项达到 60%，市场主体有反映。为此大庆开发建设了“一表制”智慧系统，群众通过智慧终端，办事时只需填写一表，就可多表共享，还可以手

① 资料来源：《大庆日报》，2022 年 1 月 29 日，该文章有删减。

写电子签名，极大地方便了企业。“一表制”服务通过“三复”为企业减负：一是解决了重复，通过多表共享信息，减少重复填写信息60%；二是实现了反复，一次填表、多表共享的同时，在办不同的事时表单能够多次复用；三是规避了往复，还实现了一地填写、多地共享，一机填写、多机共享，信息多跑路，群众少跑腿，有效降低了企业办事成本。

例3：创新推动“一百小”个体工商户审批一天办

大庆市针对个体工商户开办材料杂、流程繁、时限长、跑腿多、评价难等现实问题，推出“一百小”个体工商户审批一天办，即“一表申请、一套材料、一窗受理、一网通办、一窗出件、一日办结”，真正实现只进一扇门、最多跑一次。在审批流程上“做减法”，开发了“一百小”审批专属网络平台，对所有事项办理流程进行重塑优化，实现了由原来的逐个部门依次办理、串联审批向多个部门同时办理、并联审批转变，大大提升了审批效率、缩短了审批时限。在便民服务上“做加法”，根据企业群众需要，免费设计效果图，免费复印邮寄证照，为企业群众提供“店小二”式贴心服务，仅免费设计效果图一项2021年全年就为办事群众节省10万余元。

例4：延伸服务触角创新推出“我帮办”服务模式

为助力大商集团中小门店的发展，大庆市开展“窗口建在商超里、服务送到柜台前”审批办事延伸服务，将个体工商户开办审批服务向新玛特商超延伸，通过上门、预约、网办等多种服务方式，为商户及员工提供办理营业执照、食品许可、卫生许可、公积金、创业贷款、居住证、不动产登记、医保参保、税务登记及出生落户、医保参保登记、社保卡申领等“十全十美政务服务大礼包”。

顺应疫情防控新形势新需要，大庆市开辟设立线上“寄递办”专栏，同步设置线下帮办代办专员，对疫情防控期间来自中高风险地区或途经中高风险地区、办事群众行程码异常，不能正常进入大厅办理业务的人员，只要群众有需要并授权，相关事项全部由代办员全程代办，实现“群众动嘴、代办跑腿”。

例5：为好服务“唱赞歌” 为差服务“亮红牌”

大庆市依托一体化政务服务平台，借助区块链技术，开发建设了覆盖市、县区、乡镇（街道）三级1600个政务窗口的可定义、可量化、可操作、可考核、可追究的政务服务“好差评”系统。系统上线以来，累计收到评价248万条，根据评价及时整改群众办事的难点、堵点和痛点，得到了企业和群众的认可和好评。一是精准评价窗口服务。围绕政务服务运行的事前、事中、事后各个环节，将线上、线下评价结果数据上链汇聚到政务大厅“好差评”可视化平台，通过“数据说话”向公众反映服务的

“好”和“差”。二是精准提升审批效能。通过对从进厅取号到被叫号时段、从被叫号到办结评价时段的大数据分析，精准找到并解决影响办事体验、制约效能的堵点，全面缩短驻厅时长。政务服务“好差评”系统上线后平均驻厅时长由 34 分钟缩短到 15 分钟。三是精准优化审批资源。通过“好差评”系统，按天、按周、按月统计监测各时段每个窗口办事趋势，相应启动潮汐窗口，保证群众来了能办、办了快走，为 2020、2021 年疫情防控期间我市成为全省唯一始终对外开门服务的大厅提供了保障。四是精准改进治理能力。“好差评”系统充分汇聚“我来办、我来查、我来评”等代表办事体验好坏的数据，遏制权力寻租，避免折腾群众。

例 6：创新“信易贷”运行机制全力破解企业融资难

聚焦缓解市场主体因缺信息造成融资难的难题和金融机构业务拓展需求，为进一步提升金融支持实体经济的数字化水平，创新建立了大庆产业金融服务平台，通过“聚、集、扫”打通市场主体金融服务的“最后一公里”。大庆产业金融服务平台实现与国家“信易贷”基础平台互通互联信息共享，荣获全国中小企业融资综合信用服务特色平台奖项，截至目前，平台注册企业 15173 家，授信金额 18.57 亿元。一是聚，即汇聚金融机构。将全市 27 家银行业金融机构、2 家担保公司、3 家保险业金融机构接入平台，上线各类金融产品 151 个，小微企业可根据产品信息和自身需求，“货比三家”线上选择金融机构和相应融资产品发送融资需求。二是集，即归集共享公共信用信息。依托市公共信用信息共享平台，成功归集税务、市场监管、司法、水、电、气费以及社保等领域的信用信息，通过客户授权的形式推送相关金融机构，免去到政府部门盖章打印各种证明材料和数据信息的环节，金融机构可使用实时大数据为小微企业精准“画像”，构建出快速响应金融机构公共信用信息使用需求的通道。三是扫，即扫码快速融资。将平台融资申请界面生成二维码，广泛布置在各银行网点、政府部门服务窗口，小微企业可通过手机扫描二维码轻松登录平台，线上身份认证体系快速完成融资申请，提高小微企业融资的便利性和可得性，实现信用类贷款授信“秒批”、客户贷款“一趟不用跑”。

材料 4　自然资源厅创新升级“天上看、地上查、网上管”系统，实现监管效能大提升——让“早发现、早制止”变得不再难[①]

自然资源是人类生存之本、发展之基。为了保护好资源，省自然资源厅以问题为导向、坚持创新驱动、注重系统集成，升级打造超强版“天上看、地上查、网上

① 资料来源：《海峡资源报》，作者赵勤恩，通讯员林华君，2021 年 2 月 18 日。

管”系统。该系统以卫星遥感“天上看”为支撑，加大监测密度和频次，破解违法行为“发现难”；以“地上查、网上管”为抓手，打通监管链条，实现对违法问题“早制止”。

一年多来，全省共通过“天上看、地上查、网上管”系统，查处违法用地和违法建设行为1.2万多宗、关闭取缔非法矿山开采点100多个，把“严起来”的要求落到了实处，进一步维护了自然资源管理秩序。

擦亮“天上看”，破解“发现难”

山谷里，绿树掩映，一座企图占用耕地建游乐设施的违法建筑还是没逃过“天眼”。2020年9月25日，福州市国土资源综合行政执法支队快速查处该违法建筑。

原来，省自然资源厅通过“天上看”卫星遥感影像与基底遥感影像进行比对，发现寿山乡一山谷里存在疑似违法图斑，并将图斑信息通过“自然资源执法监察综合管理”系统下发。接讯后，福州市国土资源综合行政执法支队派人前往现场核查。经查发现，当事人未经批准，擅自占用4亩耕地建卡丁车游乐设施。最终，该违法建筑被强制拆除并恢复原貌。

“以往这样的违建是很难被发现的。”省自然资源厅执法处有关负责人介绍，有了升级后的“天上看”，违建即使隐匿再深也难遁形，真正做到了“人在做，天在看”。

长期以来，发现违法行为主要靠群众举报，或执法人员日常巡查。随着自然资源监管领域不断扩大，传统的“望、闻、问、切”已难做到“早发现”。对此，省自然资源厅向高科技要效率，全面升级以卫星遥感为支撑的“天上看”。

首先是整合内部技术队伍和平台，解决“专”的问题。把原来分散在各处室和直属单位的“天上看”职责归口到技术和人才实力雄厚的省测绘地理信息发展中心。该中心组建工作专班，遴选技术骨干70余名，实现“专业人干专业事”。

其次是优化流程，解决“快”的问题。建立“获取卫星遥感影像—影像数据套合比对—下发疑似违法图斑”流水线式工作机制，形成了从影像获取、比对分析，图斑质量控制，到疑似违法图斑生成、下发等一整套的图斑智能提取技术体系，工作效率数倍于传统人工模式。

升级后的“天上看”，从前端到后端，从质到量，都实现了跨越式提升。

看得更清晰。“以前卫星遥感影像质量和分辨率不高，每逢雨天或大雾，许多内容看不清，监测如同拍X光片。”省测绘地理信息发展中心的有关负责人介绍，现今依托自然资源部福建卫星技术中心、高分福建分中心，持续接收高质量的卫星影像数据，如同做CT，病灶基本无处遁形。一年来，共获取卫星影像面积累计127.6万平方千米，实现了全省高分辨率卫星影像平均覆盖3.2轮次、中分辨率卫星影像平均覆盖7.1

轮次。

监测更密集。以往我省主要靠自然资源部年度和季度卫片执法进行“天上看”，由于周期长、跨度大，很难做到“发现在初始”。升级后，省自然资源厅加大全省用地用矿用海等监测密度和频次，破解违法行为“发现难”。一年来，共完成用地用矿监测17 期、用海监测 42 期，监测总面积 70.6 万平方千米，是全省面积的 5.7 倍，实现乡镇 3 轮次以上监测、海岸线和海岛岸线 17 轮次以上监测。

压实“地上查”，破解“查处难”

违法问题要解决在初始，早发现是前提，早查处是关键。但以前，有些部门或受地方保护主义影响、或以“人少事多忙不过来”等为由，对查处疑似违法图斑并不积极，存在弄虚作假的问题。

针对“查处难”，省自然资源厅强化“自上而下”的机制约束，将“地上查”情况与用地指标、绩效考核等挂钩，压实属地责任，倒逼地方政府动起来，变“要我查”为“我要查”，推动违法问题解决在源头。

“要抓好整改不作为问题，对约谈后仍落实整改不力、虚假整改的，将进行追责问责。”2020 年岁末，省自然资源厅召开“天上看、地上查、网上管”警示约谈会，对违法违规用地、用矿、用海问题比较突出的漳州市芗城区，泉州市洛江区、南安市，南平市建阳区、浦城县，宁德市霞浦县、古田县等 7 个县（市、区）进行警示约谈，严令要求“限期整改到位”。

动员千遍，不如问责一次。省自然资源厅建立“一月一监测、一月一通报”工作机制，将县级核查、市级复核等情况纳入指标考核体系，定期对违法用地、用矿、用海图斑发现数量及实地核查、整改落实等情况进行通报，对“地上查”履职不到位、政策执行不严格的，绝不手软。一年来，共召开专题会议 12 次，省、市两级共约谈市、县（区）48 个。

明确职责分工。制定下发《“天上看、地上查、网上管”实施办法》《自然资源疑似违法图斑动态监测技术方案》《土地卫片执法图斑性质判定标准》等规章制度，明确“三级”职责：对疑似违法图斑查证，县级负主体责任，通过手机执法系统在规定时限内，逐宗核实并处置；市级对县级提交的核查处置情况进行全面复核；省厅对市、县核查处置情况进行线上、线下抽查监督。这个模式明确各级职责分工，压紧压实管理责任，确保省、市、县三级联动推进，形成齐抓共管的“合力”。

加大抽查力度。按照“双随机、一公开”方式，省自然资源厅通过高密度的线上线下抽查，让企图藏匿蒙混、弄虚作假的违法行为无处遁形。一年来，已对九市一区和 50 多个县级单位开展线上抽查工作，抽查图斑 3300 多个。组织 9 个工作组对 30 多个县级单位开展实地调研和督促违法图斑核查处置工作。

很多地方的自然资源部门负责人表示，量化的绩效考评和月通报制，带来了很大压力，工作稍有松懈数据就不好看了；要想不落伍，只有更主动去查。

去年，省自然资源厅共下发疑似违法图斑近9.7万个，各地实地核查9万个，核查率较往年大幅提升。

畅通“网上管”，破解“应用难”

日前，福州滨海新城万寿公交站项目在用地预审和规划选址中，因与疑似违法图斑重叠，被系统自动“叫停”，要待处置完疑似违法图斑后才能再行报批。

监管系统的生命力在于应用。但以前，用地审批、矿政管理、空间管制等体系多是各自为政，与“天上看、地上查、网上管”系统关联度不够，存在“你查你的，我做我的”现象。要让监管系统长“牙齿”，就必须互联互通，增强应用场景，形成“一处失察，处处受限”约束机制。

针对“应用难”，省自然资源厅大力畅通“网上管”，将疑似违法图斑与用地用海用矿管理平台关联起来，实现与用地审批、矿政管理、空间管制等自然资源审批系统互联互通。对疑似违法图斑未查处的，系统将对用地用海用矿等要素审批予以自动“叫停”，倒逼各地加大核查处置力度，形成全流程、多业务、闭环式的网上监管格局。

如今，从空间规划到政务审批，从“两违”查处到耕地保护、从快速执法到辅助决策，“天上看、地上查、网上管”监管系统已被应用到自然资源管理各领域。

应用于耕地保护。2020年11月2日，德化县通过“天上看、地上查、网上管”监测系统，发现杨梅乡和顺村一宗疑似顶风乱占耕地建房行为。随即，相关执法人员赶往现场进行核查，发现当事人刘某未经批准，擅自占用和顺村约200平方米基本农田建畜禽养殖设施。执法人员当即向违法当事人发出责令改正违法行为通知书。去年，全省共排查出耕地“非农化”案件5991个，均已开展查处工作。

应用于用地审批。将违法用地自检前置到建设项目用地管理最前端“预审和选址意见书核发”环节。在预审环节，农用地转用与土地征收网络报批时，对报批范围涉及违法用地图斑的报件，系统会自动拒绝上报，直至设区市复核处置到位，以此倒逼各地加大违法用地核实处置力度。截至目前，在用地报批中，325个涉及疑似违法图斑的报件被“叫停”。通过联动管理、源头管控，实现对违法行为的“零容忍”。

应用于矿政管理。建立疑似违法用矿图斑库，关联矿业权审批，与疑似违法图斑进行匹配自检，并实现疑似违法图斑移入移出、动态维护。截至目前，已发现疑似违法图斑785个，“叫停”多宗采矿权登记业务。

此外，“天上看、地上查、网上管”还被应用于查处“两违”、生态修复、违法用海等专项整治。

一年多来，全新“天上看、地上查、网上管”系统带来了监管理念大变革、监管效能大提升，做到了发现问题更迅速、认定问题更精准、解决问题更主动、应用场景更丰富，成为自然资源监管“最强利器”。

材料 5 社保卡“一卡通用”的背后：折射华为云 Stack 的云上创新①

小小一张社保卡，不仅能看病买药、领取待遇，还能持卡乘公交、逛公园……“一卡通用”的实现，得益于民生云的建设。华为云 Stack 帮助社保行业构建灵活易用、安全可靠、可持续演进的民生云，为民众提供丰富、高效、便捷的民生服务。

随着经济社会发展，政府持续提升政务服务意识，“民生无小事”成为刻印在心中的一把标尺。为了整合多种卡片带来的不便，随着“多卡合一”建设理念的提出，社保卡迎来了使命升级的重大时刻。传统的社保卡建设架构，折射出一个个复杂的问题：业务经办系统和制卡存在紧耦合关系，不符合多卡合一的整体建设思路；民生权益数据分布在各委办局，数据共享实时性差，不支持多数据源的汇聚交互，缺乏大数据综合分析决策，不支持多部门用卡管理和应用，难以满足“一网通办”“最多跑一次”改革要求。

秉持着“把简单留给用户、把复杂留给自己”的理念，华为基于华为云 Stack 推出了人社一卡通解决方案。在这个“1+1+N+M”的方案框架中，实体社保卡和电子社保卡是载体（1 张社保卡），依托华为云 Stack 以及其上提供的微服务、AI、大数据、区块链等技术构建的民生云是支撑（1 朵民生云），打通人社和各委办局的权益数据，实现众多民生能力（N+ 民生能力），不断拓展服务场景（M+ 服务场景）。

一卡通，云上通

居民服务一卡通的本质在于打通政务部门及社会应用的数据孤岛，以“一卡通”的形式，基于唯一身份和统一数据，面向民众提供高效、便捷的政务服务和公共服务。一卡通的关键在于“通”，这个“通”包括多个层面，基础设施、数据、应用等各个方面都要打通。

民生云的建设成为其中的关键。从基础设施层面，民生云需要提供灵活易用、方便快捷、安全可靠的 IT 资源，从资源层面实现互联互通。从数据层面来看，需要消除之前各委办局的数据孤岛问题，打通数据共享开放大动脉。从应用层面来看，民生云

① 资料来源：《华为技术》，作者闫跃龙，2022 年 6 月。

需要构建一个能够联通各类应用和设备的平台，同时支持快速开发和迭代各类应用实现各类民生能力和服务能力的快速构建。为了满足未来一卡通应用场景的不断扩展和更新，民生云还需要满足可持续演进的需求，不断更新提供各类丰富的创新技术能力。

基于华为云 Stack 构建的民生云正好匹配上述需求。华为云 Stack 与华为公有云同生同源，可以让政企客户共享公有云的服务和生态，持续同步 AI、大数据、IoT（物联网）、区块链等众多云服务。通过湖仓一体的理念，基于 HetuEngine 打造逻辑数据湖，实现湖和仓的协同，跨源、跨域、跨仓的数据协同分析，无须数据迁移，效率提升 50% 以上。而且，其还能实现资源的弹性扩展，从而让民生云成为一朵可以持续演进的云。

更重要的是，基于云原生的华为云 Stack 不再仅仅是资源中心，各类民生应用不再是迁移上云，而是内生于云，开启的是一个以业务创新为中心的“深度用云”新时代。拿一卡通来说，民生云就可以支持实现电子社保卡、大数据中台、权益链、安全中台、公共服务平台、资金发放监管平台、卡管系统等 N+ 民生能力，服务社会保障、教育培训、医疗健康、惠民补贴、交通出行、金融消费、住房保障、旅游观光、扶贫救助、社区服务、文化体验等场景。

一张小小的社保卡，能够办理越来越多的业务，社保卡正在成为群众手中的贴心卡、便民卡。小卡片承载起大民生、幸福感。

这背后，是新基建的力量。华为云 Stack 通过可持续演进的架构、全栈自主创新、安全可信、专业服务，助力构建以社会保障卡为载体的“一卡通”服务管理系统，成为城市治理和居民服务的新基建。

从社保卡到一卡通，也折射出政务云的进化方向。从业务上云到深度用云，政务云的进化方向是让城市治理更高效，让老百姓有获得感和幸福感。由此，政务云将从政府办公云成为城市云、民生云。

正如 IDC 相关报告中所说，政府部门现在更懂云，上云的目的，不仅是将各委办局业务数据信息化，而且是与智慧城市相结合，让政务云成为智慧城市的数据底座，为政务应用提供坚实的能力，让老百姓能够切实享受到智慧时代的红利。

案例思考

1. 发展电子政务应该注意什么？关键是什么？

2. 自然资源局运用数字技术实现了对自然资源的监管，那么能否将这种技术推广出去，运用到生活的其他方面，例如税收的监管等？

3. 目前我国电子政务发展到了什么阶段？接下来需要怎么做？

参考文献

[1] 陈朝东. 电子政务服务的要素、本质与特征探究 [J]. 行政与法，2022（4）：25-34.

[2] 陈群民. 打造有效政府——政府流程改进研究 [M]. 上海：上海财经大学出版社，2012.

[3] 陈玉妹. 电子政务在服务型政府构建中的作用与实施策略 [J]. 投资与创业，2022，33（1）：208-210.

[4] 陈振明. 公共管理学 [M]. 北京：中国人民大学出版社，2003.

[5] 陈振明. 政策科学 [M]. 北京：中国人民大学出版社，1998.

[6] 董晓倩，魏依娜. 试论丹哈特的公共组织理论 [J]. 辽宁行政学院学报，2010，12（12）：41-42+45.

[7] 冯静颖，孙健敏. 中国背景下学习型组织构念的测量模型 [J]. 中国青年政治学院学报，2012，31（6）：103-108.

[8] 高原. 新公共管理视角下的公共部门人力资源管理探究 [J]. 中国集体经济，2021（31）：107-108.

[9] 郝英奇，曾靖岚，留惠芳. 学习型组织是怎么炼成的——基于加特可（广州）的扎根研究 [J]. 当代经济管理，2021，43（6）：58-63.

[10] 胡鸣铎，牟永福. 论公共管理之伦理要义 [J]. 云南行政学院学报，2010，12（6）：117-121.

[11] 黄璜，成照根. “互联网 + 监管”：政策演变与模式划分 [J]. 电子政务，2019（7）：68-78.

[12] 江必新，龙峰. “依法治国、依法执政、依法行政共同推进”的目标要求与实现路径 [J]. 求索，2022（2）：151-164.

[13] 李季. “十四五”期间电子政务发展趋势展望 [J]. 行政管理改革，2020（11）：4-9.

[14] 李建华. 新型电子政务及其安全保障技术 [J]. 上海交通大学学报，2018（10）：1370-1381.

[15] 李盼盼，刘畅. 论领导者素质要求及其意义 [J]. 现代商贸工业，2015，36（9）：86-87.

[16] 李晓阳，徐莹莹. 巴山无处不新绿——王瑛精神激励巴中纪检监察干部接续奋斗 [J]. 中国纪检监察，2022（8）：56-58.

[17] 林水波，张世贤. 公共政策 [M]. 台北：五南图书出版公司，1982.

[18] 陆沪根. 行政案例 [M]. 上海：上海社会科学院出版社，2003.

[19] 骆维. 试论依法行政在依法治国中的地位和作用 [J]. 南方论刊，2017（4）：63-65+69.

[20] 聂平平，尹利民. 公共组织理论 [M]. 武汉：武汉大学出版社，2009.

[21] 欧文·休斯，公共管理导论 [M]. 彭和平，等译，北京：中国人民大学出版社，2001.

[22] 施养正. 我国建设学习型政府的思考 [J]. 管理世界，2011（7）：171-172.

[23] 石磊，邬志辉. “学习型组织”视阈下高校教师发展新路径探析 [J]. 东北师大学报（哲学社会科学版），2015（4）：230-233.

[24] 田穗. 打造学习型政府路径探索 [J]. 中学政治教学参考，2013（18）：4-6.

[25] 王海燕. 我国公共管理发展的历程、成就与经验教训 [J]. 中共山西省委党校学报，2011，34（2）：78-80.

[26] 王家峰. 公共利益：公共伦理的价值基础 [J]. 伦理学研究，2006（3）：80-83.

[27] 王中伟. 尼克松视野中的领导特质解读 [J]. 领导科学，2014（4）：38-39.

[28] 伍启元. 公共政策 [M]. 北京：商务印书馆，2000.

[29] 习近平. 坚定不移走中国特色社会主义法治道路为全面建设社会主义现代化国家提供有力法治保障 [J]. 中国民政，2021（6）：4-9.

[30] 习近平. 论坚持全面依法治国 [M]. 北京：中央文献出版社，2020.

[31] 习近平. 习近平谈治国理政：第二卷 [M]. 北京：外文出版社，2017.

[32] 习近平. 习近平谈治国理政：第三卷 [M]. 北京：外文出版社，2020.

[33] 肖金明. 为全面法治重构政策与法律关系 [J]. 中国行政管理，2013（5）：36-40.

[34] 谢治菊. 公共伦理：概念辨析、价值取向、时代精神 [J]. 天府新论，2011（3）：94-98.

[35] 严新明. 公共管理学 [M]. 北京：科学出版社，2007.

[36] 严运锦. 学习共同体、实践共同体、学习型组织概念辨析 [J]. 上海教育科研，2019（8）：28-32+43.

[37] 颜磊. 服务型政府视角下的电子政务研究 [J]. 信息系统工程，2021（10）：

111-113.

[38] 佚名. 扭住全面深化改革各项目标　落实主体责任　拧紧责任螺丝 [J]. 紫光阁，2016（2）：7.

[39] 佚名. 促进监督执纪执法权正确行使——从典型案例看《纪检监察机关处理检举控告工作规则》的贯彻执行 [J]. 中国纪检监察，2020,（4）：41-43.

[40] 臧乃康. 政府绩效的复合概念与评估机制 [J]. 南通师范学院学报（哲学社会科学版），2001（3）：25-29.

[41] 翟云. 数字政府替代电子政务了吗——基于政务信息化与治理现代化的分野 [J]. 中国行政管理，2022（2）：114-122.

[42] 张国庆. 现代公共政策导论 [M]. 北京：北京大学出版社，1997.

[43] 张金马. 政策科学导论 [M]. 北京：中国人民大学出版社，1992.

[44] 赵红岩. 我国公共部门绩效管理困境与对策研究 [D]. 开封：河南大学，2010.

[45] 赵连君. “大手”拉“小手” 下沉优质医疗资源——山东滕州市紧密型县域医共体建设提升人民群众健康获得感幸福感 [J]. 人口与健康，2022（5）：50-52.

[46] 中共中央文献研究室. 习近平关于社会主义政治建设论述摘编 [M]. 北京：中央文献出版社，2017.

[47] 周树志. 论公共政策范畴 [J]. 西北大学学报（哲学社会科学版），1999（4）：33-37.

[48] 周文彰. 数字政府和国家治理现代化 [J]. 行政管理改革，2020（2）：4-10.

[49] Bennett J K. Blocks of the Learning Organization [J]. Training，1994，31（6）：41-49.